# ik der politischen Ökonomie
## inführung

# 資本論』の新しい読み方
## 世紀のマルクス入門

ャエル・ハインリッヒ［著］
hael Heinrich

明石英人
Hideto Akashi
佐々木隆治
Ryuji Sasaki
斎藤幸平
Kohei Saito
隅田聡一郎
Soichiro Sumida
［訳］

堀之内出版

# 日本語版への序文（2014年）

この入門書がドイツで刊行されたのはちょうど10年前でした。発売してから数ヶ月後にはもう、初刷りは売り切れになってしまいました。それ以来毎年新しい版を重ねています。この本は個人によって読まれているだけではなく、たくさんの左派グループや労働組合も——なかには、非常に異なった政治的バックグラウンドをもっている場合もあります——本書をマルクス経済学批判入門の勉強会の教科書として用いています。またこの本は、英語やスペイン語などの様々な言語に訳されていますが、今回、日本語に訳されるということは、私にとって望外の喜びでした。というのも、日本ではマルクスの著作に関する熱心な議論が長年にわたって行われていますし、ドイツ語あるいは英語で公刊されている日本の論稿は、ドイツでも注意深く読まれているからです。

この入門書は私が書いた本のなかで初めて日本語に訳されるものなので、本書を大まかにでも、『資本論』論争の様々な潮流のなかに位置付けることは有益かと思われます。この本は(西ドイツの)「マルクスの新しい読み方」という潮流の上に書かれています。それは、1960年代以降に生み出されたマルクス『資本論』の読解方法に分類されるもので、伝統的なマルクス理解が搾取や階級闘争（つまり、あらゆる階級社会が共通に持っているもの）を強調するのにたいして、「マルクスの新しい読み方」はマルクスの叙述における形態分析の内実に力点を置いています。経済的形態規定の分析によって、マルクスは資本主義階級社会を前資本主義階級社会から区別しています。前資本主義階級社会では、人格的な支配関係が優勢ですが（たとえば、奴隷はその所有者に人格的に依存しています）、資本主義においては非人格的な従属・支配関係が優勢です。つまり、賃労働者と資本家は市民として自由で平等ですが、両者は同時に資本の物象的な力に服従させられています。労働者が、自らの労働力にたいする買い手を必要とし、また利潤最大化に向けた競争が資本家を強制する限りで、彼らは物象的な力に屈しているのです。

形態分析的な見方を強調することで、新しい重点が生まれます。価値論はいまや（抽象的）労働が価値を形成するという考えに矮小化されてしまうのではなく、価値形態の研究が価値論の重要な構成部分であるということが認められるようになります。その際問題となるのは、旧来の理解が促すような貨幣形成の歴史的過程ではありません。明らかにされるべきは、価値が自らの一般性を表現する自立的な価値形態を必要とし、この自立的な価値形態が貨幣形態をとるということです。価値として、商品が互いに関わり合うことができるのは、商品が貨幣を価値の一般的形態とするように関わることによってのみです。したがって、貨幣は生産物の直接的交換の問題を取り除くための単なる交換手段ではありません。マルクスの見方によれば、価値は貨幣なしにはまったく捉えることができません。この洞察によって、マルクスの価値論は古典派経済学の労働価値説から根本的に区別されるのであり、そのため私はマルクスの価値論を貨幣的価値論とも呼んでいます。

私の解釈にとって、もう1つの重要な点をあげるとすれば、それはマルクスの物神崇拝の分析です。物神崇拝によって、社会的諸関係は物の属性としてあらわれ、その結果、物は人間にたいしてある社会的な力を受け取るようになります。ただ、この物神崇拝はしばしば議論されてきた商品崇拝にとどまりません。マルクスは、貨幣物神や資本物神も研究しています。マルクスはあらゆる「転倒した形態」をまとめて「三位一体定式」という名のもとで要約しています。それによれば、いかなる生産においても、ともに機能する3つの独立した（そして永久的な）生産要因──労働、資本、土地──が存在するかのような考え方が物神崇拝から生じてきます。こうした考え方は単に誤っているというだけではありません。それは生産関係そのものから引き起こされるのであり、生産関係が自然発生的な意識としての物神崇拝を作り出しているのです。

マルクスの形態分析が十分に展開されているのは、第1巻が1867年に刊行された『資本論』においてだけです。『共産党宣言』も、他の初期の作品も形態分析を含んでいません。1857、58年の『経済学批判要綱』で、形態分析がやっと始まります。したがって、マイケル・ハートとアントニオ・ネグリによるアプローチの大きな欠点は、彼らのマルクスの経済学批判理解がとりわけ『要綱』を中心にしていて、ほとんど『資本論』に注意を払っていないということです。そのため、マルクスの価値論が「非物質的労働」の重要性が増すにつれて時代遅れになってしまったという彼らの主張は、『要綱』のまだ十分に成熟していない価値論的考察に依拠することで、せいぜいもっともらしく見えているにすぎません。『要綱』のマルクスは具体的（使用価値を形成する）労働と抽象的（価値を形成する）労働の根本的相違をまだはっきりと定式化していませんが、まさにこの不明瞭な区別から、ハートとネグリの議論は出発しているのです。同様のことが、マルクスの階級概念を置き換えるといわれる「マルチチュード」の概念設計についても言えるでしょう。

ハートとネグリよりもずっと注意深く、また厳密に、デイヴィッド・ハーヴィーはマルクスのカテゴリーを扱っています。

にもかかわらず、彼は価値分析的アプローチの射程をいくらか過小評価してしまっているために、彼の『資本論』第1巻への入門書では、『資本論』第1章の経済的形態の分析と第2章の諸個人による形態規定された行為の分析の区別がぼやけてしまっています（この区別については、本書第3章で詳細に扱っています）。また、ハーヴィーは「弁証法」をいくらか拡張しすぎており、そのためにあまりに頻繁に弁証法へと頼りすぎているように思われます。

モイシュ・ポストンのアプローチも「マルクスの新しい読み方」に基づいています。ポストンはフランクフルトに長いこと住んでいたため、西ドイツの『資本論』の議論に影響されたのです。彼もまた、伝統的マルクス主義から一線を画し、伝統的な読み方において見過ごされてきたマルクスの分析における形態分析を強調します。にもかかわらず、ポストンの分析は生産の形態分析のみに焦点をあて、貨幣と流通に関係のある多くの事柄を考慮しないために、道半ばで止まってしまっています。その限りで、ポストンはまさにマルクスによる価値分析の貨幣的性格を捉え損ねています。

以上の短いコメントによって、ハート＝ネグリ、ハーヴィー、ポストンらにたいしての最終判断がくだされているわけではもちろんありません。ここでは、私自身の立ち位置を日本の読者の方々にはっきりと示そうとしたにすぎないからです。また、この点に関連して、本書の限界についても指摘しておかねばなりません。マルクスの議論は一連の問題とアンビバレントを含んでいますが、入門書という枠のなかでは、基礎的な知識を伝えることがさしあたりの課題となっていたため、それらの一連の問題を非常に表面的にしか扱えず、まったく立ち入ることができないケースも多くありました。私の叙述から、『資本論』にはもはや問題は残されていないという結論を引き出すべきではないでしょう。私の『価値学』〔訳注：*Wissenschaft vom Wert*〕

（5. Auflage, Münster 2011）では、経済学批判の諸カテゴリーが浮かび上がらせるアンビバレントの問題へと詳細に取り組んでいます（この本の英訳は目下準備中です）。『資本論』第1巻の冒頭5章における議論（とその問題点）については、2巻組のコメンタール『マルクスの「資本論」をどう読むべきか?』〔訳注：*Wie das Marxsche Kapital lesen?*〕（Stuttgart 2008 und 2013）のなかで詳細に扱っています。つまり、この入門書の説明が導く到達点は、マルクス経済学批判との集中的な取り組みのゴールではなく、むしろそのスタート地点です。

2014年2月

# 序　文（2004年）

抗議運動が再び各地で巻き起こっている。さまざまな、とりわけ「グローバリゼーションに批判的な」抗議運動が近年になって現れてきたのだ。1999年シアトルの世界貿易機関（WTO）の会議や2001年ジェノアのG8会議の際の抗議運動は、いまや資本主義の傍若無人さにたいする新しい抵抗のシンボルになっている。今日では、伝統的左翼には含まれないような人々も、「野放しにされた」資本主義がもたらす破壊的帰結にどう対処すべきかをめぐって議論するようになっている。

こうした状況が決して自明のものではないということは、過去を少し振り返ってみればわかるだろう。ソ連崩壊後の90年代初頭には、資本主義は、オルタナティヴなき経済・社会モデルとして、世界中で確固たる地位を築いたかのように見えた。たしかに、ソビエト的な「現存社会主義」を目指すべき資本主義のオルタナティヴだと見なさない左翼は、ソ連崩壊以前から数多く存在していた。だが、そのような区別を左翼の内部にもうけることは、今となってはいかなる意味も持たないように思われた。大半の人々にとって、資本主義市場経済を超える社会は、ただひどく現実離れしたユートピアにしか見えなかった。抗議運動は陰を潜め、順応と諦念が支配した。

だが、資本主義は、まさに90年代に、それが「最終勝利」を獲得したように見えた後にも、依然として恐慌や窮乏化がつきまとうものであることが明らかになった。そして、コソボ、アフガニスタン、イラクへの軍事介入が示したように、先進資本主義諸国は間接的にだけでなく、まさに直接的に戦争に関与している。戦争は決して過去のものではない。これらすべての問題は、新しい運動によってさまざまな形で取り上げられ、批判の出発点になった。その際、しばしば抗議運動は個別的な運動にとどまり、システム内部での改良のみがさしあたりの問題とされた。単純で道徳的な善悪二分法に基づく批判が行われることもしばしばあった。しかしまた、そうした取り組みのなかで、くりかえし根本的な問いが立てられたのも事実である。つまり、今日の資本主義がいかに機能しているのか、資本主義と国家、そして戦争の連関はどうなっているのか、資本主義の内部でそもそも変革が可能であるのか、が問われたのである。

左翼理論は再び重要性を増している。変革を目指すいかなる実践も、現存するものについての特定の理解から出発しなくてはならない。たとえば、「野放しにされた」資本主義を「飼いならす」ための断固たる手段として、トービン税の導入（外貨取引の課税）を要求するならば、金融市場の意味や、飼いならされた、または飼いならされていない資本主義に関する特定の理論的諸概念が（それらがはっきりと述べられるかどうかは別としても）想定されていることになる。それゆえ、いかに今日の資本主義が機能しているかという問いは、抽象的でアカデミックな問いではない。むしろ、この問いにたいする答えは、あらゆる資本主義批判の運動にとって直接的に実践的な重要性を持つ。

したがって、近年、アントニオ・ネグリとマイケル・ハートの『帝国』や、マニュエル・カステルの『情報の時代』、また特にドイツではロベルト・クルツの『資本主義黒書』などといったグランドセオリーが再び流行しているのも不思議なことではない。内容的、政治的方向性という点ではまったく異なったこれら3冊の本は、程度の差こそあれ、マルクスの諸カテゴリーをしばしば引き合いに出している。それらのカテゴリーは、今日の資本主義の発展の分析に用いられる一方、時代遅れのものとして批判されてもいる。もし、資本主義の根本的批判に取り組もうとするのであれば、今日でもマルクスの『資本論』を避けることは当然できない。ただし、上述の3冊はどれも、やり方は違えど、マルクスの諸カテゴリーをかなり表面的に取り扱っており、それらはしばしば、ただの紋切り型になってしまっている。『資本論』の原典への取り組みが望ましいのは、こうした浅はかさを批判するためだけではない。『資本論』は、100年以上前に書かれたものであるにもかかわらず、近年執筆された思い上がった諸著作よりも、多くの点でアクチュアルだからだ。

ただ、『資本論』を読み始めると、いくつかの困難にぶつかるだろう。とりわけ冒頭部分のテキストを理解するのは必ずしも容易ではない。また、全3巻という長大さに怖じ気付くかもしれない。とはいえ、『資本論』を読む際には、けっして第1巻のみで満足すべきではない。マルクスはさまざまな、相互に前提しあい、補完しあう抽象の諸段階において対象を叙述しているのだから、第1巻において扱われている価値論や剰余価値論は、第3巻の末尾で、はじめて完全に把握されるだろう。第1巻だけを個別に読んでわかったと思いこんでいる内容は、不完全なだけでなく、不正確でもある。

マルクスが『資本論』のなかで自分が行ったと自負しているもの——『資本論』の副題となり、自らの学問的プロジェクト全体の特徴付けとしても用いられている「経済学批判（ポリティカル・エコノミーの批判）」——も理解するのは容易ではない。**ポリティカル・エコノミー**というテーマが19世紀に意味したものは、大まかに言って今日の国民経済学や経済学であった。マルクスは「経済学批判」という表現によって、経済学を新たに叙述するだけでなく、既存の経済学という学問全体にたいする根本的な**批判**を目指すことを示唆している。「学問的革命」こそが――それはもちろん政治的、社会革命的な意図においてだが――マルクスにとって問題となっている。こうしたすべての困難にもかかわらず、『資本論』を読むという作業に着手すべきであろう。以下の入門的概説は『資本論』を読む作業を代替するものではない。本書はただ最初の手引きとなるものを提供するにすぎない[1]。

その際、読者は、資本とは何か、恐慌とは何か、またマルクスの理論ではなにが問題となっているかということに関して、特定の理解をあらかじめ持ち合わせていることを自覚すべきであろう。こうした**あらかじめ持っている理解**は、学校やメディア、会話や討論によって無意識的に作り出されたものであり、それらを批判的に問い直す必要がある。新しいものに取り組むだけでなく、一見知っているようなものや、自明に思われるものも再検討すべきである。

第1章から、早速われわれはこうした再検討を始める。そこでは、まず、資本主義についての暫定的な概念を手はじめに展開するが、それは資本主義という言葉で思い浮かべられる多くの「日常的」表象とは異なるものだろう。次に、労働運動におけるマルクス主義の役割が考察される。その際、マルクス主義「なるもの」は、けっして存在しないということが明らかになるだろう。そもそもマルクスの理論的核心は何であるのか、という問いをめぐっては常に論争がなされてきた。しかもこの論争は、「マルクス主義者」と「マルクスの批判者」との間のみならず、「マルクス主義者たち」自身の間においても繰り広げられてきたのである。

---

1 詳細に『資本論』第1巻の各章を検討した注釈には、Altvater u.a (1999) がある。本書ではそれとは異なり、マルクスの議論の大まかな連関を明らかにすることに焦点を絞っているが、『資本論』全3巻が考察されている。また、Berger (2003) は『資本論』のテキストを選択的に抜粋することで入門的概説を与えている。

同様に、第2章も、『資本論』の対象を暫定的に特徴付ける準備作業に費やすが、その後の各章では『資本論』全3巻の議論の道筋を非常に大まかに追っていく。第3章から第5章は第1巻の題材、第6章は第2巻、そして、第7章から第10章は第3巻の題材をそれぞれ扱う。

マルクスは、経済の分析と並んで、国家の体系的研究を計画していたが、実行するにはいたらなかった。『資本論』は国家についてときおり言及するにすぎない。しかし、資本批判は国家批判なしには不完全であるだけではなく、まさにそうした不完全な資本批判こそが、さまざまな誤解を誘発してしまっている。そこで、第11章では簡潔ながら、最低限の国家批判を扱うことにする。そして、最後の第12章では、マルクスにおいて社会主義・共産主義とは何を意味し――また何を意味しないか――についての検討を手短かに行う。

伝統的な「世界観的」マルクス主義（この概念については、本書1.3節参照）による矮小化の多くは、とりわけここ10年間、批判の対象となってきた。その結果、単に他の古典派経済学者たちよりも優れた経済学者としてマルクスを理解する伝統的な見方は退けられ、マルクスは、何よりもまず、価値を通じて媒介され、「物神化された」社会編成化にたいする批判者として理解されるようになっている。このような経済学批判に関するマルクスのテキストの近年の新しい読み方は、この入門書の基礎になっている。つまり、私の叙述はマルクス理論の特定の解釈を継承しており、他の解釈は批判されることになる。しかし、この入門書の範囲を越えてしまわないようにするため、他のマルクス理解の検討は大部分、断念しなくてはならなかった。経済学批判に関する私の見解はHeinrich（1999）のなかで詳細に基礎付けておいた。また、最重要文献に関する批評はHeinrich（1999a）を参照されたい。

第3章では、マルクスの価値論が扱われる。この章は特に念入りに読んでいただきたい。すでに価値論を知っていると考えている人や、信用や恐慌といった価値論の上に展開されたテーマについてだけを知りたいと思っている人にも、丹念に読んでいただきたい。この章は後の全ての章にとっての前提となるのみならず、ここで、先に言及された「マルクスの新しい読み方」も一層はっきりとしたものになるからである。

ジェンダーに関する表記方法について一言述べておこう。男性形が同時に男女を含むものとして使用されることで、ドイツ語は女性たちを無視しているということを、私は承知している。そのことへの対策として、大文字の「I」が挿入されることもある。しかし、その一貫した適用は、まさにわれわれのテーマにとっては、ある別の事柄を無視してしまうことになるだろう。つまり、「労働者たちArbeiterInnen」［訳注：ドイツ語では名詞が特に女性を示す場合には、語尾に-in（複数形は-innen）をつけてその男性型から区別する。その際、複数形では、女性が混ざっている場合にも、男性の複数が使われる事が一般的であった（Arbeiterinnenではなく、Arbeiter)。しかし、そのことがジェンダーの観点から問題視され、特に新聞などでは-Innenをつけることで男女両性が含まれる事を明確化することが増えている（例 die ArbeiterInnen)。］というのは適当であるが、「資本家たちKapitalistInnen」「政治家たちPolitikerInnen」というのは、女性が極めてまれにしか資本家、あるいは政治家ではないということを隠蔽してしまう。そこで、結局、私は大文字の「I」を使用しないことにした。かわりに、しばしば「男性、女性労働者たちArbeitern und Arbeiterinnen」などといった表記を用いている。

引用方法に関して述べておこう。『資本論』と他のマルクスのテキストは、マルクス・エンゲルス著作集（MEW）, Berlin 1956 ff.から引用している。『資本論』の全3巻はMEW 23-25に収められている。MEWに入っていないテキストは、歴史的・批判的マルクス・エンゲルス全集（MEGA）, Berlin

1975 ff. から引用した。

この入門書の完成にあたって、私は多くの支援を受けた。個々の原稿部分を何度も批判的に読み、激しい議論を交わし、大きな刺激を与えてくれた、マルクス・ブレースカンプ、アレックス・ギャラス、ヤン・ホーフ、マーティン・クシュジンスキー、イネス・ランゲマイヤー、ヘンリック・レブーン、コルヤ・リントナー、ウルス・リントナー、アーノ・ネッツバント、ボード・ニーントル、ザビーネ・ヌス、アレクシス・ペトリオリ、トーマス・ザブロウスキ、ドロテーア・シュミット、アンネ・シュテックナー、インゴ・シュトゥツレに感謝したい。

## 第2版によせて

予期しないほど早く、第2版が必要とされることとなった。第2版は、私の叙述の不十分さを改良する機会を与えてくれた。第10章の終わりの10.3という新しい節において、階級理論の問題を要約的ではあるが、以前よりも丁寧に扱った。階級理論は、前の版のテキストではとても短く、まとまっていない形で扱われていたにすぎなかった。この追加の節は、私のホームページ www.oekonomiekritik.de または www.theorie.org からダウンロードできる。

# 『資本論』の新しい読み方——21世紀のマルクス入門　目次

## 凡　例

- 本書は、Michael Heinrich, *Kritik der politischen Ökonomie. Eine Einführung*, Schmetterling Verlag, 2004. の全訳である。
- 原書でイタリック体の箇所は、太字で示した。
- 原著書による注は、原書にしたがい、［　］で括り、末尾に M.H.（著者のイニシャル）を付記した。
- 訳者による注は［　］で括り、先頭に訳注と表記した。
- マルクスとエンゲルスの著作からの引用は、MEW（Marx Engels Werke）と MEGA（Marx Engels Gesamtausgabe = 新メガ）からなされている。原書にしたがい、文中でその巻数と頁数を表記した。参照した翻訳とその該当頁については、次のような略称を用いて表記した。

  『全　集』— 大内兵衛・細川嘉六監訳『マルクス＝エンゲルス全集』（大月書店）

  『草稿集』— 資本論草稿集翻訳委員会訳『マルクス資本論草稿集』（大月書店）

  『資本論』— 資本論翻訳委員会訳『〔上製版〕資本論』（新日本出版社、1997 年）

  引用訳文には本書訳者が手を加えた個所もある。
- マルクスとエンゲルス以外の著者からの引用や参照指示は、原書にしたがい、文中で著者名、出版年、頁数を示した。既存の翻訳を参照した際は、その旨表記した。これも巻末の文献一覧と照応している。
- 原書における誤植などは訳者が修正し、とくに明示はしていない。
- 訳文中で用いられる（　）や——は、必ずしも原書のそれとは一致していない。

# 『資本論』の新しい読み方

## 21世紀のマルクス入門

**Kritik der politischen Ökonomie**
**Eine Einführung**
by Michael Heinrich



Japanese translation rights arranged with
Schmetterling Verlag in Stuttgart,Germany
through HorinouchiPublishers,Inc. inTokyo

表紙裏　IISG, Marx-Engels-Nachlaß, Sign. B 98　(B106).
IISG, Marx-Engels-Nachlaß, Sign. B 100 (B107).

# 1　資本主義と「マルクス主義」

## 1.1　資本主義とは何か？

今日の社会は、さまざまな形態をとった多くの支配・抑圧関係によって貫かれている。非対称的なジェンダー関係、人種主義的な差別、甚大な資産の格差とそれに応じた社会的な影響力の相違、反ユダヤ的ステレオタイプ、特定の性的嗜好にたいする差別が見いだされる。これらの支配関係どうしの連関について、またとりわけ、ある1つの支配関係が、他の支配関係よりも、より根本的であるかどうかという問いについて、多くの論争がなされてきた。以下の叙述において、経済的に基礎付けられた支配・搾取関係が前面に出ているにしても、それは、この関係が唯一の重要な支配関係だからだというのではない。もちろん、全ての支配関係について、同時に論じることはできない。マルクスの経済学批判においては、資本主義社会の経済的構造が、まずもって問題になっており、したがって、それがこの入門書における主要なポイントとなる。しかし、**資本主義的生産様式**の基礎の分析によって、すでに**資本主義社会**に関する決定的なことが論じ尽くされているというような幻想に溺れるべきではないだろう。

われわれが「階級社会」で暮らしているかどうかは、とりわけドイツにおいては意見が対立しているように思われる。ドイツではすでに「階級」概念の使用がタブー視されている。酷く反動的なマーガレット・サッチャー元英首相は「労働者階級」についてためらいなく語ったが、ドイツでは、この言葉は社会民主主義者の口からさえも、まれにしか発せられない。この国には、被雇用者と企業家、公務員、そしてとりわけ、「中間層」しかいないというわけだ。そうしたなかで階級というものが語られたとしても、それだけでは、もはやなんら批判的ではない。階級間の均衡を目指す「社会的公正」という考え方のみならず、「支配」階級による社会の他の部分にたいする一種の陰謀としてブルジョア政治を捉える多くの自称「左翼」の考え方にも、このことは当てはまる。

「支配階級」が「被支配」階級および「被搾取」階級に相対していると言うと、「市民」しか知らない保守的な社会学の教師は驚くかもしれない。しかし、階級社会の存在を指摘するだけでは、まだ多くのことは言われていない。われわれの知っているあらゆる社会は「階級社会」である。「搾取」はさしあたり、被支配階級が彼ら自身の生計のためのみならず、支配階級のためにも生産していることを意味しているにすぎない。歴史的には、階級は非常にさまざまな形で現れた（古代ギリシャにおいて奴隷は奴隷所持者に、中世の農奴は地主に相対しており、資本主義においては、ブルジョアジー［有産市民：M.H.］はプロレタリアート［労賃に依存した労働者：M.H.］にそれぞれ相対している）。決定的なのは、**いかにして**階級支配と搾取が社会において機能しているかである。そして、このことに関して、資本主義は、2つの点において、前資本主義社会とは根本的に異なっている。

⑴ 前資本主義社会では、搾取は**人格的な支配・依存関係**に基づいていた。奴隷は彼の主人の所有物であり、農奴はそれぞれの地主に拘束されていた。「主人」は「下僕」にたいして直接的に権力を持っており、この権力によって、「主

人」は「下僕」が作り出した生産物の一部を取得していたのである。資本主義的関係においては、賃労働者は資本家と労働契約を結ぶ。賃労働者は**形式的に自由**であり（契約の締結へと賃労働者を強制する外的権力はなく、結ばれた契約は破棄されることができる）、資本家と**形式的に平等**である（多大な財産から生じる事実上のメリットはあるが、貴族社会のように「生まれながらの」法権利上の特権はない）。**人格的な**権力関係は存在しない——少なくとも発展した資本主義国においては原則として存在しない。したがって、多くの社会理論家にとって、自由で平等な市民からなる**ブルジョア社会**は、身分上の特権と人格的依存関係をともなった中世の封建社会の反対物として現れた。そして多くの経済学者は、資本主義にはそもそも搾取のようなものは存在しないと反論し、彼らは、少なくともドイツに関しては、「市場経済」について語ることを好むのである。彼らの主張によれば、市場経済のもとでは、様々な「生産諸要因」（労働、資本、土地）が一緒に作用し、収益からそれらに対応する配分を受け取る（賃金、利潤、地代）。しかし、いかにして資本主義における支配と搾取が、まさに「交換相手の」形式的な自由と平等を**媒介として**実現されるかは、また後になってから論じることにしよう。

(2)　前資本主義社会においては、被支配階級の搾取は、なによりもまず支配階級の消費のためのものであった。支配階級の構成員は、豪勢な暮しをおくり、取得された富を自分や公衆の精神的高揚のために（古代ギリシャにおける劇上演や、古代ローマにおける競技）、そしてまた戦争を遂行するために用いた。生産は**直接的に需要を満たす**ためのものであった。つまり、被支配階級の（強制された）質素な需要と、支配階級の多岐にわたる奢侈や戦争といった需要を満たすためである。例外的場合にのみ、支配階級によって取得された富は、搾取の土台を拡大するために用いられた。たとえば、消費を節制し、さらに多くの奴隷を購買することで、彼らにより一層大きな富を生産させた。しかし、こうしたことは資本主義的関係では典型的である。資本主義的企業の利得は、第一義的には、資本家の快適な生活を可能にするためのものでは**なく**、むしろ利得は、将来より多くの利得が作り出されるよう、再び投資されるべきである。需要を満たすことではなく、**資本の価値増殖**が生産の**直接的**目的なのだ。ここでは、資本家の需要を満たすことや、彼らの快適な生活も、この資本の価値増殖過程の副産物にすぎず、目的ではない。利得が十分に大きければ、その内のほんの一部分によって資本家は豪勢な生活を送ることができるのであり、大部分は「蓄積」(資本の増大)のために用いられ得る。

利得が第一義的に資本家の消費のためではなく、絶え間ない資本の価値増殖、つまり、常により多くの利得を作り出す不断の運動のために用いられるというのは、もしかすると馬鹿げたことのように思われるかもしれない。しかし、ここでは個人の狂気が問題になっているのではない。個々の資本家は、他の資本家との競争によって、この不断の利得の運動(継続的な蓄積、生産の拡大、新しい技術の導入など)へと**強制されている**。つまり、もし蓄積が行われず、生産設備が絶えず近代化されないのなら、自分の企業は、より安く生産し、より良い製品を製造する競争相手におびやかされてしまうことになるだろう。もし、ある資本家が継続的な蓄積と技術革新をやめてしまうならば、彼らには破産が待ち受けている。したがって、望むか望まないかにかかわらず、彼は競争に参加することを強制されているのである。資本主義において「際限のない利得追求」は、諸個人の道徳的な欠陥ではなく、資本家として生き残るために必要なものなのだ。以下の章でより一層明らかになるように、資本主義は、さまざまな強制を生みだす**体系的な**支配関係に基づいているのであり、こうした強制へと労働者も資本家も服従させられているのである。したがって、全体としての資本主義システムではなく、個々の資本家の「際限のない利得追求」を標的とするような批判も、あまりに短絡的である。

**資本**という言葉で（後に厳密化されるので、ここでは暫定的に）、「価値増殖」すること、つまり利得をもたらすことが目的である、一定の価値総量を意味するとしよう。その際、この利得は様々な仕方で獲得されうる。**利子生み資本**の場合、利子と引き換えに貨幣が貸し出される。ここでは、利子が利得をなす。**商業資本**の場合、生産物がある所で安く買われ、他の所で（または他の時間に）高く売られる。（発生した雑費を差し引いた）購買価格と販売価格の差が利得をなす。そして最後に、**産業資本**においては、生産過程そのものが資本主義的に組織される。資本は生産手段（機械や原料）の購買と労働力の雇用のために前貸しされ、生産過程は資本家（または彼の代理人）の指揮のもとで行われる。こうして製造された生産物は販売されるが、その売り上げが生産手段と労賃にかかった費用よりも大きいならば、初めに前貸しされた資本は自己を再生産したのみならず、さらに利得も生み出したのである。

以上のように概観された意味での資本は（とりわけ利子生み資本や商業資本としてであり、産業資本としてではないが）、交換と貨幣を知っていた実際の全ての社会に存在してきた。だが、ほとんどの場合、資本は従属的な役割を果たしてきたにすぎず、それにたいして、需要のための生産が支配的であった。**資本主義**について語ることができるようになるのは、商業と、そしてとりわけ生産がおもに資本主義的に、つまりもはや需要のためにではなく、利得のために営まれるようになってからである。**この意味では**、資本主義はおもに近代ヨーロッパ的現象である。

この近代の資本主義的発展の根源は、ヨーロッパにおいては中世最盛期にまで遡る。まず遠距離交易が資本主義的基礎の上で組織化され、中世の「十字軍遠征」――大規模な略奪戦争――が交易の拡大にとって、重要な役割を果たした。それから徐々に、はじめはただ目の前にある生産物を買って、他の場所で再び販売していた商人が、生産を管理し始めた。彼らは、特定の生産物を注文し、原料のための費用を前貸しして、完成した製品の買い取り価格を決定した。

そして、16、17世紀にヨーロッパの文化と資本の発展は、ある決定的な躍進を遂げた。学校の教科書で「発見の時代」と好んで呼ばれる事態を、マルクスは以下のようにまとめている。

「アメリカにおける金銀産地の発見、原住民の絶滅と奴隷化と鉱山への埋没、東インドの征服と略奪の開始、アフリカの商業的黒人狩猟場への転化、これらが資本主義的生産時代の曙光を特徴付けている。（中略）ヨーロッパの外で直接に略奪、奴隷化、強盗殺人によって獲得された財宝は、本国に還流し、そこで資本に転化した。」（MEW 23, S. 779, 781、『資本論』第1巻、1280、1285ページ）

ヨーロッパ内部では、資本主義的生産が次々とさらなる分野を捉え、マニュファクチュアや工場が成立し、商人資本家とならんで、ついには産業資本家が地位を確立していった。彼らは、生産設備をますます大きくし、より一層多くの労働力を賃労働者として雇用した。18世紀後半から19世紀の初頭にかけて、この産業資本主義がまずイングランドで発展し、そして19世紀には、フランス、ドイツ、アメリカがそのあとを追った。20世紀には、全世界の大半が資本主義化されたが、ロシアや中国のようないくつかの国は「社会主義システム」（本書第12章参照）の建設によって、この資本主義的発展から逃れようとした。ソ連の崩壊と中国の市場経済的・資本主義的構造への転換によって、21世紀の始まりに、資本主義にとって少なくとも地理上の限界はもはや存在しなくなっている。たしかに（アフリカの大部分を一瞥すればわかるように）、まだまだ世界中が資本主義化されたというわけではない。だが、それは資本主義が抵抗に直面しているからではなく、価値増殖の条件にはさまざまな都合があり、資本はつねに最良の利得可能性を求めるため、条件が他に劣る場合にはさしあたり放置されるからである（資本主義発展史の入門には、Conert 1998を参照）。

## 1.2 労働運動の成立

**産業資本主義**の発展は、それに対応する大資産の形成のみならず、労働力の「遊離」も前提としていた。つまり、一方では、もはや封建的な依存関係のもとにはなく、形式的に自由で、それによって初めて自らの労働力を販売する可能性を手に入れたが、他方では、あらゆる収入源からも「自由で」あり、とりわけ生活していけるような耕作用の土地を持っていないので、生き延びるために自らの労働力を**販売しなくてはならない**、そのような人々を前提としていた。

貧窮者ないし自らの土地を追われた小作農（地主はしばしば耕作地を放牧地にしたが、その方が彼らは儲かったのである）、ならびに、破産した手工業者や日雇い労働者が、この「プロレタリアート」の中心部分を成していた。プロレタリアートはしばしば、残虐な国家権力（「浮浪者」や「乞食」の迫害、労役場の設立）の投入により、恒常的な賃労働を強制された。近代資本主義の成立は平穏な過程ではなく、非常に暴力的なものであった。このことについて、マルクスは『資本論』のなかで以下のように述べている。

「もしも貨幣が、オジエ［フランス人ジャーナリスト：M.H.］の言うように、『頬にはじめから血斑をつけてこの世に生まれてくる』のだとすれば、資本は、頭から爪先まで、あらゆる毛穴から、血と汚物とをしたたらせながらこの世に生まれてくる。」（MEW 23, S. 788、『資本論』第1巻、1295ページ）

途方もないほど多くの人々の犠牲をともなって、産業資本主義は19世紀初頭のヨーロッパで（最も早くはイングランドにおいて）発展した。15、6時間にも及ぶ毎日の労働時間や、6歳または7歳にすぎない子どもにさえも強いられた児童労働が蔓延しており、極めて健康に有害で、事故の可能性の高い労働条件も同様に広まっていた。そしてこれらすべてのことの対価は、生存にとってはほとんど足りないわずかな賃金であった。

こうした関係にたいする抵抗がさまざまな方面から生じた。労働者たちは、より高い賃金とより良い労働条件を獲得しようとした。そのための手段は請願書からストライキ、さらには戦闘的な闘争まで非常に多様であった。ストライキはしばしば警察と軍隊の投入によって暴力的に打ち負かされた。初期の労働組合や労働者協会は、「煽動的」団体として訴追され、主唱者はたびたび有罪判決をくだされた。19世紀全体にわたって、労働組合とストライキを合法的な闘争の手段として承認することを求める闘いが繰り広げられた。

時とともに、啓蒙された市民や若干の資本家でさえも、産業化の過程で増大した大部分のプロレタリアートが置かれた、かろうじて生活をつないでいるだけの惨めな状況を批判するようになった。

最終的には、国家もまた、すでに幼い頃から工場で超過時間労働にさらされていた青年たちが、兵役にほとんど適さなくなっているということを認めざるをえなかった。労働者階級からのプレッシャーがより一層強くなっていったのに加え、資本と国家もほどほどに健康な人々が労働力と兵士のために必要であるということを理解し、19世紀には、「工場法の制定」が始まった。一連の法律によって（またも初めはイングランドで）、被雇用者のための最低限の健康保護が定められ、また児童労働の最低年齢が引き上げられ、その1日あたり最大労働時間は引き下げられた。ついには、成人の労働時間も制限された。ほとんどの分野において、12時間、後には10時間の標準労働日が導入された。

19世紀にわたって、労働運動は強くなる一方であり、労働組合、労働者協会、そしてついには労働者政党が誕生した。最初は有産者（正確には有産男性）に制限されていた選挙権が拡大されるにつれ、労働者政党の議会内党派もより一層大きくなっていった。労働運動の闘争の目的は、つねに議論の的となった。改良された資本主義を目指すだけでいいのか？それとも資本主義の廃棄を目指すべきなのか？同様に論争となったのは、国家と政府が敵であり、資本と同様に克服されなくてはならないか、それとも、同盟相手になる可能性があり、ただ正しい事柄を納得させなくてはならないだけであるのかという問題であった。

19世紀初頭に生まれたのは、多くの資本主義分析、ユートピア的社会主義の概念、改良への提案、いかにその時々の目的が最善の形で達成されるかという戦略的構想であった。こうした闘争において、マルクスとエンゲルスは、19世紀中頃から影響力を増していくようになる。19世紀末頃には、2人とも既に他界していたが、その頃には、国際的労働運動の内部で「マルクス主義」が支配的になっていた。とはいえ、この「マルクス主義」が、どれほどマルクス自身の理論となおも関係しているのかということは、すでに当時から問われていた。

## 1.3 マルクスと「マルクス主義」

カール・マルクス（1818〜1883）はトリーアに生まれた。彼は教養ある小市民的家族の出身で、父は弁護士であった。ボンとベルリンで形式上は法学を勉強したが、なによりもマルクスは、当時依然として支配的であったヘーゲル（1770〜1831）の哲学と青年ヘーゲル派（ヘーゲル学派の急進的グループ）の哲学に取り組んだ。

1842年から43年にかけて、マルクスは『ライン新聞』の編集者であった。この新聞は、リベラルなライン地方のブルジョアジーの機関誌として、（当時ラインラントも支配していた）権威主義的なプロイセン君主制に対抗するために発刊されたものであった。記事の中で、マルクスはプロイセンの政策を批判したが、その際、批判の尺度として役立ったのは、国家の「本質」に関するヘーゲルの見解であった。つまり、国家の「本質」は、諸階級の利害を越えたところに存する「理性的自由」の現実化であるという見解だった。ジャーナリズム活動をつうじて、マルクスは経済に関する問題にますます触れるようになり、マルクスには、ヘーゲルの国家哲学がより疑わしいものに思われるようになった。

ルートヴィヒ・フォイエルバッハ（1804〜1872）のラディカルなヘーゲル批判に影響され、マルクスは、ヘーゲルが生み出した抽象物の代わりに、「現実的人間」から出発しようと試みるようになった。そして1844年に、存命中には出版されなかった『経済学・哲学手稿』が執筆された。この中で、マルクスは、20世紀に非常に有名になった「疎外論」を展開した。マルクスが示そうとしたのは、資本主義的諸関係のもとでは、現実的人間は、彼らの「類的本質」――つまり、動物から人間を区別するもの、すなわち労働によって自己の能力と力を発展させるという本質――から「疎外」されているということであった。賃労働者として、現実的人間は、自身の労働の生産物を自由に使うことができないだけでなく、自らの労働過程をコントロールすることもできない。むしろ、どちらも資本家の支配のもとにある。したがって、マルクスは、**共産主義**、つまり資本主義の廃止を疎外の止揚として、つまり、現実的人間による人間の類的本質の再獲得として捉えた。

『ライン新聞』のための仕事をしていた頃にはすでに、マルクスはフリードリヒ・エンゲルス（1820〜1895）と出会っていた。彼はバーメン（今日のヴッパータールの一部）出身で、工場主の息子であった。エンゲルスは商人修業の仕上げのために、両親によってイングランドへと送り出されたのだが、そこでイングランドの産業プロレタリアートの貧窮を目の当たりにした。1844年末以来、マルクスとエンゲルスは、親密で友好的な関係を築き、それは彼らの生涯にわたって途切れることがなかった。

1845年には、2人は共同で、『ドイツ・イデオロギー』を執筆した。（存命中には出版されなかった）この著作は、「急進的な」青年ヘーゲル派の哲学のみならず、後にマルクスが述べたように、「われわれの以前の哲学的良心」（MEW 13, S.10、『草稿集③』、207ページ）を清算するはずのものだった。その直前にマルクスによって書きとめられた『フォイエルバッハに関するテーゼ』と同様に、批判されているのは、とりわけ「人間的本質」と「疎外」の哲学的見解である。そのような哲学的見解ではなく、人間が生活し、労働している現実的な社会的諸関係が研究されなくてはならない。その後、人間的（類的）本質の概念は、マルクスの著作に登場しなくなる。そして疎外についても、非常にまれに、そしてあいまいに語られるだけとなる。ただし、マルクス解釈の議論においては、疎外論が実際に放棄されたのか、それとも単に前面に出ることがなくなっただけなのかが、激しく争われた。「若き」マルクスと「老」マルクスの著作の間に概念的断絶があるかどうかという論争は、なによりもまずこの問題をめぐるものだった。

マルクスとエンゲルスは、1848年の革命勃発の直前に刊行された『共産党宣言』によって広く知られるようになった。それは、「共産主義者同盟」という短期間しか存在しなかった小さな革命的集団の依頼で執筆された綱領であった。『共産党宣言』は、無駄なく、まったくもって簡潔な言葉で、資本主義の発展、激化する一方のブルジョアジーとプロレタリアートの階級対立、そしてプロレタリア革命の不可避性について描いている。この革命は、共産主義的な、生産手段の私的所有の廃止に基づいた社会へと通じるものであると考えられていた。

1848年の革命が打ち負かされた後、マルクスはドイツから逃げ出さなくてはならなかった。マルクスは、当時資本主義のまさに中心であり、それゆえ資本主義の発展を研究するのに最も適した場所であったロンドンへ移住した。さらに、マルクスはロンドンで、大英博物館の巨大な図書館を利用することもできた。

『共産党宣言』は、深い捉え方をする学問的知識から生み出されたというよりは、天才的な直観によるものであった（いくつかの発言、たとえば労働者の絶対的窮乏化の傾向の主張は、後に修正された）。たしかに、すでに1840年代に、マルクスは経済学の文献を読んでいたが、包括的で、深い経済学にたいする学問的取り組みは、ロンドンではじめて開始された。マルクスは、この研究を通じて、1850年代の終わりには、複数巻からなる『経済学批判』のプロジェクトを構想するようになる。1857年以降、このプロジェクトのために一連の膨大な草稿群が執筆されるが、完成することはなく、マルクス自身によって刊行されることもなかった（とりわけ、1857年の「序説」、1857〜1858年の『経済学批判要綱』［訳注：以下、『要綱』と表記する］、そして、1861〜1863年の『剰余価値学説史』）。

マルクスは最期まで、このプロジェクトのために働き続けたが、わずかなものしか出版することができなかった。1859年には、序幕として『経済学批判　第1分冊』を刊行した。これは商品と貨幣に関する小さな著作であったが、続編は刊行されなかった。そのかわり1867年に『資本論』第1巻が出版され、1872年には、第1巻の改訂第2版が刊行された。マルクスの死後初めて、1885年と1894年に、エンゲルスによって第2巻と第3巻が編集された（刊行史に関しては、Hecker 1999を見よ）。

マルクスは、学問的な作業だけをしていたわけではない。1864年には、ロンドンで行われた「国際労働者協会〔訳注：第1インター〕」の設立に参加し、綱領的な理念を含む「創立演説」や規約を作成した。その後数年にわたって、インターナショナルの総評議会のメンバーとして、マルクスはインターナショナル内の政治に大きな影響力を行使した。とりわけ重要なのは、第1インターのさまざまなナショナル・セクションによって、多くのヨーロッパ諸国で、社会民主主義労働者政党の設立が支援されたということである。だが、1870年代には、内部争いが生じたのみならず、個々の政党にならぶ中央集権型の組織が余計なものになったため、第1インターは解消してしまった。

社会民主主義政党にとって、マルクスとエンゲルスは、ある種の「シンクタンク」であった。マルクスとエンゲルスは、多くの政党の指導者たちと手紙のやりとりをし、社会民主主義の新聞や雑誌へと記事を寄稿した。さまざまな政治的、学問的問題に関して、彼らの態度表明が求められた。彼らの影響が最も大きかったのは、1869年に設立されたドイツ社会民主主義党であった。この政党は特に急速に発展し、他の政党にとって、すぐにモデルとしての役割を果たすようになった。

社会民主主義のために、エンゲルスは一連の大衆向けの書物を執筆したが、特に、いわゆる『反デューリング論』がそうであった。この『反デューリング論』と、その要約版として多くの言語へと翻訳された『空想から科学への社会主義の発展』は、第1次世界大戦以前の労働運動の中で、もっとも読まれた著作であった。それにたいして、『資本論』は、わずかな人々によって注意を払われたにすぎない。『反デューリング論』において、エンゲルスは、オイゲン・デューリングという、ベルリンの私講師の見解に批判的にとりくんだ。デューリングは、哲学、経済学と社会主義の新しい包括的な体系を作り出したと宣言していた。それによって、ドイツの社会民主主義者の間で、信奉者を増やしていた。

デューリングの成功は、労働運動において強まっていた「世界観Weltanschauung」への欲求によるものであった。つまり、指針を提供する、世界についての包括的な説明への欲求であり、その説明が全ての疑問に答えを与えてくれることを求めていた。初期資本主義の悪しき弊害が取り除かれ、賃労働者の日々の生存がある程度保障されるようになると、独特な社会民主主義的労働者文化が発展した。労働者が住んでいる地区では、労働者のスポーツクラブ、合唱団体、教育協会が成立した。労働者たちは、高尚なブルジョア社会とブルジョア文化から全面的に閉め出されていたので、労働者階級の間にそれとパラレルな日常・教養文化が発展したのであった。それは、たしかに彼らにとって、ブルジョア的な文化から意識的に距離を取ろうとするものであったが、しばしば、無意識的にそれらを模倣したものにもなっていた。こうして、19世紀の終わりには、長年にわたってドイツ社会民主党の党首であったアウグスト・ベーベルは、ヴィルヘルム2世が小ブルジョアによって崇められるのと同様に、労働者たちによって敬意をもって崇められたのであった。このような風土のなかで、支配的なブルジョア的価値観と世界像――そこでは労働者階級が存在しないか、ただまったく従属的にしか存在しない――に対置されうる包括的な精神的指針への欲求が生じてきたのである。

エンゲルスはデューリングを批判するだけでなく、様々な領域において「科学的社会主義」の「正しい」立場を対置しようとしたのであり、そのことによって世界観を提示する「マルクス主義」の基礎を築いた。それは、社会民主主義的なプロパガンダによって歓迎され、いっそう浅薄なものにされた。このような「マルクス主義」の最も重要な代表者としてカール・カウツキー（1854〜1938）がいる。彼は、エンゲルスの死後から、第1次世界大戦まで、指導的なマルクス主義理論家と見なされていた。19世紀の終わりに、社会民主主義において「マルクス主義」として支配的だったものは、かなり図式的な見解の寄せ集めであった。極度に簡素化された唯物論、ブルジョア的な進歩観、いくつかのヘーゲル哲学の基本概念とマルクスの概念装置がかなり簡略化されて、単純な公式にされ、世界の説明に用いられた。この通俗的なマルクス主義の顕著な特徴は、しばしば非常に粗雑な経済主義（すなわち、イデオロギーと政治が、経済的な利害関心の直接的な、意識上の翻訳物へと還元される）、ならびに、はっきりとした歴史決定論であった。歴史決定論は、資本主義の終焉とプロレタリア革命を自然必然性から生じる出来事としてみなしていた。労働運動において広まったのは、マルクスの経済学批判ではなく、この「世界観マルクス主義」であり、それは労働者のアイデンティティを形成するにあたって、大きな効果をもった。「世界観マルクス主義」は、労働者として、社会主義者として、ふさわしい場を示し、全ての問題を、考えられる限り単純な方法で説明した。

そして、「マルクス・レーニン主義」がこの世界観マルクス主義を継続し、さらに浅薄にした。レーニン（1870〜1924）は、20世紀初頭に、ロシア社会民主主義の最も影響力のある代表者であったが、彼の思想は、先に概略を示した「世界観マルクス主義」へと完全に依拠していた。この「マルクス主義」の過大な自己理解を、レーニンは、極めて率直に表明している。

「マルクスの学説は万能である。というのも、それは真理だからである。マルクスの学説は、自己完結しており、調和的である。それは、人々に統一的な世界観を授けてくれる」(Lenin 1913, S.3 f. 、邦訳8ページ)

1914年以前、レーニンは政治的には、ローザ・ルクセンブルク(1871〜1919)に代表された左派に対抗し、カール・カウツキー周辺の社会民主主義中央派を一貫して支持していた。だが、第1次世界大戦の開戦に際して、ドイツ社会民主党が政府によって要求された戦時国債に同意したことで、亀裂が生じた。そこから、労働運動の分裂が進行していく。社会民主主義的な勢力は、その後数十年に渡って、実践的にも、理論的にも、マルクスの理論と資本主義の超克という目的から、一層離れていき、共産主義勢力がそれに対立した。共産主義勢力は、たしかにマルクス主義的な常套句と革命的なレトリックを用いていたが、とりわけソ連の内政ならびに、外政上の転換(たとえば、後のヒトラー・スターリン条約)を正当化した。

レーニンは、死後、ただちに労働運動の共産主義的勢力によって、マルクス主義の聖人へと変えられてしまった。レーニンの論争的な闘争の書はたいてい実際的な動機によって生み出されたものだったが、「マルクス主義科学」の最良の表現として、崇められた。そして、それは、すでに現存していた「マルクス主義」と統一され、哲学(「弁証法的唯物論」)、歴史(「史的唯物論」)、経済学からなる教条的体系、つまり「マルクス・レーニン主義」となった。この世界観マルクス主義のヴァリエーションもまた、なによりもまずアイデンティティの形成に役立ったのであり、特にソ連では、共産党による支配を正当化し、開かれた自由な議論を抑圧するのに役立ったのである。

今日一般に普及した、マルクスとマルクスの理論に関する考え方は——その評価が肯定的であろうと、否定的であろうと——この「世界観マルクス主義」に本質的に依拠している。また、この入門書の多くの読者は、いくつかのまったく自明に思われるマルクスの理論に関する見解を、この「世界観マルクス主義」から得ていることだろう。しかしながら、20世紀に「マルクス主義」または、「マルクス・レーニン主義」と名乗ったものの大部分については、マルクスが義理の息子であるポール・ラファルグにたいして述べたことが、そのまま当てはまる。ラファルグが、フランスの「マルクス主義」についてマルクスに報告した際、マルクスは「もし、それがマルクス主義であるならば、私はマルクス主義者ではない」と言ったのだった（MEW 35, S. 388、『全集』第35巻、336ページ）。

もちろん、マルクス主義がこの世界観マルクス主義にとどまっていたわけではない。労働運動の社会民主主義勢力と共産主義勢力への分裂、ならびに、第1次世界大戦後の革命の希望が裏切られたことを背景に、20年代から30年代にかけて、さまざまな（また、さまざまな程度で）世界観マルクス主義にたいする「マルクス主義的」批判のヴァリエーションが発展した。この新しい潮流は、とりわけ、カール・コルシュ、ジェルジ・ルカーチ、アントニオ・グラムシ（ただ、彼の獄中ノートは、第2次世界大戦後に初めて刊行された）という面々、そしてマックス・ホルクハイマー、テオドール・アドルノ、ヘルベルト・マルクーゼによって設立された「フランクフルト学派」と結びついている。この新しい潮流は、回顧的にしばしば、「西欧マルクス主義」としてまとめられる（Diethard Behrensによる、本シリーズ［訳注：theorie.orgシリーズのこと］所収の著作を参照）。

しかし、長い間、この西欧マルクス主義は、伝統的マルクス主義の哲学的、歴史理論的な基礎、つまり、「弁証法的唯物論」と「史的唯物論」のみを批判してきた。世界観マルクス主義よって、経済学批判は「マルクス主義経済学」へと矮小化され、「批判」の包括的な意味が失われてしまった。このことは、60年代から70年代にかけて、はじめてはっきりと目に映るようになってきた。学生運動と、ベトナム戦争にたいする抗議活動の結果、1960年代以来世界中で、労働運動の社会民主主義、または共産主義政党を超えた左翼運動の躍進があり、マルクスの理論に関する新たな論争が行われた。そのとき、マルクスの経済学批判を深く把握するための議論も始まったのである。その際、とりわけ、ルイ・アルチュセールと、彼の共同研究者たちによる著作（Althusser 1965; Althusser/Balibar 1965）が非常に大きな影響力を持った。さらに、もはや『資本論』だけでなく、『要綱』のような、他の経済学批判の著作についても議論されるようになった。後者は、とりわけ、ロスドルスキーの本（Rosdolsky 1968）によって一般的になった。（西）ドイツにおける、マルクスの経済学批判の構成と理論構造に関する議論において、バクハウスの諸論文（Backhaus 1997に所収）、ならびにライヒェルトの本（1970）は、とりわけ中心的な役割を果たした。それらは、本書「序言」で触れられた、経済学批判としてのマルクスの著作にたいする新しい読み方にとって、大きな刺激となった。この入門書も「マルクスの新しい読み方」を内容的背景にしている[2]。この章では暗示されるにとどまった「経済学批判」と「マルクス主義経済学」の差異は、以下で明らかにされるだろう。

2　「マルクスの新しい読み方」という名称は、ハンズ=ゲオルグ・バクハウスが自身の論文集（Backhaus 1997）の序文のなかで初めて用いた。このマルクスの新しい読み方がどのような段階を経てきたかについては、Elbe（2003）が詳しい解説を与えてくれる。マルクスの新しい読み方への近年の貢献として、とりわけBrentel（1989）、Behrens（1993a, 1993b）、Heinrich（1999）、Backhaus（2000）、Rakowitz（2000）、Milios/Dimoulis/Economakis（2002）、Reichelt（2002）がある。また、Postone（2003）もあげられる。

# 2　経済学批判の対象

マルクスの『資本論』は、資本主義的生産様式を研究する書物である。とはいえ、ここで問題となるのは、いかなる仕方で、資本主義が対象となっているかである。テキストには、貨幣や資本に関する抽象的・理論的研究だけでなく、歴史に関する章句、たとえばイングランドにおける資本主義的関係の形成についての叙述も見いだされる。そうすると、第一義的には、資本主義の一般的な**発展史**の根本的特徴が重要なのか? それとも、ある特定の資本主義の**段階**が重要なのか? はたまた、資本主義の**機能様式の抽象的・理論的叙述**が問題になっているのだろうか? より一般的に問えば、経済学批判内部の理論的叙述と歴史はどのような関係のうちにあるのだろうか?

さらに資本主義的生産様式についてのマルクスの叙述がブルジョア的経済理論とどのような関係にあるのか、という問題もある。マルクスは単に、資本主義の機能様式に関する別の理論を提示しているだけなのか? 経済学批判における「批判」は、単に既存の理論にたいして、ある箇所における誤りを証明し、より良い理論を提示するためだけのものなのか? それとも、ここでの「批判」は、なんらかの包括的な要求を掲げているのだろうか? より一般的に定式化すれば、経済学批判の枠組における「批判」とは何を意味しているのか?

## 2.1 理論と歴史

すでにエンゲルスが、マルクスの叙述を「歴史化する」読み方を推奨していた。『資本論』以前の著作である『経済学批判 第1分冊』についての1859年の書評の中で、エンゲルスは以下のように書いている。マルクスによって提示されたカテゴリーの「論理的」叙述（ここで論理的とは、概念的、理論的と同じ意味である）は、「事実上、歴史的叙述に他ならず、ただ歴史的形態と邪魔となる偶然性を取り除いたものに他ならない」（MEW 13, S. 474、『全集』第13巻、477ページ）。そして、カール・カウツキーは、1887年に、『資本論』第1巻についての大衆向けの概論を公刊したが、そこで以下のように書いた。『資本論』は「本質的に歴史的な著作である」（Kautsky 1887, S. XI、邦訳6ページ）。

そして、20世紀の初めの労働運動の指導者たちの共通認識は、資本主義は新たな発展段階、つまり「帝国主義」に入ったというものであった。マルクスの『資本論』は、「競争資本主義」という、帝国主義に先行する資本主義の発展段階の分析として理解された。マルクスの研究は、いまや、歴史的に前進しなくてはならず、資本主義の新段階、帝国主義、が分析されなくてはならないとされた。そして、ヒルファーディング（Hilferding 1910）、ルクセンブルク（Luxemburg 1913）、レーニン（Lenin 1917）が、さまざまなやり方で、この課題に取り組んだ。

今日の経済学者たちがしばしば口にするのは、マルクスの分析は、はなから退けられないにしても、それが一定の妥当性を持ったのはせいぜい19世紀の間であったということである。ところが、20世紀になって、経済的諸関係が非常に大きく変化してしまったので、マルクスの理論から分析を始めることはできないだろうというのである（そのため、たいていの経済学部では、マルクスの理論についてまったく聞くことができない)。

このような「歴史化する」読み方は、多くの『資本論』入門書でも散見されるが、少なくともマルクスによる自己理解はそうした読み方に対立している。第1巻の序言において、マルクスは自らの研究の対象について、以下のように書いている。

「私がこの著作で研究しなければならないのは、資本主義的生産様式と、これに照応する生産的諸関係および交易諸関係である。それの典型的な場所はこんにちまでのところイングランドである。これこそ、イングランドが私の理論的展開の主要な例証として役立つ理由である。(中略)資本主義的生産の自然諸法則から生じる社会的な敵対の発展程度の高低が、それ自体として問題になるのではない。問題なのは、これらの諸法則そのものである。」(MEW 23, S. 12、『資本論』第1巻、9〜10ページ)

ここで、はっきりと言われているように、マルクスにとって問題となるのは、歴史でも、資本主義の特殊な歴史的段階でもなく、資本主義の「理論的」分析である。研究対象は、資本主義の本質的諸規定、すなわち、あらゆる歴史的変化にもかかわらず、そもそもわれわれが資本主義について語りうるためには、同じままでなければならないものである。したがって、(時間や場所によって)限定された資本主義ではなく、マルクスが『資本論』第3巻の末尾で述べているように、「ただ、資本主義的生産様式の内部編成のみが、いわばその理念的平均において」叙述されるべきなのだ(MEW 25,S.839、『資本論』第3巻、1460ページ)。

このことによっては、さしあたり、マルクスが自らの叙述と結びつけていた**要求**が定式化されたにすぎない。この要求が果たされたかどうか、つまりマルクスが資本主義的生産様式を「理念的平均において」叙述することに実際に成功しているかどうかは、この叙述の細部に取り組むなかで、これから議論されなくてはならない。

いずれにせよ、先のマルクスの発言は、叙述の抽象度を明らかにしてくれる。資本主義的生産様式の「理念的平均」の次元の上で分析が行われるならば、それは、資本主義の特定の段階と歴史の研究にとって基礎となるべき諸カテゴリーをおよそはじめて与えるのである。

現在を理解するために、歴史を知らなくてはならないということは、純粋な出来事の歴史にとっては一定の正当性があるが、ある社会の構造の歴史にたいしては妥当しない。むしろ、ここでは事態は逆である。ある特定の社会的、経済的構造の**形成**を研究することができるためには、**完成した**構造をすでに知っていなくてはならない。そうして初めて、歴史一般において探し求めていたものがわかるのである。マルクスは、こうした考えをあるメタファーを用いて述べている。

「人間の解剖は、猿の解剖への鍵である。それにたいして、低次な動物における高次なものの示唆は、高次なものがすでに知られている場合のみ、理解されることができる。」(MEW 42, S. 39、『草稿集①』、58ページ)

したがって、『資本論』において、すべての「歴史的」章句は、それに対応する諸カテゴリーの(理論的な)叙述の**後に**初めて見いだされるのであって、決して前もって見いだされるわけではない。それゆえ、たとえば、資本主義的関係の前提としての「自由な」賃労働者の成立が問題になる、有名な「いわゆる本源的蓄積」に関係する章は、『資本論』第1巻の冒頭にではなく、末尾におかれているのである。歴史的章句は、理論的叙述を**補完**するが、**基礎付け**はしない。

なるほど、『資本論』は第一義的には(**すでに発展した**資本主義を分析する)理論的な著作であり、(資本主義の**形成**を問題とする)歴史に関する著作ではない。にもかかわらず、その叙述は、今日の多くの経済学と同じ意味で、非歴史的なものではない。今日の経済学は、**あらゆる**社会に存在する「経済的なもの」の一般的問題（生産されなくてはならない、僅少な手段は分配されなくてはならない等）があるという前提から出発する。そしてまた、このあらゆる歴史的段階において根本的に同じ問題は、本質的に同じカテゴリーによって研究される（そのかぎりで一部の経済学者は、ネアンデルタール人の手斧もすでに資本であったと考える）。しかし、マルクスがはっきりと理解しているのは、資本主義が特殊歴史的な生産様式であるということであり、それは、古典古代の奴隷制社会や中世の封建制のような他の生産様式とは、根本的に区別される。そのかぎりで、それぞれの生産様式が、各々の特有な諸関係を持っており、それらはそれぞれの生産様式にたいしてのみ妥当性をもつ固有の諸カテゴリーによって叙述されなくてはならない。**この意味で**、資本主義的生産様式を描く諸カテゴリーは「歴史的」であり、決して超歴史的なカテゴリーではない。それらは、資本主義が支配的な生産様式である歴史的段階にしか妥当しないのである（この点については、Kößler/Wienold 2001, S. 165 ff. 参照）。

## 2.2　理論と批判

先述の「世界観」マルクス主義において、マルクスは、「マルクス主義経済学」——それは「ブルジョア経済学」（つまり、資本主義に肯定的な態度をとる経済学の諸学派）に対立しうるものだとされていた——を展開した、労働運動の偉大な経済学者としてみなされていた。彼らによれば、いわゆる古典派経済学の最も重要な代表者であるアダム・スミス（1723〜1790）やデヴィッド・リカード（1772〜1823）から、マルクスは、商品の価値はその生産に必要な労働時間によって規定されるという労働価値説を継承した。しかし、マルクスは、古典派経済学とは異なり、労働力搾取の理論と資本主義の恐慌的性格に関する理論を展開したとされた。このような見方によれば、古典派経済学とマルクス主義経済学の間には、**カテゴリー**についての根本的相違はなく、理論的**帰結**をめぐる相違があるにすぎない。

近代経済学によるマルクス理解も本質的には同じである。近代経済学にとって、マルクスは、その理論の内実からすれば、古典学派の代表者であり、ただ、スミスやリカードとは異なった結論を引き出しているにすぎない。そして、近代経済学は、古典派を時代遅れのものと見なしているので（近代経済学は労働による価値の規定を受け入れない）、今日の経済学者は、マルクスの理論を真剣に取り扱う必要はないと考えている。

しかしながら、すでに『資本論』の副題が明確にしているように、マルクスが遂行しようとしたことは、「経済学」のオルタナティヴを提示することではなく、「経済学**批判**」であった。もちろん、あらゆる新たな学問的アプローチは、自らの存在の正当性を証明しなければならないのだから、既存の理論にたいする批判という側面を持っている。だが、マルクスにとって問題だったのは、そのような批判以上のものであった。彼は個々の理論を批判しようとしただけではなく（それはもちろん『資本論』でも行われているが）、マルクスの批判はむしろ経済学**全体**に向けられていた。つまり、彼は、経済学という1つの学問全体における**カテゴリーの諸前提**を批判しようとしたのだ。こうした批判の包括的性格を彼は、すでに1850年代の終わりに、フェルディナンド・ラサールに宛てた手紙のなかで示している。

「さしあたり問題となっている仕事は、**経済学的諸カテゴリーの批判**だ。お望みなら、ブルジョア経済学の体系を批判的に叙述することだと言ってもよい。それは、体系の叙述であると同時に、叙述による体系の批判である。」（MEW 29, S. 550、強調はマルクスによるもの、『全集』第29巻、429ページ）

このカテゴリー批判は、最も抽象的な経済学のカテゴリーである「価値」の考察からすでに始まっている。なるほど、マルクスは、古典派経済学が「価値規定の内容」、つまり労働と価値の連関をつかんだことを認める。だが、経済学は「なぜこの内容があの形態を取るのかという問題を提起したことすらなかった」(MEW 23, S. 95、『資本論』第1巻、135〜136ページ)。ここで、マルクスは第一義的には、経済学の帰結を批判しているわけではない。そうではなく、経済学の**問いの立て方**そのものを批判しているのである。つまり、経済学一般が説明しようとしているものと、経済学が自明なものとして受け入れ、説明する必要がまったくないとされているもの(たとえば労働生産物の商品形態など)の間にもうけられた区別を批判している。こうした区別に基づいて、古典派経済学の生みの親であるアダム・スミスは、人間が動物と異なって、「交換性向」を持っているだろうという想定から出発する。その結果、すべての物にたいしてそれを商品とするようにして関わることが、あたかも人間が一般的にもつ諸属性の1つであるかのようになる。

交換や商品生産といった社会的諸関係は、経済学の内部で、「自然化され」、「物化される」。すなわち、社会的諸関係が疑似自然的な諸関係として理解され、最終的には物の属性として把握される(一定の社会的連関のもとではじめて物は交換価値を持つのではなく、交換価値が物それ自身に認められるというように)。この社会的諸関係の自然化によって、あたかも**物が主体**としての属性と自律性を持っているかのように見えてしまうのである。

マルクスは、このような関係を「異常なこと」(MEW 23, S. 90、『資本論』第1巻、129ページ)と特徴付け、「まぼろしのような対象性」(MEW 23, S. 52、『資本論』第1巻、65ページ)、または「摩訶不思議な資質」(MEW 23, S. 169、『資本論』第1巻、263ページ)について語っている。これらの表現が、それぞれ何を意味するかについては、次章で明らかとなるだろう。世界観マルクス主義においても、マルクスにたいするブルジョア的な批判と同様に、このような概念性をたいてい読み落としてきたか、あるいは、これらの概念性に文体上の奇妙な癖を見いだしてきたにすぎない。もちろん、マルクスはこのような表現を用いて、経済学批判にとって中心的な事柄を示している。すなわち、社会的諸関係の**自然化や物化**は、個々の経済学者の誤謬に帰せられるのではけっしてなく、むしろブルジョア社会の構成員のうちに、彼らの日常実践によってまったく自ずから発展してくる表象の結果なのである。したがって、マルクスは『資本論』第3巻の終わりで次のように述べることができた。すなわち、ブルジョア社会において、人間は「魔法にかけられ、さかさまにされ、逆立ちさせられた世界」（MEW 25, S. 838、『資本論』第3巻、1458～1459ページ）に生きているであり、この「日常生活の宗教」（同上）は、単に日常の意識の基礎であるだけでなく、また、経済学の諸カテゴリーの背景をなしている。

経済学批判における「批判」とは何であるかという問いが先に立てられた。いまや、それに暫定的な答えを与えることができるだろう。つまり、批判は、経済学の諸カテゴリーに外観上のそれらしさを付与している**理論的領域**（つまり、全くもって自明な直観と自然発生的に生じてくる表象）を解消することを目指している。経済学上の「異常なこと」は解明されなくてはならない。ここで、認識批判（つまり、どのようにして認識が可能になるかという問い）と資本主義的生産諸関係の分析の両者が出会うこととなる。両者とも、他方なしには可能ではない。[3]

だが、マルクスは『資本論』によって、ブルジョア的学問やブルジョア的意識の批判のみならず、ブルジョア的社会関係の

3　世界観「マルクス主義」の歴史上で（ブルジョア的なマルクス批判においてとまったく同様に）、マルクスの議論が持つ認識批判の側面はたいてい無視されてきた。1960、70年代の新しいマルクスに関する議論によって、認識批判的側面が、（マルクスをいつも単に「より良い」経済学者としてしか見ようとしない）経済学的に単純化されたマルクス受容に対立する形で、はじめて明らかにされた。

批判も目論んでいた。ある手紙の中では、――遠慮せずに、はっきりと――自らの作品を「これまでにブルジョア（土地所有者をも含めて）の頭に投げつけられた最も恐ろしいつぶてになる」（MEW 31, S. 541、『全集』第31巻、449ページ）と述べたのだった。

さらに、マルクスは、資本主義的発展に必然的にともなう人間的、社会的な犠牲を示そうとしている。マルクスは以下のことを証明しようとする。「資本主義システムの内部では、労働の社会的生産力を発展させるいっさいの方法は、個々の労働者の犠牲として行なわれるのであり、生産を発展させるいっさいの手段は、生産者の支配と搾取の手段に転化する」（MEW 23, S. 674、『資本論』第1巻、1103ページ）。もしくは、他の箇所で、マルクスは明確に述べている。

「したがって、資本主義的生産は、全ての富の源泉すなわち土地および労働者を同時に破壊することによってのみ社会的生産過程の技術および結合を発展させる。」（MEW 23, S. 529 f.、『資本論』第1巻、864ページ）

こうした発言は、マルクスの意図が**道徳的**批判をしようとしていたことを意味しない。マルクスは、正義に関する何らかの永遠的規範を侵害するという理由で資本主義（ましてや資本家個人）を非難しているのではない。むしろ、彼は**以下のような事柄を確証**しようとしている。つまり、資本主義に**内在的**なのは、くりかえし新たに活性化される、非常に**破壊的な力能性**だということを示そうとしているのである（本書第5章、第9章を参照）。資本主義の機能様式は、くりかえし労働者たちの基本的な生活上の利害を侵害する。資本主義内部では、この基本的な生活上の利害は限定的に、そして一時的にしか守られることがない。状況が根本的に変わるのは、資本主義が廃棄されたときのみである。

資本主義の傍若無人さにたいして、マルクスは平穏無事な生活への道徳的「権利」、あるいはそれと同類のものを持ち出しているわけではない。かわりに、マルクスは、資本主義システムの破壊的本性（それはいかなる道徳もよりどころにすることなく確証される）への洞察を労働者階級が深め、このシステムにたいする闘争を開始することを望んでいる。つまり、**道徳**ではなく、自らの**利害関心**を根拠にしての闘争である。ただし、それは資本主義の内部においてより良い地位を追い求める利害関心ではなく、資本主義の彼岸でのみ実現されることが可能な、良き、安定した生活への利害関心である。

## 2.3 弁証法──マルクス主義の打ち出の小槌？

マルクスの理論が語られる際には、「弁証法」というキーワード（ないしは、弁証法的展開、弁証法的方法、弁証法的叙述）がどこかでいつも登場するだろう。だが、たいていの場合、その語を用いることによって書き手が何を意味しているかは、よくわからないままである。とりわけ、「党派的マルクス主義」の論争においては、まさに争われているテーマに関する「非弁証法的見解」を理由にその時々の相手をしばしば非難しあったのだった。今日でも、マルクス主義の人々の間では、ある事柄が、他の事柄にたいして「弁証法的関係」にあると好んで言われ、そのことによって全てが説明されたかのようにされている。そして、そのことについて批判的に問いかけようとすると、それは、「弁証法的に見なくてはならない」という権威者然とした叱責に出くわすこととなる。そのような場合には、萎縮せずに、その権威者にたいして、「弁証法」によってまさに何が理解されるのかをくりかえし問い、さらに、その「弁証法的な」見方がいったいどのような外観をとるのかを問うことで、相手をいらつかせなければならない。弁証法についての大げさな議論は、単純な事柄へと還元できてしまうことが多い。つまり、弁証法は、万物は何らかの形で互いに依存し、相互作用しており、また全体は非常に複雑であるという単純な事態に還元できてしまうのである。ほとんどの場合、それはたしかに正しいことではあるが、それによって大したことが言われているわけではない。

それほど表面的な意味で弁証法が語られるのでない場合には、大きく分けて2つの異なった使用方法がある。第1に、弁証法は、先述のエンゲルス『反デューリング論』にならって、「自然、人間社会、思惟の一般的運動と発展法則の学問」(MEW 20, S. 132『全集』第20巻、147ページ）と見なされる。弁証法的発展は、一様に、直線的に進行せず、むしろ「矛盾における運動」が問題とされる。このような運動としては、特に、「量の質への転化」と「否定の否定」があてはまるという[4]。エンゲルスは、こうした一般的命題によっては、個々の過程について、まだ何も認識したことにならないということをはっきり自覚していたが[5]、「世界観マルクス主義」の枠内では、このことが完全に曖昧になってしまった。「世界観マルクス主義」において、「弁証法」は発展に関する一般的教養として理解され、何もかも説明することのできる一種の打ち出の小槌としてしばしば考えられたのだった。

---

4　**量の質への転化について**。ある大きさは、最終的に質が変化するまで、量的に増大する。水を加熱するならば、さしあたりは水の温度が上昇するが、液体のままである。100度になると最終的には蒸気となる。**否定の否定について**。発展において、元々の状態の否定は、さらなる否定を引き起こす。種子は植物へと成長する。植物は種子の「否定」である。植物は実をつけ、より多くの量の種子を残す。こうして、これが植物の否定となる。したがってわれわれは、「否定の否定」を得た。しかし、否定の否定は、出発点へと回帰するのではなく、より高次の次元で出発点を再生産する。つまり、種子は増大している。

5　エンゲルスは、同様に『反デューリング論』において以下のように書いている。「私がなにか特殊な発展過程、たとえば、大麦粒が発芽してから実をむすんだ植物が死滅するまでにこの大麦粒が経過する発展過程について、これは否定の否定である、と言ったところで、その発展過程について何も言ったことにならないというのは自明のことである。」(MEW 20, S. 131、『全集』第20巻、146〜147ページ)

弁証法を語る際の2つ目の様式は、経済学批判における叙述の形態に関するものである。ヘーゲルにとって、弁証法は中心的役割をはたしたが、マルクスはこのヘーゲルの功績に敬意を示しながら、自分の「弁証法的方法」について何度も語っている。とはいえ、マルクスによれば、ヘーゲルの弁証法は「神秘化」されていたのであり、したがってマルクスの弁証法は、ヘーゲルの弁証法と同一物ではないという（MEW 23, S. 27 f.、『資本論』第1巻、28〜30ページ）。この方法が重要性を獲得するのは、諸カテゴリーの「弁証法的叙述」においてである。ここで念頭に置かれているのは、叙述の経過を通じて、個々のカテゴリーは相互的に**展開されていく**べきであるということである。つまり、諸カテゴリーは単に次々と、横並びに提示されるのではなく、むしろ、諸カテゴリー間の内的な関係が明らかにされなくてはならない（その限りで、1つのカテゴリーは他のカテゴリーを必然的にする）。したがって、叙述の**構成**は、マルクスにとって教育的配慮の問題ではなく、それ自身において、決定的な**内容上の**意義をもっている。

しかし、この弁証法的叙述は、すでにでき上がった状態で存在する「弁証法的方法」を経済学の素材に「適用する」ことによって生じるものではない。フェルディナント・ラサールがそのような「適用」を目論んだことについて、マルクスは、エンゲルス宛ての手紙のなかで以下のように書いている。

「彼にとっては残念なことながら、彼は次のことを知るだろう。すなわち、ある科学を、批判によってはじめて、それを弁証法的に叙述しうるような点にもってくるか、それとも論理の抽象的な既成の体系を、ほかならぬこのような体系の予見に適用するかは、全く別ものだ、ということを知るのである。」（MEW 29,S. 275、『全集』第29巻、217ページ）

弁証法的叙述の前提は、方法の**適用**ではなく（このような考え方は、世界観的マルクス主義において広く普及しているが）、前節で扱われた**カテゴリー批判**である。そして、このカテゴリー批判は、カテゴリーが関係するその時々の素材にたいする、非常に正確で、詳細な取り組みを前提としている。

したがって、マルクスの「弁証法的叙述」についてのより正確な議論は、叙述されたカテゴリーについて、すでにある程度知っている場合にのみ可能となる。マルクスによる叙述そのものに取り組む前に、叙述の「弁証法的」性格について語ったり、マルクスの弁証法のヘーゲルの弁証法にたいする関係について語ったりすることはできない。しばしば用いられる「抽象的なものから具体的なものへの上向」というマルクスの叙述の特徴付けも、『資本論』を今まさに読み始めようとしている者には、ほとんど意味を持たないだろう。とりわけ、『資本論』の実際の叙述構造は、それ以前に書かれた、1857年の「序説」に由来するこの定式から類推されるものよりも、ずっと複雑である。

『資本論』のなかで、マルクスは「前書き」と「後書き」以外では、弁証法について、明示的な形では極めてまれにしか語っていない。マルクスは、弁証法的叙述を行ってはいるが、しかし、そのことによって、読者に『資本論』読解の前に弁証法に取り組むことを要求してはいない。この叙述において、何が「弁証法的」であるのかは、実際のところ、後になってから初めて言うことができるだろう。したがって、この入門書では、弁証法についての節は前置きとして必要ではないのである。

# 3　価値、労働、貨幣

## 3.1　使用価値、交換価値、価値

マルクス『資本論』の研究対象は、もちろん資本主義的生産様式であるが、いきなり資本の分析から始まるわけではない。最初の3つの章では、さしあたり、商品と貨幣のみが扱われており、資本がはじめてはっきりと問題になるのは、第4章においてである。それゆえ、先に言及された「歴史化する」読み方によっては、最初の3つの章は、前資本主義的な「単純商品生産」に関する抽象的描写として把握された。しかし、すでに第1章冒頭の2つの文章が、そこでは前資本主義的関係が扱われているのではないということを明確に示している。

「資本主義的生産様式が支配している諸社会の富は、『商品の巨大な集まり』として現われ、個別の商品はその富の要素的形態として現れる。それゆえ、われわれの研究は、商品の分析から始まる。」（MEW 23, S. 49、『資本論』第1巻、59ページ）

ここで、マルクスは、**資本主義**社会の特殊性を指摘している。資本主義社会においては――そして資本主義社会においてのみ――「商品」は富の**典型的**姿態である。商品（すなわち、われわれにとって暫定的には、交換のための財）は、他の社会にも存在しているが、資本主義社会においてのみ、財の圧倒的な部分が商品となる。中世初期の封建的社会のもとでは、ほんの小さな部分の財のみが交換された。商品形態は通例というよりも、むしろ例外であった。財の圧倒的な部分が、農業生産物からなり、それらは自家用に生産されたか、地主（領主や教会）へと引き渡されたのであり、交換されることはなかった。資本主義がはじめて、交換を包括的なものにし、そしてそれとともにまた、財の商品形態も包括的なものになった。したがって、資本主義ではじめて、富は「商品の集まり」の形態を取り、ここではじめて個々の商品が富の「要素的形態」になるのである。**この**商品、つまり資本主義社会の商品をマルクスは分析しようとする。

**商品**と呼ばれるものは、交換される何ものか、つまり**使用価値**以外になお**交換価値**を持つものだけである。ある物象の使用価値とは、その有用性にほかならず、たとえば、ある椅子の使用価値は、それに座ることができるということにある。使用価値は、その物象が交換されるかどうかということからは独立している。

その椅子を、たとえば2枚のシーツと交換するならば、この椅子の交換価値は、シーツ2枚である。この椅子を100個の卵と交換するならば、100個の卵がその椅子の交換価値である。もし、椅子をまったく交換しないで、使用するだけならば、椅子は交換価値を持たず、それは商品ではない。たんなる使用価値、つまり多少なりとも快適に座ることのできる椅子でしかないということになる。

商品であるということ、つまり使用価値以外になお交換価値をもつということは、物の「自然的」属性ではなく、「社会的」属性である。物が交換される社会でのみ、物は交換価値を持ち、そうした社会でのみ、それは商品となる。この点について、マルクスはこう言っている。「使用価値は、富の社会的形態がどのようなものであろうと、富の素材的内容をなしている。」（MEW 23, S. 50、『資本論』第1巻、61ページ）

こうして、われわれはある非常に重要な区別へとたどり着いた。ある物象の「素材的内容」(「現物形態」)は、その「社会的形態」(マルクスは時おり「経済的形態規定」という言葉も使っている)から区別される。椅子の「現物形態」は、(椅子が木製か鉄製かという)単なる素材的性質である。それにたいして、「社会的形態」によっては、椅子が「商品」であるということ、交換され、それによって交換価値をもつ物であるということを意味している。椅子が商品であるということは物としての椅子それ自体に起因するのではなく、この物が存在している社会に起因する。

散発的な交換行為は、われわれに知られているいかなる社会的諸形態においても行われていた。しかし、ほとんど全てのものが交換されるようになるという点で特殊である。このことは、量的な交換関係について、いくつかの帰結をもたらす。散発的な現象として交換が行われる際には、きわめて異なった量的な交換比率が共存しうる。私は椅子を、ある時は2枚のシーツと、また別の時は3枚のシーツと交換することができる等。しかし、交換が財の譲渡にあたっての標準形態となっている場合には、個別の交換関係は、あるやり方で、互いに「合致しなくては」ならない。われわれの例によれば、椅子は2枚のシーツ、または100個の卵と交換された。この場合、100個の卵も2枚のシーツと交換されなくてはならない。なぜだろうか？もしそのように交換されないならば、たとえば、100個の卵が、1枚のシーツとしか交換されないならば、私はただ巧みな順序で交換を行うことによって、つねに利益を得られることになってしまうだろう。つまり、1枚のシーツを100個の卵に、100個の卵を1脚の椅子に、そして1脚の椅子を2枚のシーツに……という具合に。たんなる交換によって、私は手持ちのシーツを倍にしたのである。同じような交換行為を多くおこなうことで、私は富を一層増やすことができるだろう。ただし、それが可能なのは、逆向きの交換行為を行おうとしている交換相手が見つかる限りでしかない。しばらくすれば、残りの市場参加者たちは、私に利益をもたらしている交換パターンを真似しようとするだろうし、反対の方向で交換しようとする人はもはや誰もいなくなってしまうだろう。交換比率が安定しうるのは、利益ないし損失が交換行為の特定の**順序付け**からすでに生じてしまう可能性が排除されているときだけである。

したがって、交換が標準的なものとなっている**資本主義**社会について、次のように結論付けることができるだろう。同じ商品の異なった交換価値は、また、互いにたいして交換価値を形成しなくてはならない、と。つまり、一方で1脚の椅子が2枚のシーツと交換され、他方で100個の卵と交換されるならば、2枚のシーツも100個の卵と交換されなくてはならないのである。

もし、そのような規則性が交換に存在しているならば（このことは、交換が滞りなく機能するためには存在していなければならないのであるが）、1脚の椅子、2枚のシーツと100個の卵が共通に持っているものは何であるかという問いが生じてくる。われわれの常識から得られる回答は、この3つの物は「同じ価値」を持っているというものである。交換の経験によって、われわれは多くの物の価値についての非常に正確な見積もりを持っている。それらの物の交換にあたって与えなければならないものが、この価値の見積もりからずれるならば、この物は「安い」または「高い」とわれわれは結論付ける。しかし、いま問題なのは、何がこの「価値」を形成しているのかということであり、またそれに関連して、どのようにしてそのつどの価値の大きさが規定されるのかということである。

マルクスよりもはるか以前に、経済学者たちはこの問題にすでに取り組んでおり、その際、彼らは2つの根本的に異なる答えにたどりついていた。1つ目の答えは、ある物象の価値は、その効用で決まるというものであった。つまり、私にとって非常に有用であるものにたいしては、私は多くを支払おうとするが、それとは反対に、あまり有用でないものには、全く支払わないか、ほんの少ししか支払わない。だが、この「効用価値論」には大きな問題があり、アダム・スミスがそれをすでに指摘していた。水には非常に高い効用があり、水なしにわれわれは生きることができないにもかかわらず、水の価値は小さい。水と比較すると、ダイヤモンドの効用はごくわずかであるにもかかわらず、その価値は大きい。このことから、スミスは、物象の価値を規定するのは効用ではありえないと結論付けた。そしてスミスは、価値を規定しているのはある物象を生産するのに必要とされる労働の量であると考えた。これが、価値が何に依存しているのかについての2つ目の基本的な答えである。

この「労働価値論」はマルクスの時代には、経済学のなかでの一般的な見解であった[6]。上述の例にあてはめれば、1脚の椅子と2枚のシーツおよび100個の卵が同じ価値を持つのは、それらの生産に同じだけ多くの労働が必要だからである。

この労働価値論にたいして、2つの反論がしばしば見受けられる。1つは、非労働生産物（たとえば耕されていない土地）も交換されるという反論であり、もう1つは、特定の労働生産物（たとえば芸術作品など）の交換価値は、その生産に支出された労働時間にはなんら依存していないという反論である。

第1の点に関して述べておかなくてはならないのは、労働価値論は、実際には、労働生産物の価値だけを説明するということである。非労働生産物は、「価値」を持たない。非労働生産物が交換されるならば、それらは交換価値を持っているが、このことは別途に説明されなくてはならない。

第2の点に関しては、芸術作品は、たしかに労働生産物であるが、普通の商品とは異なり、唯一無二の、たった一度だけ現

---

6　今日、経済学においてはふたたび、「限界効用理論」という、効用価値論の一種が支配的である。

れるものが問題となっている。買い手が芸術作品に支払おうとする価格は、芸術家の労働支出とはまったく関わりのない愛好家価格である。だが、ほとんどの経済的生産物は、そのような唯一無二のものではなく、大量に生産される生産物であり、それらの価値が説明されなくてはならない。

マルクスもまた、商品の価値は商品を生産する労働に基づいていると考えた。マルクスによれば、「同一の人間的労働」の対象化として商品は**価値**である。また、価値の**大きさ**は、「そこに含まれている『価値を形成する実体』、すなわち労働の、分量によって」規定されるという（MEW 23, S. 53、『資本論』第1巻、66ページ）。

さらにマルクスが続けて述べているように、価値形成にかかわるのは、個々の生産者によって**個別に**支出された労働時間ではなく（そうであるならば、仕事の遅い家具職人の椅子は、仕事の速い家具職人による同じ椅子よりも高い価値を持つことになるだろう）、「社会的必要労働時間」、つまり、「現存の社会的・標準的な生産諸条件と、労働の熟練および強度の社会的平均度とをもって、なんらかの使用価値を生産するのに」必要な労働時間だけである（MEW 23, S. 53、『資本論』第1巻、66ページ）。

しかし、ある特定の使用価値の生産に社会的に必要な労働時間は、つねに同じではない。もし労働の生産力が上昇するならば、同じ時間内に、より多くの生産物が製造されうる。それによって個別生産物の生産に、社会的に必要な労働時間は減少し、その価値の大きさも低下する。反対に、労働の生産力が低下するならば、生産に要する社会的な必要労働は増加し、個々の生産物の価値の大きさは上昇する。たとえば、このことは自然的条件によって引き起こされることもあるだろう。もし収穫が台なしになると、同じ労働量が、例年よりも少ない成果しかもたらさず、個々の果実の生産にはより多くの労働を必要としたことになり、果実の価値は上昇する。

交換が存在するなら、そこには分業が想定されている。私が交換によって手に入れようとするものは、私が自分自身で生産していないものだけである。分業は交換の前提であるが、交換は分業の前提ではない。このことは、あらゆる工場において一目瞭然である。工場では、高度の分業に基づいた生産が見いだされるが、その生産物は、互いに交換されるということが決してない。

ここまで、「商品」について語るときには、つねに物質的な物が念頭に置かれており、物質的な物が交換されているという印象をもたれたかもしれない。だが実際に重要なのは、交換されるということであり、そこで物が交換されるかどうかは重要ではない。サービスも交換されうるのであり、それによって商品になることができる。物質的生産物と「非物質的」サービスの違いは、単に、生産と消費の異なった時間的関係にあるにすぎない。物質的生産物は、まず生産され、その後消費される(パンはその日のうちに消費されるだろうが、それにたいして、自動車は、私がそれを使用するまでに、製造元で、まだ数週間か数ヶ月を過ごさなくてはならないこともある)。サービスにおいては（それが、タクシーの運転であろうと、マッサージであろうと、舞台上演であろうと)、生産行為が消費行為と直接的に重なる（タクシー運転手は、場所の移動を生産するのであり、私はそれを消費する)。物質的な物とサービスの間には、**素材的**相違があるにすぎない。しかし、商品であるかどうかは、それらの**社会的形態**に関わっており、社会的形態は、物やサービスが交換されるかどうかに依存している。「産業社会からサービス社会への移行」だけで、あるいは、ネグリ＝ハートのような「左翼」版、すなわち「物質的」生産から「非物質的」生産への移行だけで、マルクスの価値論が乗り越えられたとする議論がしばしば見受けられるが、それは以上のように反駁される。

ここまで価値論について述べてきたことを、マルクスは、『資本論』第1章の（全体で50ページのうちの）最初の7ページで基本的に叙述している。多くのマルクス主義者とマルクスの批判者にとっては、この7ページで叙述されていることがマルクス価値論の核心である（つまり、商品は使用価値と価値であり、価値は人間的労働の対象化であり、価値の大きさは商品の生産に要する「社会的必要労働時間」に依存しているということ。最後の事柄は、しばしば「価値法則」と呼ばれている）。もし実際にこれで全てだとするならば、マルクスの価値論は、古典派経済学とほとんど変わらなくなってしまうだろう。しかしながら、この章の残りの部分で明らかになるように、マルクス価値論の中心的な洞察は、これらの単純な命題だけに限られるようなものではない。マルクス価値論の決定的に重要な事柄は、むしろ、ここまでに概観されたものを超えたところにある。

## 3.2 労働価値論の証明？（個人的行為と社会的構造）

マルクスの価値論と古典派の価値論の相違は、もう1つの問題とも関連している。すなわち、それはマルクスが労働価値説を「証明」したかどうか、言い換えれば、商品価値の根底にあるのは労働で、それ以外にないということを疑いなく証明したかどうかという問題である。マルクスに関する文献において、この問題はすでに何度も議論されてきた。しかし、われわれがすぐあとで見るように、マルクスはそのような「証明」にはおよそ関心をもっていなかった。

アダム・スミスは、労働による商品価値の規定を「証明」したが、その議論は、労働は労苦をともなっており、ある物を作るのに、どれだけの労苦が費やされたかによって、その物の価値が計られるというものだった。ここでは、価値は直接に、個々人の**合理的熟慮**へと帰せられる。今日の新古典派経済学もまったく同様の議論をしており、効用を最大化しようとする個人から出発し、個人の効用にたいする評価から交換関係を基礎付けようとしている。古典派と新古典派は、どちらも、まったく自明のものとして、バラバラの諸個人と彼らの外観上、普遍的な人間の行為戦略を前提とし、そこから社会的連関を説明しようとする。その際、彼らは、説明しようとする社会的特性の大部分を個人に投影してしまうことになる。こうして、すでに述べたように、アダム・スミスは「交換性向」を、人間を動物から区別する属性にしてしまう。そうすれば、**この**人間（つまり、商品所持者）の合理性から商品交換に基づいた経済構造を導きだし、この構造を人間が作り出す普遍的構造として説明するのは、もちろん難しくない。

反対に、マルクスにとっては、個人の熟慮ではなく、諸個人がその時々に置かれている**社会的諸関係**が基礎である。このことを『要綱』において、マルクスは鋭く定式化している。

「社会は諸個人から成り立っているのではなくて、これらの個人がたがいにかかわりあっているもろもろの関連や関係の総和を表現している。」(MEW 42, S. 189、『草稿集①』、312ページ)

このような諸関係がある特定の合理性をあらかじめ基準として与えているのであり、この諸関係の内部で生き延びようとするならば、個人はそれに従わなくてはならない。そして、この合理性に従って行為するならば、それらの行為によって、根底にある社会的諸関係が再生産されるのである。

この連関を身近な例を用いて説明しよう。商品交換に基づく社会においては、各人は、生き延びようとするならば、交換の論理に従わなくてはならない。私がある商品を高く売り、他人の商品を安く買うとしても、それは単なる「効用を最大化する」ふるまいの結果ではない。私は、そうするほかないのである（交換関係に関心を持たなくてもいいくらいに私が金持ちではない場合だが）。他の選択肢がないために、自分のふるまいを「自然なもの」として感じることさえあるだろう。大多数の人々が、以上のような方法でふるまうならば、商品交換に基づいた社会的関係が再生産され、またそれによって、すべての諸個人が今後もそのようにふるまうように強制する力も再生産される。

したがって、マルクスは価値論を交換者の熟慮によって基礎付けたのでは**ない**。よくある誤解に反して、マルクスは、交換者が望むから、商品の価値が生産に必要な労働時間に一致するというテーゼを掲げていない。むしろ、まったく反対に、人間は交換において、自らが実際に何を行っているかを知ら**ない**、ということをマルクスははっきりと述べている（MEW 23, S. 88、『資本論』第1巻、126〜127ページ参照）。

マルクスの価値論は、**諸個人が行為に際して何を考えていようとも**従わなくては**ならないような**、ある特定の社会的構造を解明しようとしている（それについては本書3.6節と3.8節も参照）。したがって、マルクスの問いの立て方は、古典派や新古典派とはまったく異なっている。アダム・スミスは、基本的に、個別の交換行為を観察して、どのようにそこでの交換比率が規定されているかを問題にした。それにたいしてマルクスは、個々の交換関係を交換によって社会の再生産が媒介される、**ある特定の社会的連関全体**の部分と見なした。そして、**社会全体によって**支出される労働にとって、このことがどのような意味をもつかを問うたのである。友人のルードヴィヒ・クーゲルマンへの手紙で明確に述べられているように、その際、労働価値説の「証明」はマルクスにとってまったく問題になっていない。

「価値概念を証明する必要がある、などというおしゃべりができるのは、問題とされている事柄についても、また科学の方法についても、これ以上はないほど完全に無知だからにほかなりません。どんな国民でも、1年はおろか、2、3週間でも労働を停止しようものなら、くたばってしまうことは、どんな子供でも知っています。どんな子供でも知っているといえば、次のことにしてもそうです、すなわち、それぞれの欲望の量に応じる生産物の量には、社会的総労働のそれぞれ一定の量が必要だ、ということです。社会的労働をこのように一定の割合に配分することの必要性は、社会的生産の確定された形態によってなくなるものではなく、ただその現われ方を変えるだけのことというのも、自明のところです。（中略）そして社会的労働の連関が個々人の労働生産物の私的交換をその特徴としているような社会状態で、この労働の一定の割合での配分が貫徹される形態こそが、これらの生産物の交換価値にほかならないのです。」（MEW 32, S. 552 f. 、『全集』第32巻、454ページ）

商品生産の諸条件のもとでは、私的に支出された労働が個々の生産部門へと配分されるということが、商品価値によって媒介される（意識的管理や伝統的に与えられている配分は存在しない）。興味深い問いは、どのようにしてこのようなことがそもそも**可能である**のかということである。より一般的に表現すれば、**どのようにして私的に支出された労働が社会的総労働の構成部分となるのか**ということである。したがって、価値論は、個々の交換関係が生産に必要な労働量によって規定されているということを「証明」する必要などない[7]。むしろ、価値論は商品を生産する労働の**特殊な社会的性格**を説明すべきなのである。──そしてマルクスは、とりわけ『資本論』の最初の7ページ以降の部分で、そうした説明を行っているが、すでに述べた通り、伝統的マルクス主義も、多くのマルクスの批判者も、この最初の7ページをマルクス価値論の最重要箇所と見なしている。

---

7　『資本論』第3巻で、マルクスはさらに、実際の交換関係は、生産に費やされる労働量に決して対応しないことさえも示している（本書7.2節を参照）。

## 3.3　抽象的労働：実在的抽象と通用関係

商品を生産する労働の特殊社会的な性格がどんな意義を持っているかを理解するためには、「具体的労働」と「抽象的労働」の区別に取り組まなければならない。マルクスの価値論に関するたいていの叙述は、たしかにこの区別について少しは言及しているものの、その意義についてはしばしば正しく理解していない。だが、マルクス自身はこの区別が重要な意義を持つことを指摘していた。

「商品に含まれる労働のこの二面的性質は、私によってはじめて批判的に指摘されたものである。この点は、経済学の理解にとって決定的な点であるから、ここで立ち入って説明しておこう。」（MEW 23, S. 56、『資本論』第1巻、71ページ）

ここでは何が問題になっているのだろうか？ もし商品がなにか二重のもの、つまり使用価値と価値であるならば、**商品を生産する**労働も二重の性格を持っていなければならず、使用価値だけでなく、価値もまさしく労働によって生産されるのだ（重要：全ての労働が二重の性格を持つのではなく、**商品を生産する**労働のみが二重の性格を持つ）。

質的に異なった「具体的労働」は、質的に異なった使用価値を生産する。指物労働は椅子を生産し、織布労働はシーツを生産する等。もし、「ある労働を習得する」ならば、ある具体的活動の特殊性を習得するのであり、また、ある人が働くのを見る際には、その人がある具体的な労働を行うのを見るのである。

だが、価値は特定の具体的労働によって形成されるのではなく、また具体的労働の特定の側面によって形成されるのでもない。**交換されるもの（サービスでもあり得る）を生産するあらゆる労働は、価値を生産している**。価値としては、商品は**質的に**同一であり、したがって、価値を生産するさまざまな労働も、**質的に同一の人間的労働**として通用しなくてはならない。指物労働は、指物労働として価値を生産するのではなく（指物労働としては椅子を生産する）、人間的労働として価値を生産し、その生産物が他の人間的労働の生産物と交換される。つまり、指物労働は、まさに自らの指物労働としての**具体的姿態の抽象において**、価値を生産するのであり、したがってマルクスは、価値を生産する労働を「抽象的労働」と呼ぶのである。

それゆえ抽象的労働は、手作業的に技巧豊かな指物労働と対比される、単調なベルトコンベアー作業のような**特殊な種類の**労働支出ではない[8]。**使用価値を形成する**労働としては、単調なベルトコンベアー作業は、指物労働とまったく同様に、**具体的**労働である。ベルトコンベアー作業は、（指物労働と同様）**同一な人間的労働**としてのみ、つまり具体的性格の捨象においてのみ、**価値形成的**である。端的に言えば、ベルトコンベアー作業も指物労働も、**抽象的労働**としてのみ価値形成的である。

抽象的労働の「凝固体」（MEW 23, S. 52、『資本論』第1巻、65ページ）として、商品は「価値」である。したがってマルクスは抽象的労働を「価値形成的実体」、または端的に「価値実体」と呼んでいる。

価値実体に関する議論は、しばしば、それがあたかも素材的なもののように、「実体主義的」に理解されてきた。つまり、労働者が一定量の抽象的労働を支出すると、いまやこの量が価値実体として**個々の商品に**潜んでおり、個々の物を価値対象にするとされた。しかし、事態がこのように単純でないというこ

8　少なくともそのような抽象的労働の理解を促しているのは、ロベルト・クルツである。彼はたとえば、抽象的労働概念についての注釈において、次のことを引き合いに出す。すなわち、人間は「抽象的労働力」（この概念をクルツはそれ以上説明しないが）を支出し、「最高度の相互無関心と疎外において」一緒に働いている（Kurz 1991, S. 273）。しかし、抽象的労働においては、どのような様式で人間が一緒に働いているのかはまったく問題ではなく、彼らの労働が社会的にどのようなものとして通用しているのか、つまり、価値形成的なものとして通用するということが問題なのである。しばしば出くわすような矮小化にたいして批判的に取り組んだ、抽象的労働概念への手短な入門書として、Reitter（2002）がある。

とは、マルクスが価値対象性を「まぼろしのような対象性」（MEW 23, S. 52、『資本論』第1巻、65ページ）と呼んでいることからもすでに明らかであろう。第1版の改訂用草稿（「『資本論』第1巻への補足と変更」）のなかでは、「純粋に幻想的な対象性」までもが論じられている（MEGA II/6, S. 32）。「実体主義的」見解が正しいとするならば、価値対象性において何が「まぼろしのようで」、「幻想的であるか」を見定めることはできなくなってしまうだろう。

抽象的労働の概念を、より丁寧に吟味しなくてはならない。抽象的労働は見ることができない。見ることができるのは、つねに特定の具体的労働だけである。「木なるもの」も同様に見ることができず、私が見ることができるのは、つねに、ある具体的な植物である。たしかに抽象的労働は「木なるもの」と同じように1つの抽象ではあるが、ここではまったく異なる種類の抽象が問題となっている。通常、抽象物は人間の思惟のうちで形成される。それぞれの個体に共通するものを引き合いに出し、それからある抽象的な類の概念を形成する（たとえば「木なるもの」のように）。抽象的労働においてはそのような「思惟抽象」ではなく、「実在的抽象」が問題になっている。つまり、人間の現実的なふるまいにおいて行われる抽象であり、人間がそのことを知っているかどうかには関わりなく行われる抽象である。

交換にあたって商品の使用価値が捨象され、商品は**価値**として等置される（もちろん、個々の買い手はこの使用価値に関心を持っているから購買するにすぎず、したがって、この使用価値が欲しくなければ交換しない。しかし交換するならば、商品は価値として等置される）。商品がまず価値として等置されることによって、商品を生産する労働の特殊性は**実際に**捨象される。今やこの労働は、価値形成的な「抽象的」労働としてのみ通用する。したがって関与している商品所持者が、そこで何を考えているかとは独立に、抽象は**実在的に**生じている。

マルクスはこの点をつねに明確にしていたわけではない。そして、「生理学的意味での人間的労働力の支出」としても抽象的労働という言葉を使っている（MEW 23, S. 61、『資本論』第1巻、79ページ）。だが、異なった労働を生理学的意味での労働へと還元するのは、まさに純粋な思惟抽象であり、商品を生産するかどうかに関わりなく、いかなる労働もそうした抽象の作用を受けることが可能である。さらに、この表現のために、抽象的労働がまったくもって非社会的な、いわゆる自然的基礎を持っていると思いこまれ、そしてそれに照応した抽象的労働の「自然主義的」解釈を誘発したのである[9]。だが、他の箇所で、マルクスは非常にはっきりと抽象的労働の非自然主義的基礎を言明しており、第1版の改訂草稿では以下のように述べられている。

「異なった具体的な私的労働を同一な人間的労働という抽象物へと還元することは、異なる労働の生産物を実際に互いに等置する交換によってのみ遂行される。」（MEGA II/6, S. 41[10]）

このように抽象的労働の根底にある抽象を初めて遂行するのは交換である（このことは交換に従事している人々が、この抽象をはっきりと自覚しているかどうかには関係ない）。だがその際、**抽象的**労働は労働時間によって単純に計測されることが

9　たとえば、W.F. ハウクは『資本論入門講義』において、マルクスは抽象的労働を「自然的基礎」に還元したとはっきり述べている（Haug 1989, S. 121）。マルクスにとっては、ここ（および他の箇所）で、不適切な表現にとどまらない事柄が問題となっているということを、私はHeinrich（1999）の中で示そうとした。マルクスの経済学批判においては、たしかに一方で、学問的革命、つまり古典派経済学の理論的領域からの断絶が見いだせるが、他方では、彼の議論には本来的に乗り越えられている見解の残滓がいつも付着している。しかし、マルクスの議論のそのようなアンビバレント（曖昧さ）は、入門書の枠内においては簡単に触れることしかできない。

10　そして、この重要な文章は、フランス語の翻訳にも取り入れられている（MEGA II/7, S. 55『フランス語版資本論』49ページ）。このフランス語版は、マルクス自身がまだチェックしていた『資本論』の最後の版である。

できない。というのも、時間によって計られたあらゆる労働時間は、特定の個人によって支出されている、まったく特定の**具体的**労働の1時間である（そして、それは労働の生産物が交換されるかどうかには依存しない）。それにたいして、抽象的労働はおよそ「支出される」ことができない。抽象的労働は、交換において構成された**通用関係**である。つまり、交換のうちで、支出された具体的労働は、価値形成的な抽象的労働の一定量として、またそれによって社会的総労働の構成部分として**通用する**のである。

価値形成的な抽象的労働の一定量として、私的に支出された具体的労働が通用することには、3つの「還元」が含まれる。

(1) 個別に支出された労働時間が、社会的必要労働時間へと還元される。平均的条件のもとで使用価値の生産にとって必要な労働のみが、価値形成的なものとして数えられる。しかし、平均的生産性がどれだけの大きさであるかは、個々の生産者ではなく、使用価値の生産者全体に依存している。この平均はつねに変動しており、交換において初めて見えるようになる。つまり、そこで初めて、個別に支出された自らの労働時間が社会的必要労働時間にどれだけ照応するかを、個々の生産者は知ることになる。

(2) たいていの伝統的マルクス主義は、技術学的に規定された「社会的必要労働時間」を、価値形成的労働の唯一の決定因として把握した。生産された使用価値に、照応する支払い能力のある需要が存在しているかどうかは、生産物の価値規定にとって、いかなる役割も果たさないように思われていた。とはいえ、マルクスも注意を喚起しているように、商品を生産するためには、単に使用価値を生産するだけではなく、「他人のための使用価値、つまり、社会的使用価値を生産しなくてはならない」（MEW 23, S. 55、『資本論』第

1巻、70ページ)。全体として、ある使用価値、たとえばシーツが、社会において現存している(支払い能力のある)欲求を越えて生産されたならば、それは「社会的総労働のあまりにも大きな部分が織布業の形態で支出されたということ」を示している。「その結果は、ちょうど、1人1人のリンネル織布者が彼の個人的生産物に社会的必要労働時間以上の労働時間を費やしたのと同じことである。」(MEW 23, S. 122、『資本論』第1巻、181〜182ページ)

価値形成的なのは、平均的に現存している労働条件のもとで支出され、かつ支払い能力のある社会的欲求の充足に必要な労働時間だけである。私的に支出された労働が、需要の充足に実際にどれだけ必要であったかは、一方で、この需要の大きさに依存しているが、他方で、他の生産者の生産規模に依存している。これらのことはどちらも、交換の場面で初めて目に見えるようになる。

(3) 個々の労働支出は、その具体的性格において(指物労働、裁縫労働としてなど)、区別されるだけではなく、それに要求される労働力のスキルにおいてもまた区別される。「単純な平均労働」は、「平均的に、普通の人間なら誰でも」持っている「単純な労働力の支出」である(MEW 23, S. 59、『資本論』第1巻、75ページ)。単純労働のスキルとして何が通用するのか、またたとえば読み書き、あるいはコンピューター知識がそれに属するのかどうかは、個々の国ごとに、文化の時期によって変動する。だが特定の時代の、特定の国においては、それは確定されている。高い技能が要求される労働力がおこなう労働は、「複雑」労働である。それは、単純な平均労働よりも、より大きな量の価値を形成するものとして通用する。どの程度たくさん、ある大きさの複雑労働が、同じ大きさの単純労働よりも大きな価値を形成するかも、交換で初めて目に見えるようになる。も

> ちろん、量的関係に関して、マルクスによって強調された労働力のスキルのみが役割を果たすわけではない（MEW 23, S. 211 f.、『資本論』第1巻、337〜338ページを参照)。社会のヒエラルキー化の過程も決定的である。それはたとえば、「女性の職業」は「男性の職業」よりも低い地位にあることのうちに見受けられる。それによって、さらにどの活動が「単純」ないし、「複雑」なものとして通用するかが影響されるのである。

私的に支出された個人的労働が、価値形成的な抽象的労働としてどれだけ**通用する**かは、交換において**同時に**生じるこれら3つの還元の結果である。

### 3.4 「まぼろしのような価値対象性」：価値の生産理論か、流通理論か？

商品が価値対象性を持つのは、具体的労働の対象化としてではなく、抽象的労働の対象化としてである。しかし、すでに概観されたように、もし、抽象的労働が交換にあたってのみ存在する社会的通用関係である（つまり、私的に支出された労働が、価値形成的な抽象的労働として通用する）ならば、商品の価値対象性も、交換において初めて存在することになる。そうすると、さらに、価値対象性は個々の物がそれ自身として持ちうる属性ではまったくない。この対象性を基礎付ける価値実体は、商品に個別に属するのではなく、交換において**共同的に**のみ認められる。

マルクスは第1版への改訂草稿（「『資本論』第1巻への補足と変更」）で、このことを最も明確に述べている。そこでは、上着とリンネルが交換されるならば、それらは「人間的労働の対象化へと端的に還元される」と言われている。しかし、その際忘れられてはならないのが、「**どちらもそれだけでは、その**

**ような価値対象性ではなく**、それが両者にとって**共通の対象性**である限りにおいてのみ、両者は価値対象性である。両者相互の関連——両者が等しいものとして通用する関連——の外では、上着もリンネルも、価値対象性を、すなわち人間的労働そのものの凝固体としての両者の対象性を持たない。」(MEGA II/6, S. 30)

そして、以下のことが帰結する。「それゆえ、労働生産物は、それだけで切り離されて考察された場合には、それが商品でないのと同様に、価値ではない。労働生産物は、他の労働生産物との統一性においてのみ価値になる」(MEGA II/6, S. 31)。

こうしてマルクスが『資本論』冒頭で論じていた、価値対象性の「まぼろしのような」性格に近付いた(MEW 23, S. 52、『資本論』第1巻、65ページ)。価値実体は、2つの商品に共通であるが、それはたとえば、消防車とりんごが共に赤色を持つというような仕方ではない(どちらもそれ自身で赤く、2つが並べられるなら、それらは共通のものを確かに持っているということが確証される)。そうではなく、価値実体と、それにともなう価値対象性が物に属するのは、物が交換において互いに関連させられる場合だけである。したがってこのことは、消防車とりんごが赤いのは、それらが実際に互いに並んで現存している場合のみであり、個別化された状態では(消防署にある消防車と木になっているりんご)、色を持たないというようなものである。

通常、対象的属性は物それ自体に帰属しており、他の物への関連からは独立したものである。特定の関連のうちでのみ存在する属性は、まさに対象的な、個々の物に帰属する属性としてではなく、関係として考察される。兵士Aが曹長Bに命令されるならば、Aが部下で、Bは上司である。部下ないし上司という属性は、軍のヒエラルキー内部でのAとBの特有の**関係**から生じる。しかし、この属性は、このヒエラルキー外部における、人格としてのAとBには帰属しないものである。

しかし、価値対象性においては、ある関連の内部でのみ存在する属性が、この関連の外部でも帰属する、物の対象的属性であるかのように**みえる**。この交換関連の外部にも、この対象性を追い求めるならば、それをどこで捕まえるべきか見当もつかない。こうして価値対象性は、文字通りの意味で「まぼろしのような」対象性なのだ。

価値対象性は個々の商品の属性であるという外観に、大部分の伝統的マルクス主義もとらわれている。価値実体は、「実体主義的」に、**個々の**商品の属性として把握されてきたのだ。こうして価値の大きさもまた、個々の商品の属性と見なされ、価値の大きさは、交換とは独立に、商品の**生産**において支出された社会的必要労働時間の量によってのみ規定されると考えられてきた。それにたいして、交換の意義を強調する見解は、「価値の流通理論」を代表し、まさしく非本質的な側面にアプローチしていると非難された。[11]

もちろん、価値と価値の大きさが生産領域と流通領域（購買と販売の領域）の**どちらで**規定されるのかという問いは、すでに致命的な矮小化に基づいている。価値はどこかで「成立」して、そして「そこにある」ようなものではない。パンに関しては、（仮に答えがわかりきっているとしても）それがどこでパンとして成立したのか——パン工場においてなのか、パン屋のカウンターでの販売においてなのかと——少なくとも問うことができる。だが、価値はパンのような物ではなく、ある社会的

11　こうした非難を私にも向けているのは、ノルベルト・トレンクレという、ロベルト・クルツに並ぶ、恐慌グループGruppe Krisisの代表者である（Trenkle 1998、加えてHeinrich 1999bも参照）。このことがより一層注目に値するのは、恐慌グループは、彼らの言うところの「労働運動マルクス主義」（これは、先に素描した「世界観マルクス主義」に似たものが念頭におかれている）の批判者をつねに自称しているからだ。ただし、批判されている「労働運動マルクス主義」の思考に彼らがとらわれているのは、この点だけではない（本書9.2節を参照）。

関係であり、それが**物的属性**として**現れる**のである。価値と価値の大きさで表現される社会的関係は、まさに生産**と**流通で構築されるのであり、そうである以上、「あれか、これかという二者択一の問い」は意味をなさない。

**価値の大きさ**は、たしかに交換に先立っては規定されていない。だが、それは交換において偶然的に成立するものでもない。それは、前節において素描された、私的に支出された個人的労働が抽象的労働へ三重に還元されることの結果である。ある商品の価値の大きさは、単に生産者の**個人的**労働と生産物の関係ではなく（価値の「実体主義的」見解は結局そのような捉え方にいたる）、生産者の**個人的**労働と**社会的総労働**の関係なのである。交換は価値を生産したりはせず、むしろ、この社会的総労働への関係を媒介する。もちろん、私的労働に基づいた社会では、この媒介は**交換によってのみ**生じるのであり、他のどこでもない。[12]

交換に先立っては、価値の大きさは大雑把に見積もることしかできない。この見積もりは、商品生産者がある生産を開始するかどうかも決定する。ただ、すでに何人もの生産者が痛感しなくてはならなかったように、ある商品の価値の見積もりだけでは、まだまだその価値の存在とは同義ではない。

---

12　マルクスも、交換に先立って、生産によってすでに価値が固定されると考えていたことの証拠として、彼の以下のような発言が好んで引用される。「交換が商品の価値の大きさを規制するのではなく、逆に、商品の価値の大きさが商品の交換比率を規制するのだ」（MEW 23 S. 78、『資本論』第1巻、108～109ページ）。この文章で見逃されるのは、時間関係（まず価値がそこにあり、そして交換される）ではなく、規制関係が問題となっていることである。時間的連関について、マルクスは明確に論じている。「労働生産物は、それらの**交換の内部ではじめて**、それらの感性的に互いに異なる使用対象性から分離された、社会的に同等な、価値対象性を受け取る」（MEW 23, S. 87、『資本論』第1巻、125ページ、強調：M.H.）。つまり、商品生産者にとって、価値対象性は決定的な役割を果たすのであり、したがって、彼らにとっては「諸物の価値性格が**すでにそれらの生産そのものにおいて考慮**される」（同上。強調：M.H）。しかし、価値が「考慮」され、未来の価値が生産者によって見積もられることは、価値がすでに存在していることとはまったく異なる。

以上の考察によって明らかとなったように、マルクスの価値実体の議論は「実体主義」的に理解すべきではなく、あたかも実体が個々の物に現存しているかのような意味で理解してはならない。価値対象性は、個々の商品のうちでけっして捉えようとしてはならない。交換において初めて、価値は対象的な価値形態を受け取るのであり、だからこそ、マルクス価値論における「価値形態分析[13]」の重要性がある。

反対に、実体主義的なマルクス価値論の把握では、価値形態分析によって多くを成すことはできない。彼らにとっては、商品価値は、商品の生産に社会的に必要とされている労働に依存しているという単純な発言によって、価値論の問題はすでに解決されているのだ。

## 3.5 価値形態と貨幣形態（経済的形態諸規定）

マルクスの要求によれば、価値形態の分析は、ブルジョア経済学にはけっして対応物のないものを遂行しなければならない。マルクスは導入的に以下のように書いている。

「だれでも、ほかのことはなにも知らなくても、諸商品がそれらの使用価値の種々雑多な自然形態とはきわめて著しい対照をなす1つの共通の価値形態、すなわち貨幣形態をもっているということは知っている。しかし、いまここでなしとげなければならないことは、ブルジョア経済学によって決して試みられることもなかったこと、すなわち貨幣形態の発生を証明することである」（MEW 23, S. 62、『資本論』第1巻、82ページ）。

しばしば、この文章は、マルクスが高度の抽象レベルで、貨幣の歴史的成立を生産物の単純な交換から出発して描き出そうとしたかのように、理解されてきた。しかし、もしそうだと

13　価値形態の分析は、『資本論』第1章の、分量のある第3節において行われている。

するならば、ブルジョア経済学が一度も試みなかったことを遂行するというマルクスのブルジョア経済学にたいする線引きは、まったくもって誇張されたものになってしまうだろう。というのも、マルクスの時代においてもすでに、そのような抽象的・歴史的素描は、経済学者たちの一般的なレパートリーであったからである。[14]

しかし、ここで思い出さなくてはならないが、マルクスはすでに『資本論』の最初の文章によって、前資本主義的商品ではなく、資本主義の商品を分析するということを明確にしていた（本書3.1節の冒頭を参照）。そうすれば、「発生」（=成立）によって、いまや貨幣の**歴史的成立**ではなく、**概念的な発展関係**が念頭に置かれていることが明らかとなる。マルクスにとって問題になっているのは、貨幣の歴史的形成ではなく（貨幣の歴史的形成は、非常に抽象的な意味でも、ここでの課題ではない）、「簡単な価値形態」（ひとつの商品が自らの価値を他の1商品において表現する）と「貨幣形態」の連関の概念的再構成であり、それは**現在の**資本主義内部の連関である。より一般的に言えば、商品生産社会で、貨幣が（根本的には放棄することもできるような）単なる実践上の補助手段にすぎないのか、それとも貨幣が実際に**必然的**であるのかが、問われている。

マルクスの時代には、この問いは単なる学問的関心から発せられたものではなかった。さまざまな社会主義の潮流が、資本主義のオルタナティヴとして、ある1つの社会を希求していた。

---

14　多くの『資本論』入門書も、価値形態の分析をそのような抽象的・歴史的な仕方で理解しており、その結果、マルクスによる論証の核心を捉え損なっている。たとえば、ハウク（Haug 1989, S. 151）は「現実的で、歴史的な発展」に、「実験室の純粋培養で価値形態の発展法則の標本を作り出す」価値形態分析を対置している。そして、ハウクは、論理的なもの（概念的な展開）は、撹乱的な偶発性を純化した歴史的なものにすぎないというエンゲルスの定式に同意する（エンゲルス的な読み方の問題点については、本書2.1節を参照）。とりわけこの点に関して、ハウクと私の間で雑誌上の論争が行われた。Haug（2003a, b）、Heinrich（2003; 2004）を参照。

それは、依然として私的な商品生産が行われているものの、貨幣は廃棄され、自己の労働成果が記載された単なる証券か「時間票券」によって代替された社会である。商品生産と貨幣が切り離せないものであるという証明は、そのような社会主義の潮流にたいする批判としても役立つはずであった。

マルクスの貨幣分析は3つの段階で進行する。⑴まず、**形態分析的**に（つまり、商品所持者を度外視して、形態諸規定が分析される）、**一般的等価物**（つまり、**貨幣形態**）が価値にとって必然的な価値形態として展開される。⑵その後、**商品所持者の行為**が問題となる。一般的等価形態の諸規定に照応しなくてはならない現実の**貨幣**は、この行為に基づいて初めて成立する。⑶そして最後に、貨幣が「単純流通」（つまり、資本を度外視した商品と貨幣の流通）の内部で受け取る様々な**機能**が展開される。

ブルジョア経済学は、一般的に貨幣に関する論述を貨幣のさまざまな機能を列挙することから始める。貨幣がそもそも存在するということは、貨幣なしの交換を組織することが持つ多大な困難さによって根拠付けられるのであり、つまり根拠付けは、商品所持者の行為の次元で行われる。**価値**と**価値形態**の連関についての形態分析的な考察は、ブルジョア経済学にはまったく見いだされないが、この連関を解明することがまさに、先にあげられた引用でマルクスが語っていた「発生」である。

ただし、多くのマルクス主義者によるマルクスの分析に関する理解は問題含みである。大半の実体主義的解釈は、ブルジョア経済学と同様に、**貨幣機能**に重点を置くため、貨幣形態と貨幣の概念的展開によって大した成果をあげることがない。しかし、非実体主義的解釈も、しばしば最初の2段階（**貨幣形態**の概念的展開と**貨幣**の概念的展開）の区別を無視してしまっている。この節では、最初の段階を扱い、第2、第3段階は次節以降でそれぞれ扱う。

マルクスは、価値形態分析を「簡単な、個別的な、または偶然的な価値形態」の研究から始める。ここでは、ある1商品が他の1商品において価値表現される。

「x量の商品Aはy量の商品Bに値する。」

または、マルクスの有名な例では、

「20エレのリンネルは1着の上着に値する。」

リンネルの価値が表現されるべきであり、上着はリンネルの価値表現のための手段として役立っている。したがって、両商品は価値表現において、まったく異なった役割をはたしており、マルクスはそれに異なった概念を割り当てている。第1の商品（リンネル）の価値は「相対的価値」として（つまり、他のあるものへの関連によって）表現される。つまり、第1の商品は相対的価値形態にある。第2の商品（上着）は、最初の商品の価値の「等価物」として役立っている。つまり、それは等価形態にある。

簡単な価値表現においては、その都度1つの商品の価値が表現されるだけである。ここでは、リンネルの価値が表現されるだけであり、それは、一定量の上着として表現される。それにたいして、上着の価値は表現されない。ただし、「20エレのリンネルは1着の上着に値する」という価値表現は、「1着の上着は20エレのリンネルに値する」という逆の関連も含んでいる。この場合には、上着が相対的価値形態、リンネルが等価形態にある。

個々の使用価値のうちに価値をつかむことはできない。価値は対象的形態を価値表現のうちで初めて受け取る。等価形態にある商品（商品B）はいまや、相対的価値形態にある商品（商品A）の価値の体化として通用する。しかし、分離して考察するならば、第2の商品も第1の商品とまったく同様に、1つの使用価値である。だが**価値表現の内部では**、等価形態にある第2の商品は、ある特殊な役割を果たす。第2の商品は、単なる特定の使用価値としてのみならず、その使用価値の姿態は、**同時に**価値の**直接的な**体化として通用する。「こうして、上着がリンネルの等価物となる価値関係のなかでは、上着形態が価値形態として通用する。」(MEW 23, S. 66、『資本論』第1巻、89ページ)

価値が上着の形態を取るかぎりでのみ、リンネルの価値は**対象的形態**を受け取って、リンネルの価値は、一定量の上着として、つかむこと、見ること、量ることができるようになる。マルクスはこの結果を以下のようにまとめている。

「したがって、商品のうちに包み込まれている使用価値と価値の内的対立は、1つの外的対立によって、すなわち2つの商品の関係によって表され、この関係のなかでは、それの価値が表現されるべき一方の商品は、直接にはただ使用価値としてのみ意義をもち、これにたいして、**それで**価値が表現される他方の商品は直接にはただ交換価値としてのみ意義をもつ。」(MEW 23, S. 75 f. 、『資本論』第1巻、105ページ)

価値は、純粋に社会的なものであり、それは2つの全く異なった労働の**同等な通用性**を表現している。つまり、価値は特定の**社会的関係**を表現している。この社会的関係は、等価形態のうちで1つの物の姿態を受け取るのであり、われわれの例では、価値が上着と直接的に同一であるように見える。上着はなるほど価値の体化として通用しているが、それはただ価値表現の内部でしかない。上着が価値表現の内部では、外部にある場合とは異なる諸属性をもつということは、上着の場合にはまだ見て取ることができる。しかし、貨幣になるとそう簡単ではない。

なるほど、簡単な価値形態は商品Aの価値を対象的に表現している。そして、それをつかめるようにし、計量可能にする。しかし、それにもかかわらず、簡単な価値形態は不十分である。というのも、簡単な価値形態は商品Aを**ただ1つの**商品、商品Bに関連付けるだけであり、他のすべての商品とはまだ関連付けていないからである。

いまや、他の残りのすべての商品にたいする商品A（ここではリンネル）の価値関係を考察するならば、「全体的な、または展開された価値形態」を受け取る。

20エレのリンネルは1着の上着に値する。

20エレのリンネルは10ポンドの茶に値する。

20エレのリンネルは40ポンドのコーヒーに値する。etc.

リンネルの価値はいまや、商品世界全体へと関連しており（ある個別の商品にたいしてだけではない）、商品価値は、価値が現れる使用価値の特定の形態には無関係であるということが同時に明らかになる。リンネルの価値の体化として、上着が役立つが、しかし茶やコーヒーなども役立つ。リンネルの価値は、上着あるいはコーヒーによって表現されようとも変化しない。こうして、量的交換関係はけっして偶然でないということも明らかになる。このことは簡単な価値形態においては、まだ見て取ることができなかった。

ただし、展開された価値形態もいまだ不十分である。商品Aの価値表現は未完成で、けっして閉じることがない。さらに価値表現はまったくさまざまであり、多くの特殊な等価形態があって、それらは互いに排他的である。

全体的な価値形態は、簡単な価値形態の連なりにすぎない。しかし、この簡単な価値形態の1つ1つは、その反対を含んでもいる。一連の簡単な価値形態をひっくり返すならば、「一般的価値形態」を得ることになる。

1着の上着
10ポンドの茶　}　は20エレのリンネルに値する。
40ポンドのコーヒー

商品の価値は、いまや**簡単に**、そして**統一的に**表現されている。というのも、唯一の商品、「一般的等価物」が他の全ての商品の価値表現として役立っているからである。こうして、この形態はきわめて決定的なことを成し遂げる。

「リンネルに等しいものとして、どの商品の価値も、いまや、その商品自身の使用価値から区別されているだけでなく、およそ使用価値というものから区別されており、まさにそのことによって、その商品とすべての商品とに共通なものとして、表現されている。**だから、この形態がはじめて現実的に諸商品を互いに価値として関連させる。**」(MEW 23, S. 80、『資本論』第1巻、113ページ、強調：M.H.)。

価値対象性は、個別の商品に帰せられる属性ではなく、社会的な性格である。というのも、価値対象性は、個別の商品（もしくは、それを生産している個人の労働）が、商品社会全体（ないしは、社会的総労働）へと関連していることを表現するからである。したがって、価値によって**対象的**価値形態がおよそ必然的になるだけでなく、この社会的性格を表現する価値形態もまた必然になり、それは**一般的価値形態**によって初めて達成される。

一般的価値形態の特殊な社会性は、一般的価値形態を簡単な価値形態のみならず、展開された価値形態からも区別するような、さらに別の属性にも示される。後者の2形態では、「自分自身に1つの価値形態を与えることは、いわば個々の商品の私事である」。いまや一般的価値形態における事態は異なっている。

「これにたいして、一般的価値形態は、商品世界の共同事業としてのみ成立する。1商品が一般的価値表現を獲得するのは、同時に他のすべての商品が自分たちの価値を同じ等価物で表現するからにほかならず、そして新しく登場するどの商品種類もこれにならわなければならないのである。これによって、諸商品の価値対象性は――それがこれらの物の単に『社会的な定在』であるがゆえに――**諸商品の全面的な社会的関連によってのみ表現されうることが現れてくる。**」(MEW 23, S. 80 f.、『資本論』第1巻、113〜114ページ、強調：M.H.)。

ここで現れてきた事柄は、たとえば日常の意識にとっては明らかなものではなく、学問的分析の結果、初めて獲得される。価値の**社会性**は、ある特有な**社会的価値形態**において表現される。

いまや、価値と価値の大きさ――ほんらいは個々の商品の属性ではない――は、**一般的等価物**によって、あたかもそうした単純な属性であるかのように表現される。つまり、質的には、上着（茶、コーヒーなど）の価値は、自分たちのリンネルとの同等性のうちに存立している。量的には、1着の上着の価値(20ポンドの茶、40ポンドのコーヒー）は、20エレのリンネルである。

最後に、**貨幣形態**は、一般的等価形態から以下の点によって区別されるだけである。等価形態が、「社会的慣習によって」(MEW 23, S. 84、『資本論』第1巻、120ページ)、最終的に、ある一定の商品の特有な自然形態と癒合する（歴史的にはこれは金であったが、わずかな範囲で銀もそうであった)。こうして、この商品は「貨幣商品」になる。

「社会的慣習」についての言及は、貨幣形態が、すでに商品所持者の行為の次元にあることを示している。商品所持者については、ここまで論じてこなかった。労働生産物の**商品形態**と**商品の交換関係**は考察されてきたが、**商品所持者の交換行為**はまだ考察されていなかったのである。

## 3.6 貨幣と交換過程（商品所持者の行為）

『資本論』第2章において、マルクスは初めて明確に商品所持者と彼らの行為の叙述に取りかかる。商品所持者として、人格は単なる商品の代表者であり、したがって、まずは商品が研究されなくてはならなかったのである。

商品の交換関係のみを考察するならば、1つの商品にとって、自分と交換される他のあらゆる商品は自らの価値の現象形態として通用する。しかし、商品所持者は自らの商品を任意の商品と交換しようとはせず、特定の商品とだけ交換しようとする。自分の商品は商品所持者自身にとっては使用価値でなく、それを交換することによって初めて、彼が必要としている使用価値を手に入れる。だから商品所持者は、自らの商品を一般的等価物として扱いたいのであり、それが他の全ての商品と**直接的に交換可能**であってほしいと思う。しかし、あらゆる商品所持者が自らの商品を一般的等価物として扱いたがるのだから、いかなる商品も一般的等価物ではなくなってしまう。こうして、商品所持者たちは交換過程において解決できない問題に直面してしまっているように見える。マルクスは、**実際の**解決方法を非常に明快にまとめている。

「わが商品所持者たちは、当惑してファウストのように考え込む。はじめに行為ありき。それゆえ、彼らは考えるまえにすでに行動していたのである。商品本性の諸法則は、商品所持者の自然本能において確認されたのである。彼らは、彼らの商品を一般的等価物としての他のなんらかの商品に対立的に関連させることによってしか、彼らの商品を価値として、それゆえまた商品として、互いに関連させることができない。このことは、商品の分析が明らかにした。[つまり、われわれがすでに前節で扱った、マルクスが第1章で行った形態分析によって。: M.H.] **だが、もっぱら社会的行為だけが、ある特定の商品を一般的等価物にすることができる**。だから、他のすべての商品の社会的行動がある特定の商品を排除し、この排除された商品によって他のすべての商品はそれらの価値を全面的に表示するのである。これによって、この排除された商品の自然形態が社会的に通用する等価形態となる。一般的等価物であるということは、社会的過程によって、この排除された商品の独特な社会的な機能となる。こうして、この商品は貨幣となる。」(MEW 23, S. 101、『資本論』第1巻、147ページ、強調:M.H.)

商品分析は一般的等価**形態**の必然性を示した。したがって、物にたいして実際にそれを**商品**とするようにして関わるためには、つまり物を価値として互いに関連させるためには、商品所持者は自らの商品をある一般的等価物へと関連させなくては**ならない**。つまり、彼らの「社会的行為」は、1つの商品を一般的等価物にし、それによって現実の「貨幣」にしなくてはならない。

交換する人格はたしかに自由に行為できるが、商品所持者としては「商品本性の法則」に従わなくてはならない。マルクスがすでに『資本論』の「前書き」で述べているように、人格は、「経済的カテゴリーの人格化」である限りにおいてのみ登場する(MEW 23, S. 16、『資本論』第1巻、12ページ)。商品所持者の行為と意識を分析するにしても、説明すべき社会的連関はつねにあらかじめ前提とされている。したがって、マルクスは叙述に際して、**商品の形態規定**と**商品所持者の行為**を区別し、さしあたりこの形態規定そのものを叙述することが、必要だと考えた。というのも、形態規定は商品所持者の行為と熟慮にとっての所与の前提をなしているからである——ただし、その後、彼らは行為を通じて、くりかえし新たにその前提を再生産する(本書3.2節も参照)。

たしかに、現実の貨幣は商品所持者の行為から生じる。しかし、それは初期ブルジョアジーの重要な哲学者の1人であるジョン・ロックが考えたように、暗黙の契約に基づくものでは決してない。交換を簡単にするために貨幣が用いられると考えた経済学者たちは、貨幣は意識的な熟慮によって導入されたと想定するが、事実はまったく異なっている。マルクスが強調するように、商品所持者は「考える前にすでに行動していたのである」。彼らの行為は、結果として貨幣をもたらさざるを得なかった。――というのもそうしなければ、商品はおよそ価値として互いに関連させられないからである。[15]

したがって、貨幣は実践的次元では交換の補助手段にすぎず、また理論的次元では価値理論の付属物にすぎないと考えるのは誤りである。むしろマルクスの価値論は**貨幣的価値論** *monetäre Werttheorie* である。諸商品は、価値形態なしには価値として互いに関わることができないのであり、貨幣形態が、ようやく価値にふさわしい価値形態をなす。それにたいして、個々の物において価値を固定しようとする「実体主義的な」価値の把握は、前貨幣的価値論である。それは、価値を貨幣との関連なしに展開できると考えている。古典派経済学の労働価値論も新古典派の価値の効用理論も、前貨幣的である。また、価値はすでに「社会的必要労働時間」によって規定されていると考える、通俗的な「マルクス主義的」価値論も前貨幣的である。[16]

## 3.7 貨幣機能、貨幣商品、現代貨幣システム

マルクスは、商品と貨幣の「単純流通」から生じる3つの根本的な貨幣機能を区別している――とはいえ、資本主義的生産と再生産の全過程を考察するならば、さらなる貨幣機能が加わるだろう（本書第8章を参照）。

---

15 貨幣が（たとえ無意識的だとしても）商品所持者間の取引の必然的な結果として展開された**後に初めて、この結果を実際にもたらした歴史的過程を振り返ることができる。カテゴリーの展開の後に、**マルクスは貨幣の歴史的形成に関する簡潔で、抽象的な素描を続けた。（MEW 23, S. 102-104、『資本論』第1巻、148〜152ページ）

16 とりわけ、ハンズ=ゲオルグ・バクハウスが70年代にマルクス価値論の「貨幣的」性格を強調し、それによって、本書1.3節で言及された「マルクスの新しい読み方」に決定的な影響を与えた。

貨幣の**第1の機能**は、商品にとっての普遍的な**価値尺度**であるということにあり、あらゆる商品の価値は一定量の貨幣によって表現される。

価値とは、商品にとっての共通な実体、つまり抽象的労働の「凝固体」としての商品である。したがって、商品を比較可能にするのは貨幣ではなく、抽象的労働へのこの共同的な関連である。それゆえ、マルクスは以下のことを確認する。「価値尺度としての貨幣は、諸商品の内在的価値尺度である労働時間の必然的現象形態である。」（MEW 23, S. 109、『資本論』第1巻、159ページ）

しかしこれとともに、すぐにある問いが浮かぶ。なぜ価値は労働時間によってただちに計測されることができないのか、つまり、なぜ貨幣は直接に労働時間を表示しないのか？ 『資本論』では、マルクスは脚注においてこの問いを少しだけ取り上げており、そこで、以前の著作である1859年の『経済学批判』を参照することを求めている。そこでマルクスは以下のように書いていた。

「諸商品は、直接には個別化された独立の私的労働の生産物であって、これらの私的労働は、私的交換の過程でのその外化によって、一般的社会的労働であると確証されなければならない。すなわち、商品生産を基礎とする労働は、**個人的労働の全面的な外化によって**はじめて**社会的労働**となるのである。」（MEW 13, S. 67、『草稿集③』、295ページ、強調：M.H.）

時計で計測できるものは、つねに交換に先だって支出された私的労働にすぎない。しかしながら、抽象的労働に関する節ですでに確認したように、この私的労働のどれだけが、実際に価値形成的であったか、またそれゆえ社会的労働時間の構成部分として通用するかということが、交換の際に初めて証明される。価値形成的な労働時間（または抽象的労働の量）は交換**の前に**ではなく、交換**において**計測される――そしてもし**すべての商**

品の価値が互いに関係付けられるべきだとするならば、この測定は貨幣を媒介としてのみ可能である。このようにして、マルクスは貨幣を内在的な価値量である労働時間の「必然的な」現象形態として語っている。つまり、価値形成的な労働時間は貨幣以外のものによっては計測されないのである。[17]

貨幣による商品の価値表現は商品の**価格**である。ある商品の価格を明示するためには、何が貨幣として機能するのか（金、銀、紙幣など）がはっきりしていなくてはならない。だが、貨幣は実際に（商品とならんで）手もとにある必要はない。ここでは、貨幣は「表象された、または観念的な貨幣」として役に立つにすぎない。（MEW 23, S. 111、『資本論』第1巻、162ページ）

商品の価値の大きさは価格において表現される――そして、このことは価値の大きさが表現されうる**唯一の**方法でもある。商品の価値の大きさが変動するならば、個別に支出された労働は、社会的総労働にたいして新たな比率を持つのであり、この商品の価格も変動する。ただし反対のことは言えない。つまりどんな価格も、ある価値の大きさの表現であるとは言えないのであり、どんな価格の変動も価値の大きさの変動を示すわけではない。

価格は「価値のない」物も持つことができる。つまり、「抽象的労働」の産物でないような物も価格を持つことがある。それは、経済に無関係なこともあれば（たとえば、貴族の称号の価格）、関係することもある（たとえば、株式オプションの価格がそうであるが、それは株を保証された条件で購買する権利にたいしてつけられた価格である）。

ある**個別の**商品の価格変動は、その価値の大きさの変動を示すこともありうるが、それは有利な、あるいは不利な特殊的状況（供給と需要の一時的変化）を示すにすぎない場合もある。

17 したがって『経済学批判』においてマルクスは貨幣を抽象的労働の「直接的な存在形態」とも呼んでいる。（MEW 13, S. 42、『草稿集③』、311ページ）

最後に、**すべての**商品の同時的価格変動、つまり**価格水準**の変動は、一般的に、集合的な価値の大きさの変動ではなく、貨幣の価値変動を示している。貨幣の価値減少は、一般的な価格上昇（**インフレーション**）を引き起こし、貨幣の価値上昇は、一般的な価格低下（**デフレーション**）となる。

以下では、ほとんどの場合に、商品は「その価値どおりに販売される」ということが前提される。この前提が意味するのは、商品価格は、価値の適切な表現であり、一時的な変動は度外視されるということである。ただし本書7.2節では、標準的な資本主義的関係において、商品はその価値通りに交換されないということ、つまり、標準的な価格は、商品の価値の大きさの表現というだけではないことが示されるだろう。

貨幣の**第2の機能**は、実際の商品の交換を媒介する流通手段の機能である。交換過程において、商品Aの所持者（たとえば、リンネルを生産した織工）が、自分にとっては使用価値を持たない商品Aを使用価値として興味がある商品B（たとえば、1脚の椅子）に転化させたいとする。そこで彼は、リンネルを20ユーロで売り、それに引き続き、この20ユーロで椅子を購買する。マルクスは、この過程を「商品の変態［転化：M.H.］」と呼ぶ（織工にとっては、リンネルは椅子へと転化した）。

この変態の**素材的内容**は、ある使用価値を他の使用価値で置き換えることだが、ここでマルクスは「社会的素材変換」についても語っている。**結果**は椅子にたいするリンネルの単純な生産物交換と同じである。ただし、過程の**形態**はまったく異なっており、まさにこの形態の違いがここで重要なのである。

商品の変態は、生産物交換と異なり、貨幣によって媒介されている。その過程は商品―貨幣―商品（W-G-W）［訳注：Wは商品Ware、Gは貨幣Geldの略記］の形態を取っており、具体的にいえば、織工にとっては、リンネル―貨幣―椅子である。

ここで織工にとっての過程の第1の行為は、W-G、リンネルの貨幣への転化であるが、リンネルを購買する貨幣所持者にとっては、それによって彼の最初の商品の変態が完結する。そして、椅子の購買によって、織工にとっては彼の商品の変態が完結する。それにたいして、椅子を販売した家具職人にとっては、この行為によって商品の変態が始まる。

商品の諸変態は絡み合っており、決して終わらない。全体として、諸変態は**商品流通**を形成する。それにたいして、単純な生産物交換――使用価値にたいする使用価値の交換――は、二人の間の案件にすぎず、個別の交換のうちで尽きてしまう。したがって、商品流通と生産物交換は本質的に異なるものである。

（単なる生産物交換と異なり）商品流通においては、個々の行為の連関が貨幣によって作り出されているが、そのことが逆に意味するのは、貨幣が介入することのうちに、この連関が中断される可能性もまた存在しているということである。織工が自分のリンネルを売っても、何も買わずに、貨幣を手元に残しておくならば、彼自身の商品であるリンネルの変態が中断されるだけでなく、他人の商品の変態（たとえば、椅子の変態）も中断される。したがって、社会的素材変換の貨幣による媒介のうちには、つねに素材変換が中断する可能性があり、それゆえ**恐慌**の可能性がある。しかし、単なる恐慌の**可能性**から**現実の**恐慌が生じるためには、さらなる一連の事情が付け加わらなくてはならない（本書第9章を参照）。

W-G-Wという商品の変態は、ある商品で開始され、同じ価値を持ってはいるが違う使用価値を持つ他の商品とともに終わる。商品は商品所持者の手を離れ、別の姿態で再び彼のもとに戻ってくる。そのかぎりで、商品は1つの**循環**を描く。この循環を媒介する貨幣そのものは、循環を描かずに流通する。つまり、最初の行為であるW-Gによって、商品所持者は貨幣を受け取りはするものの、それはただ（標準的に進行している商品流通においては)、貨幣を再びすぐに支出し、続けてG-Wの行為を遂行するためである。流通手段としての機能において、貨幣は常に流通領域の中にとどまる。しかし、商品所持者は貨幣によって買うことができる商品のみに関心があるので、流通のためには単に**象徴的な貨幣**で十分であり、単なる流通手段としては、貨幣は、自身としては無価値な「価値章標」(たとえば、紙幣)によって代替されうる。

最後に、**第3の機能**において初めて、貨幣は**現実的な貨幣**として機能する。**価値尺度**として、貨幣は現実に存在している必要はなく、観念的な貨幣で十分であった。**流通手段**としては、貨幣は現実に存在していなくてはならないが、しかし象徴的な貨幣で十分であった。価値尺度と流通手段の統一として初めて、貨幣は現実的な**貨幣**になり、つまり価値の**自立的な姿態**となる。このことは一連の新しい諸規定を含んでいる。

個々の商品は、その物質的なあり方のうちに、一定の使用価値をなしており、その価値(「抽象的富」)は商品自体においては表象されることができるだけであるのに対し、現実的な貨幣は「**抽象的な富の物質的定在**」(MEW 13, S. 102、『草稿集③』、343ページ)である。貨幣として機能するものは、その直接的な物質的あり方のままで価値物として通用する。そのような価値物として、貨幣はいつでもあらゆる商品と交換されることができ、あらゆる使用価値へと転化することができる。したがって、現実的な貨幣は「**素材的富の物質的代表者**」である(MEW 13, S. 103、『草稿集③』、343ページ)。

現実的貨幣、つまり価値の**自立的**姿態としての貨幣自身も特定の諸機能を持っており、それは、蓄蔵貨幣、支払い手段および世界貨幣として機能する。

**蓄蔵貨幣**として、貨幣は流通から引き上げられる。それはもはや商品流通を媒介せずに、価値の自立した姿態として流通の外部に存在しなくてはならない。蓄蔵貨幣を形成するために、購買が後に続くことなしに販売されるが、その販売の目的は、価値の自立した姿態としての貨幣を引き留めておくことである。購買の際に自らの商品が売れるのを待たなくてもいいように（または販売の失敗を防ぐためにも）、各々の商品生産者は、多かれ少なかれ蓄蔵貨幣を頼りにしている。

同様に、価値の自立的姿態として、貨幣は**支払い手段**としての機能において現れる。ある商品の購買に際し、その場ではなく、後になってから支払われる場合、購買者は債務者に、販売者は債権者になる。ここでは、貨幣は購買を**媒介する**流通手段としては機能せず、すでに行われた購買を**完結する**支払い手段として機能する（マルクスにおける支払い手段という表現は、この意味で使われているにすぎない。日常の用法や経済学においては、すぐに支払われようと、後で支払われようと、購買の際の支払いに役立つ貨幣も同様に支払い手段と呼ばれている）。貨幣が流通手段として用いられるならば、商品所持者はさしあたり販売したのであり、W-Gを行ったことになる。続けて彼は購買し、G-Wを行う。支払い手段としての貨幣の使用の場合、行為の順番は逆になる。最初に、商品所持者は購買し、続いて彼は自らの支払い義務のための貨幣を手に入れるために販売する。価値の自立した姿態としての貨幣を獲得することが、いまや販売の目的となるのである。

最後に**世界貨幣**として、貨幣は世界市場で機能する。そこでは、貨幣は再び購買を媒介するための流通手段として用いられ、購買を完結するための支払い手段として用いられる。または、購買や支払いではなく、ある国から他の国へ富を移す場合（たとえば戦争の後）に、「富の絶対的社会的物質化」（MEW 23, S. 158、『資本論』第1巻、243ページ）として用いられる。

マルクスは『資本論』において、貨幣はつねにある特定の商品に結びついていなくてはならないということを前提としている。マルクスの時代には、金がこの「貨幣商品」の役割を果たしていた。実際の交易においては、当時も金塊はほとんど流通しておらず、小さな額は銀貨または銅貨によって、また大きな額は「銀行紙幣」によって支払われた。元来、銀行紙幣は個別の銀行によって発行されていて、銀行紙幣の提示にたいして、金との兌換が約束されていた。最終的には、銀行紙幣は、ただ1つの国立発券銀行によって発行されるようになり、その金との兌換も同様に国立発券銀行によって約束された。通常、個別の国の発券銀行は、恣意的に多くの紙幣を発行することは許されていなかった。紙幣は一定の割合で、発券銀行が保有する金蓄蔵によって裏付けられていなくてはならなかった。たしかに金が流通することはほとんどなかったが、流通していた紙幣は金を**代理する物**にすぎなかった。

第2次世界大戦末期に、ブレトン・ウッズ（アメリカ合衆国）で国際的通貨制度が取り決められたが、そこではまだ金が貨幣商品であった。しかし、金によって裏付けられていたのは米ドルのみであり、35ドルが1オンスの金に対応していた。残りの通貨は、ドルにたいして固定為替相場の比率で定められなければならなかった。ただし、ドルと金の兌換の義務は私人にではなく、国立中央銀行にたいしてのみ当てはまり、60年代の後半以降明らかとなったように、流通におけるドルの欠如は極めて深刻化し、金との兌換義務はフィクションになってしまった。こうして70年代始めには、通貨の固定為替相場と同様、金との兌換義務は形式的にも廃止された。

そのとき以来、一国ないしは国際レベルにおいて、貨幣商品の役割を果たす商品はもはや存在しない。いまや貨幣として機能しているのは国立中央銀行によって発行された紙幣であり、この紙幣を兌換できるようなものは、もはや何もない。もちろん紙幣を使って金を買うこともできるが、金はいまや銀や鉄と同様に1つの商品であり、法的にも、事実上も、貨幣商品の特殊な役割を果たさない。

たしかにマルクス自身は、貨幣商品なき資本主義的貨幣システムを想定することができなかったが、このことは彼の商品と貨幣の分析の帰結では決してない。価値形態分析の枠内で、マルクスは一般的等価物の**形態諸規定**を展開し、交換過程の分析は、商品所持者は実際に一般的等価物へと彼らの商品を関連付けなくてはならないということを明らかにした。だが、一般的等価物が無条件に商品でなくてはならないということをマルクスは証明せずに、想定していたにすぎない。一般的等価物として役立つものは（それが商品であろうと、単なる紙幣であろうと)、単純流通の次元ではまだまったく規定されえない（この点についての詳細は、Heinrich 1999, S. 233 f. を参照)。資本主義的信用システムの考察によって初めて明らかになることだが（本書8.2節を参照)、貨幣商品の存在は、ただ歴史的な移行状態であり、マルクスが分析しようとしていた「理念的平均における資本主義的生産様式」には照応しないのである（本書2.1節を参照)。

## 3.8 商品・貨幣物神の「秘密」

『資本論』第1章の最後の節は、「商品の物神的性格とその秘密」という表題を掲げている。「商品物神」に関する議論は近年だいぶ普及するようになったが、その際に、必ずしもマルクスが『資本論』で述べていることが理解されているわけではない。マルクスは、商品物神によって、資本主義おいては人々にとって消費が重要になり過ぎているということを言っているのでは決してない。また人々が、ステータスの象徴となるような特定の商品の所持から、物神を生みだすだろうとも言っていない。また、ブランド品の物神崇拝が問題となっているのでもない。高価な商品をステータスの象徴として所持することの背後には、わざわざ解明されなければならないような「秘密」は潜んでいない。

しばしば、商品物神の特徴付けは単に、人間の社会的関係が物の関係として現象し（つまり、交換者の関係が交換される生産物の価値関係として現象する）、したがって、社会的関係から外観上、物象的な属性が生じてくるということで済まされてきた。もし、このような規定にとどまってしまうならば、物神崇拝とは単なる誤謬と同義になる。つまり、人間は自らの労働生産物に誤った属性を与え、「現実においては」物の関係の背後に、人間の関係があることを見ないというように。そうであるとすれば、物神崇拝は、「現実的な関係」をただ覆い隠すだけの「虚偽の意識」の形態ということになる[18]。この場合には、現実的な関係を解明することによって、この虚偽の意識も消えるに違いない。しかしながら、こうした商品物神の理解を矮小化する見解は、マルクスの考察が含んでいる重要なポイントを見えなくしてしまう。そのため、以下では丁寧にマルクスの議論に取り組んでいきたい。見通しを良くするために、以下では、項を個々のアルファベットで区切ってある[19]。

a　まず、マルクスが表題に掲げている、解明されなくてはならない「秘密」が、そもそもどこにあるのかを問う必要がある。この点について、マルクスは導入として以下のように書いている。

---

18　「イデオロギー」という概念をマルクスは『資本論』で極めてまれにしか使用していないが、それはしばしば、物神崇拝も含めた「虚偽の意識」として把握された。イデオロギーと物神崇拝の関係についての批判的考察は、Dimoulis/Milios（1999）に見受けられる。

19　本書1.3節で言及されたように、若きマルクスは、資本主義を「人間的本質」からの「疎外」として把握していた。商品物神の分析は、多くの論者によって、この疎外論の継続として理解されてきた。もっとも、精密に読解するならば、マルクスの商品物神の議論は「人間的本質」にいかなる関係も持たないことが確かめられるだろう。

「商品は、一見、自明な、平凡な物らしく見える。**商品の分析**は、商品が形而上学的な小理屈と神学的な小言に満ちた非常にやっかいな代物であることを明らかにする。」（MEW 23, S. 85、『資本論』第1巻、121ページ、強調：M.H.）

つまり、商品が「やっかい」なのは、常識にとってではない。（これまでに行われた）分析の結果をもとにして、はじめて、商品はやっかいで、秘密に満ちたものになる。たとえば、1つのテーブルは、「ありふれた感性的な物である。ところが、テーブルが商品として登場するやいなや、それは**感性的かつ超感性的な物**に転化する。」（同上、強調：M.H.）

日常の直観にとって、テーブルは一定の使用価値である。さらに、商品として、テーブルは一定の価値をもっている。どちらも自然発生的な日常の意識とっては、秘密に満ちたものではまったくない。また、価値の大きさが支出された労働時間の量に依存するということは、受け入れられるかもしれないし、反論されるかもしれないが、事柄そのものはまったく神秘的でない。分析によって、商品の「感性的かつ超感性的な」性格がはじめて明らかとなる。分析が示したのは、商品の価値対象性は、商品そのものにおいて把握されるのではなく（そのかぎりで、それは「超感性的」であり、つまり「まぼろしのような対象性」である）、価値の直接的体化として通用している側のある他の商品においてのみ把握されうるということである。価値対象性とまったく同様に、抽象的労働という価値実体も把握しにくいものであることが判明した。このように、分析は多くの奇怪な結果を明るみに出したのである。

b　いまやマルクスは、「労働生産物が商品形態をとるやいなや生じる労働生産物の謎的性格は、どこから来るのか?」と問う。その答えは以下のように述べられている。

「明らかに、この形態そのものからである。人間的労働の同等性は、労働生産物の同等な価値対象性という物象的形態を受け取り、その継続時間による人間的労働力の支出の測定は、労働生産物の価値の大きさという形態を受け取り、最後に、生産者たちの労働のあの社会的諸規定がそのなかで発現する彼らの諸関係は、労働生産物の社会的関係という形態を受け取るのである。したがって、商品形態の神秘性は、単に次のことにある。すなわち、商品形態は、人間にたいして、**人間自身の労働の社会的性格を労働生産物そのものの対象的性格として、これらの物の社会的自然属性として写し返すということにある。**」（MEW 23, S.86、『資本論』第1巻、123ページ、強調：M.H.）

分業に基づくあらゆる社会的な生産において、人々は特定の社会的関係のなかで向かい合っている。商品生産を行う際には、この社会的な**人間の関係**は**物の関係**として現象する。互いに関連し合っているのは、人間ではなく、商品である。したがって、商品の社会的関係は、人間にとって「**生産物の社会的自然属性**」として現れる。このことの意味は、価値によって示すことができる。すなわち、一方で「価値」が重さや色のような物の自然属性でないことは明らかである。だが、（商品生産社会における人々にとっては）あたかも物がこの**社会的**連関において**自動的に**「価値」を持つかのように、またそれによって物が固有の物象法則に自動的に従うかのように見えるのであり、人間はそれに服従するほかないように見える。商品生産の条件のもとでは、ある自立化が生じるのであり、その類例としてマルクスに思い浮かぶものは「宗教的世界の夢幻境」だけである。宗教の世界では、人間の頭脳の産物が自立化するが、商品の世界では、「人間の手による生産物」が自立化する。「これを私は物神崇拝と名付けるが、それは、労働生産物が商品として生産されるやいなや労働生産物に付着し、それゆえ商品生産と不可分なものである。」（MEW 23, S.87、『資本論』第1巻、124ページ）

c　物神崇拝が実際に商品に「付着する」ならば、問題にならざるをえないのは虚偽の意識以上のものであり、物神崇拝はまた実際の事柄を表現しているに違いない。そして実際に、商品生産の条件のもとで生産者は**直接に社会的に**関わり合っているわけではない。彼らは、交換において初めて社会的に関わり合うのであり——より正確には、彼らの生産物を媒介として関わり合う。それゆえ彼らの社会的関連が物の属性として現象するのは、けっして錯覚ではない。マルクスが書いているように、交換者にとっては「したがって、**彼らの私的諸労働の社会的諸関連は、あるがままのものとして現れる**、すなわち、人格と人格とが彼らの労働そのものにおいて結ぶ直接に社会的な諸関係としてではなく、むしろ人格と人格との物象的関係および物象と物象との社会的諸関係として現れるのである。」（MEW 23, S. 87、『資本論』第1巻、125ページ、強調：M.H.）

物象が商品生産の条件のもとで社会的な属性をもつということは、けっして虚偽ではない。物象が自動的に、どんな社会的連関のもとでも、こうした社会的属性をもつという考えが虚偽なのである。ブルジョア社会においては、労働生産物は交換されるかぎりにおいて、実際に価値対象性を持つのだから、労働生産物が価値対象物と見なされることはまだ物神崇拝ではない。そうではなく、この価値対象性が「自明の自然必然性」（MEW 23, S. 95 f. 、『資本論』第1巻、136ページ）として通用するようになることが物神崇拝である。

d　何よりもまず商品生産者の関心を引き、また引かなくてはならないものは、彼らの諸商品の価値である。価値は、人

**間が生み出しながらも、見抜くことのできない社会性**の、手につかむことができる表現である。

「したがって、人間が彼らの労働生産物を価値として互いに関連させるのは、これらの物象が彼らにとって一様な人間的労働の単なる物象的外皮として通用するからではない。逆である。彼らは、彼らの種類を異にする生産物を交換において価値として等置し合うことによって、彼らのさまざまに異なる労働を人間的労働として互いに等置するのである。**彼はそれを知ってはいないけれども、それを行う。**」（MEW 23, S. 88、『資本論』第1巻、126ページ、強調：M.H.）

商品生産者は、価値と労働の連関についての一定の意識に基づいて、彼らの社会的連関を生みだすのでは**ない**。そうではなく、そうした意識とは独立に、社会的連関を生みだすのである。したがって、人間が商品を価値として交換するのは、彼らがどれだけの労働が個々の生産物に潜んでいるかを知っているからであるというようにマルクスの価値論を理解するならば、それはまったくの間違いであろう。マルクスがまさに示そうとしているのは、人間は、自らの行為の条件を意識**しない**ままに行為するということだ。

e 無意識に生み出された物神崇拝は、単なる虚偽の意識ではなく、物質的な力も持っている。つまり、私の個人的に支出された労働が社会的総労働の構成部分として承認されるかどうか、またどのような程度でこのことが行われるか、それについて（商品生産において）私に情報を与えてくれるのは社会ではなく、交換における私の商品の価値だけである。そして、この情報に私の幸不幸が左右される。しかし、商品の価値の大きさは「交換者の意志、予見、および行為にはかかわりなく、絶えず変動する。**交換者たち自身の社会的運動が、彼らにとっては、諸物象の運動という形態をとり、彼らは、この運動を制御するのではなく、この**

**運動によって制御される。**」（MEW 23, S. 89、『資本論』第1巻、127〜128ページ、強調：M.H.）

商品の価値は、ある優勢な、諸個人によっては制御できない社会性の表現である。商品生産社会においては、人間（しかも、全員！）は、実際に物象による制御のもとにあり、決定的な支配関係は人格的関係でなく、「物象的」関係である。だが、この物象的支配、つまり「物象的強制」への服従は、物象がこの支配をもたらすある特定の属性をそれ自体として持っているからではない。あるいは、社会的な交通がこの物象的な媒介を不可避的に必要とするからではない。そうではなく、**人間が特殊な仕方で物象にたいして関わっているから——つまり商品とするように関わっているからこそ、物象的支配が生じるのだ。**

f　この物象的支配と物象的な属性への社会的関連の対象化は、ある特定の人間のふるまいによるものであるが、日常の意識はそのことを見てとることができない。この自然発生的な意識にとっては、「労働生産物に商品の刻印を押す諸形態は（中略）**社会的生活の自然諸形態**の固定性を」帯びている（MEW 23, S. 89 f.、『資本論』第1巻、128〜129ページ、強調：M.H.）。しかし日常の意識のみならず、古典派経済学も（そして現代の新古典派も）この諸形態に囚われたままであった。だがこうした囚われは、個々の経済学者の主観的誤謬の問題ではない。マルクスが強調しているように、この囚われそのものは特定の客観性に基づいている。

「この種の諸形態こそが、まさにブルジョア経済学の諸カテゴリーをなしている。それらは、商品生産というこの歴史的に規定された社会的生産様式の生産諸関係にたいする、**社会的に妥当な**、したがって**客観的な思考諸形態**なのである。」（MEW 23, S. 90、『資本論』第1巻、129ページ、強調：M.H.）

個々の経済学者は、この「客観的な思考諸形態」が構成するものを、まったく自明な仕方で**直接的に与えられた**経済学の**対象**とみなしていた。マルクスが、すでに本書2.2節で引用されたラサールへの手紙において、「叙述による批判」という表現で意味していたことが、とりわけこの箇所で明らかになる。**ブルジョア的カテゴリーの批判**は、抽象的な学問理論上の営為ではなく、それは**生産諸関係の叙述**から決して切り離すことができないのである。

経済学のさまざまな潮流のあいだでは、経済学の対象の**形態規定**については論争されずに、**この形態規定の内容**についてのみ論争される。それにたいして、マルクスは根本的な批判を行うのであるが、それはブルジョア経済学の基礎を批判している。つまり、マルクスは、ブルジョア経済学によって、つねに、すでに**前提されている諸形態**を批判するのだ。

「ところで、確かに経済学は、不完全にではあるけれども、価値と価値の大きさを分析して、この形態のうちに隠されている内容を発見した。しかし、経済学は、では、なぜこの内容があの形態をとるのか、したがって、なぜ労働が価値に、またその継続時間による労働の測定が労働生産物の価値の大きさに表されるのか? という問題を提起したことさえもなかった。」(MEW 23, S. 94 f.、『資本論』第1巻、135〜136ページ)

価値対象性が極めて特定の人間行為の結果であること、諸物が商品に、したがって価値対象物になるのは、われわれが物にたいして商品とするように関わる(つまり、私的に生産し、交換する)からであること。こうした連関は、自然発生的な日常の意識にとっても、経済学にとっても視野に入っていない。両者は商品形態のうちに「生産物の社会的な自然属性」を見ている。そのかぎりで、日常の意識のみならず、経済学もまた物神崇拝に囚われている。マルクスは物神崇拝を見抜くことができるようにすることで、意識批判、学問批判の基礎を提供するだけでなく、とりわけ今あるがままの社会的関係が必然的なものではない、ということを示す。すなわち、価値による人間の支配は社会の自然法則ではなく、まったく特定の人間のふるまいに由来するものであり、このふるまいもまた――少なくとも原則的には――変更されうる。商品と貨幣のない社会は可能である。

g　物神崇拝は商品だけにかぎられない。それは貨幣にも付着する。価値の**自立的な**姿態としての貨幣は、ある特殊な価値形態をもつ。つまり、貨幣は一般的等価物として存在しており、他のすべての商品は、この形態の位置をしめることができない。貨幣として機能する特殊な商品が（または紙幣も）、貨幣として機能することができるのは、他のすべての商品がその1商品を貨幣とするように関わること**によって**だけである。しかし、貨幣形態はこの商品の「社会的自然属性」として現象する。

「他の諸商品がその価値を1商品によって全面的に表示するので、その商品ははじめて貨幣になるのだとは見えないで、むしろ逆に、その商品が貨幣であるからこそ、他の諸商品はその商品で一般的にそれらの価値を表示するかのように見える。**媒介する運動は、それ自身の結果のうちに消失して、なんの痕跡も残さない**。諸商品は、自ら関与することなく、自分たち自身の価値姿態が、自分たちの外に自分たちとならんで実存する1商品体として完成されているのを見いだす。」（MEW 23, S. 107、『資本論』第1巻、157～158ページ、強調：M.H.）

商品にあてはまることが、貨幣にもあてはまる。つまり、商品所持者のある特定のふるまいによってのみ、貨幣は特有の属性を持つ。しかし、この媒介はもはや見えなくなっている。それは「消失している」のだ。こうして、あたかも貨幣はこの属性をそれ自体で持っているかのように見えるのである。また、貨幣においては、貨幣商品であろうと、紙幣であろうと、ある社会的関係がある物の対象的属性として現れる[20]。そして商品に関してとまったく同様に、行為する人格は、行為することができるために媒介をなしている諸連関について知っている必要はない。「各人は貨幣が何であるかを知ることなく、貨幣を貨幣として用いることができる。」（MEW 26.3, S. 163、『全集』第26巻第3分冊、213ページ）

h　社会的関係のこの物化に見られる「異常なこと」（MEW 23, S. 90、『資本論』第1巻、129ページ）は、商品と相対する貨幣においてより一層強くなる。労働生産物が商品へと転化されるならば、使用価値としての自らの物理的対象性に加え、さらに価値対象性を受け取る。後者は、すでに先に述べられたように、「まぼろしのような」対象性である。というのも、それは外観上は使用価値と同様に対象的であるが、にもかかわらず、個々の物のうちにはつかむことができないからである。いまや貨幣は、価値の**自立した**姿態として通用する。商品が使用価値であり、**さらには**価値対象性でもある一方、貨幣は商品に相対しており、まったく**直接的に**「価値物」として存在しなければならない。このことの意味を、『資本論』第1巻初版のなかで、マルクスは見事な例によって明らかにしている。

「それは、ちょうど、群をなして動物界のいろいろな類、

20　その際、いわゆる「重金主義」の場合のように、金や銀のような貴金属が生まれつき貨幣の属性を持っていると想定されるか、貨幣理論の「名目主義」の場合のように貨幣機能の具体的担い手が、ある社会的協定や国家の決定による結果として把握されるかはどうでもよい。貨幣の存在は、いつも社会における自然必然性であるように見えている。したがって、今日貨幣商品なしの貨幣システムが存在しているということは、貨幣物神が消失してしまったということをまったく意味しない。

種、亜種、科、等々を形成しているライオンやトラやウサギやその他全ての現実の動物たちと並んで、かつそれらのほかに、まだなお**動物なるもの**、すなわち動物界全体の個体的化身が存在しているようなものである。」(MEGA II/5, S. 37、『初版資本論』48ページ、強調原文)

多くの具体的動物に並んで、「動物なるもの」も一緒に走り回っているというのは、事実として不可能であるだけでなく、純論理的にもナンセンスである。つまり、諸個体から抽象された類一般が、諸個体と同レベルに置かれてしまっている。しかし、貨幣として、この「異常なこと」が実在的に存在しているのである。

i ブルジョア社会内部では、人間の自然発生的な意識は商品と貨幣の物神崇拝に屈してしまっている。彼らの行為の合理性は、つねに、すでに、**商品生産とともに措定された枠内での**合理性である。行為者の意図（つまり、彼らの「知っている」こと）が分析の出発点に据えられるならば（たとえば新古典派、または多くの社会学理論においてのように）、諸個人が「知らない」こと、つまり、彼らの思考や行為に前提とされている枠組みは、あらかじめ分析から排除されてしまう。この点を考慮することによって、ブルジョア経済学や社会学の基礎の大部分が批判されるだけでなく、世界観マルクス主義の俗流的論拠も批判される。つまり後者もまた、ブルジョア社会における特殊な位置を取ることで、社会的関係を見抜く**特殊な**能力を持つ社会的主体（労働者階級）がいるかのように考えるのである。

伝統的マルクス主義の代表者の多くが、資本主義を概念把握するためには「労働者階級の立場に立たなくてはならない」と主張してきた。しかし、その際に見逃されているのは、労働者の自然発生的な意識は（資本家のそれと同様に）、商品物神に囚われているということである。次章以降で見るように、資本主義的生産過程は、さらなる転倒をもたらすのであり、労働者も資本家もそうした転倒に屈している。したがって、労働者階級のある**特権的な**認識上の立場といったものは、論じる必要がない。もちろん、物神崇拝は原則的に見抜くことができないものであろうということも以下の論点にはならない。

# 4　資本、剰余価値および搾取

## 4.1　市場経済と資本：「貨幣から資本への移行」

『資本論』の最初の3章において、マルクスは商品と貨幣を扱っており、資本はまだ明示的には論じられていない。このことから、この最初の3章では前資本主義的な「単純商品生産」が高度の抽象レベルで描かれていると主張する文献も見受けられる。そうした把握によれば、この生産様式では、なるほど商品・貨幣関係が支配的になってはいるものの、資本はまだ存在していないか、極めて未発展な状態でしか存在していない。そこで想定されているのは、生産者が自らと他人の労働支出を正確に知っているため、商品は自身の（労働の）価値どおりに交換されるということである。こうした見解の最も重要な代表者は、フリードリヒ・エンゲルスであった。エンゲルスは、マルクスの死後数年経ってから、『資本論』第3巻への「補遺」のなかで、この見解を定式化し、多くのマルクス主義者たちに影響を与えた[21]。しかし、この考え方はいくつかの点で問題含みである。

まず、**歴史的な**命題としての問題点をみてみよう。たしかに、すでに何千年も前から交換は行われており、鋳造された貨幣も

---

21　この見解は、伝統的マルクス主義の一般的レパートリーの1つである。たとえば、エルネスト・マンデルによって、マルクスの『資本論』の歴史的な読み方（本書2.1節参照）とともに、こうした見解が多くの入門書において広められた（Mandel 1968; 1998）。

遅くとも紀元前500年にはすでに存在していた。しかし、前資本主義の時代における商品・貨幣関係は、つねにほかの生産関係へと「埋め込まれていた」のであり、けっして包括的なものではなかった。経済は商品・貨幣関係に支配されていなかった。これは資本主義的生産様式の拡大によってはじめて生じることである。

次に**理論的な**概念としての問題点をみてみよう。まさにマルクスが示そうと試みているのは、価値による交換の規定は、支出された労働の量に関する意識的な評価に基づくということではなく、交換者は、自らの行うことを知らず、むしろ社会的な連関が「彼らの背後で」貫徹されるということである（それについては本書3.8節dとe参照）。

『資本論』冒頭の3つの章の**解釈**としてはどうだろうか。この見解はマルクスがそこで「単純流通」という言葉を用いて叙述しているものを誤解してしまっている。マルクスは、その言葉によって、経済全体を支配する交通形態としての商品と貨幣の流通を指している。しかし、ここで彼はいわば限定的な考察を行っている。つまり、資本の存在を捨象して考察しているのだ。ある過去の時代に存在していた前資本主義的な関係が分析されているのではなく、資本主義の、現在の関係が分析されている（先に強調されたように、『資本論』の最初の文章がそのことに注意を促している）。ただ、その分析が資本を度外視して行われているのである。資本が度外視されているということは、理論家の恣意的な気分によるものでも、教育的観点からの決定でもない。この抽象によって、現実のある一定の特徴がよりよく表現されるようになるのだ。つまり、抽象によって、単純流通は「ブルジョア社会の表面上に直接的に現存しているもの」として現れ（『要綱』、MEW 42, S. 180、『草稿集①』、296ページ）、そこではほんらいの経済が、購買と販売の行為からのみ成り立っているように見えるのである。

一見すると、経済は大きく3つの別々の領域へと分けられるように思われる。

- **生産領域** 財がその時々の技術上の可能性によって製造され、サービスがもたらされる。
- **流通領域** 財やサービスが交換される。しかも、基本的には物々交換ではなく、貨幣と交換される。
- **消費領域** 財やサービスが使用される。それは個々人によって生活手段として、彼らの直接的な生活の維持のために用いられるか（たとえば、食物や衣服）、あるいは生産過程の内部で、生産手段として（たとえば、機械や原料）、さらなる生産物を製造するために用いられる。

しかし、その際、消費領域はあたかも消費者の需要としか関係せず、また生産領域は純粋に技術的な条件としか関係しないという印象が生じる。そのためほんらいの経済的領域としては、ただ流通だけが残ることになる。

経済を流通領域へと還元してしまうことは、重大な帰結をともなう。というのも、流通は、ただ購買と販売にのみ関係するものであり、したがって、――少なくとも原則的には――自由で、平等な人格が互いに向き合い、交換される商品が同じ価値を持つかぎり、その関係においては、誰も騙されたり、強奪されたり、搾取されたりしない。たとえば、もしある人が非常に多く所持していて、そして他の人が非常に少なく、あるいはなにも所持していないため、諸人格は完全に平等ではないならば、それはなるほど嘆くべき状況かもしれないが、それは「市場経済」に不利に作用するものではない。所持の不平等は、市場経済を賛美する多くの自由主義的理論家にとって、本来的に理論的な重要性を持たない。そうした不平等は、購買と販売の過程にとって、またそれとともに市場経済全体にとって、たとえば、交換者の身体的欠陥と同じくらい外的なものとして現れる。こうした観点から見れば、「市場」は財の分配と欲求の充足にたいして中立的な審級として現れるのであり、何が、どこで、どれだけの量を必要とされているかに関する情報を伝達してくれる効率的な（そして、まったく非官僚的な）制度として現れる。もしこの「市場」という制度がうまく機能していないのならば、それは、ここで描かれた見方によれば、好ましくない周辺的条件や外的な障害によるものでしかないのであり、それらは国家によって取り除かれなくてはならない。このような市場への陶酔は、経済学の（ほとんど）すべての教科書に登場するだけではない。それは経済学部だけでなく、大手の新聞の経済部においても動かし難い真理として主張されている。1989年以後、それは様々なヴァリエーションで多くの旧左翼によっても引き継がれた。その際、市場と資本は、しばしば、まさに正反対の力として対置され、そこから、そうした考えに照応するさまざまな政治的な結論が引き出された。そのなかには、「市場」の恵まれた効果を発揮させるために大企業の力を制限するという要求の形もあったし、資本主義的な企業が、「市場において」たがいに活発に競争する労働者の協同組合によって置き換えられた「市場社会主義」という形もあった。

したがって、市場と資本が外的で、緩い関係を持つにすぎないかどうか、あるいは内的で必然的な連関が両者の間にあるのかどうかは、単なる学問的な問いではない。むしろ、その答えは直接的に政治的結論を伴っている。

『資本論』の最初の3つの章で叙述された商品と貨幣の流通が、自立的なものではなく、資本に依存したものだとするならば（このことをマルクスは単純流通を「表面」として語ることで表現している）、すでにこの対象のうちにこうした非自立性［訳注：資本への依存性］が見いだされなくてはならない。商品と貨幣の関係とまったく同様に、貨幣と資本の間に内的で必然的な連関が示されなくてはならない。

商品と貨幣の叙述の過程における3つの本質的な段階を簡潔に振り返っておこう。

⑴ まず商品が分析された。商品は二重のものとして現れた。使用価値と価値である。しかし、商品の価値対象性は特殊なものであることが判明した。つまり、個別の商品に属するのではなく、交換される商品だけに、**共同的な**属性として（したがって価値の「まぼろしのような」性格として）属している、純粋に社会的な属性である。

⑵ まぼろしのような価値が実際につかまれるためには、ある**自立的**表現、すなわち対象的な姿態が必要である。まぼろしのような価値はそうした姿態を貨幣において受け取る。したがって、貨幣は商品世界にとって単なる付加物やただの補助手段ではない。貨幣は、諸商品の価値性格を表現するために、つまり諸商品を包括的に価値として互いに関連付けるために、必然的なものである（したがって、マルクスの価値論は「貨幣的価値論」と特徴付けられる）。このことが意味しているのは、商品生産と貨幣は切り離せないということでもある。一部の社会主義者たちが考えたように、貨幣を廃棄しながら私的生産だけを残すことはできない。

⑶ なるほど貨幣は価値の自立した姿態ではあるが、価値の尺度と流通手段としては、この自立性はあまり気に留められない。貨幣は、ここでは、補助手段として役立っているにすぎない。価値尺度と流通手段の統一（「貨幣としての貨幣」）としてはじめて、貨幣は現実に自立した価値姿態となる。つまり、貨幣は、絶えず消失し（流通手段においてのように）、あるいは実在的に現存している必要はない（価値尺度においてのように）仲介者であるだけでなく、いまやそれ自身が目的となる。単に**価値**であるのみならず、

> **自立的で、持続的な**価値姿態である。貨幣は、固持され、増殖されるべきである。

もちろん、まさに貨幣蓄蔵は、価値の自立性と不滅性がいかに制限されたものであるかということを示す。つまり、貨幣が蓄蔵貨幣として流通から引き上げられたままにされるならば、結局は役に立たない対象になってしまう。しかし、貨幣が流通へと投下されるならば、つまり貨幣によって商品を購買するならば、その自立的な価値姿態は失われてしまう。

単純流通の内部において、たしかに貨幣は自立して、持続的な価値の姿態となっている。しかし、この自立性と持続性はどこにおいてもつかむことができず、単純流通の内部では現実にはまったく存在しない。一方で、単純流通の内部において、商品の価値がある自立した価値表現（貨幣）を必要とするということが正しいとしても、他方では、この価値の自立性は、単純流通の内部で存在することが決してできない。このことから推論されるように、単純流通は自立的なものであることはできず、「より深くにある」なんらかの過程の契機であり、結果でなくてはならない。つまり、すぐに以下で示されるように、資本主義的な価値増殖過程の契機であり、結果なのだ。

貨幣が実際に自立的で、持続的な価値の表現であるとするならば、貨幣は流通から切り離されて存在してはならず、流通の中に入りこまなければならない。だがその際、単純な購買G-Wと、それに続く商品Wの消費とは異なり、価値は自らの自立性と持続性を失うことなく流通へと入っていかなくてはならない。価値の自立性と持続性が保証されるのは、貨幣がG-W-Gの運動を完遂する場合のみである。もちろん、ある商品を一定の貨幣総額で買い、さらに同じ貨幣総額と引き換えにその商品をふたたび販売するという運動は、なんら利益をもたらさない。利益がはじめてもたらされるのは、G’がGより大きいG-W-G'の運動によってである。(マルクスが「資本の一般定式」と呼んでいる)この運動において、価値は自立した姿態を保つのみならず、増殖し、それによってまた現実的に全過程の目的となる。こうして資本のうちに初めて、価値の自立的姿態がその適切で、適当な表現を見いだす。言い方を変えれば、持続的で、経済全体を包括する価値の存在が可能なのは、価値が資本の運動G-W-G'を遂行する場合だけである。しかし、このG-W-G'の運動によって、われわれは単純流通を去ることになる。この運動の内容と諸前提が、いまや考察されなくてはならない[22]。

## 4.2 価値の「摩訶不思議な資質」:G-W-G'

まずいま一度、本書2.2節の貨幣機能の議論で扱ったW-G-Wの連鎖を考察してみよう。商品生産者は、特定の使用価値を持つ商品Wを生産した。そして彼はこの商品を売り、受け取った貨幣で他の使用価値をもった商品を買う。貨幣は最終的に**支出されて**おり、その過程の目的は、この2つ目の商品の消費である。生産者の欲求において、全過程は自己の尺度を見いだすのであり、この欲求の充足とともに過程は終了する。

さて、かわりに、G-W-Gの連鎖を見てみよう。W-G-Wと同じ、G-WとW-Gの要素から構成されており、その順番が違うだけである。まず購買が行われ、それに引き続き、再び販売される。貨幣は過程の開始点と終点である。一方の貨幣総額は、

22 ここで素描された「単純流通」と資本の連関は、マルクスによっては、ただ『資本論』の準備作業(『要綱』MEW 42, S. 160 f.、『草稿集①』、263〜267ページ、そして、『経済学批判』「原初稿」、MEGA II/2, S. 63 ff.、『草稿集③』144ページ)の中でのみ描かれており、『資本論』そのものには見いだされない。『資本論』では、マルクスは第4章を、ただちにG-W-G'の定式の分析とともにはじめる。この省略によって、マルクスは市場経済と資本を何か分離されたものとして対置する上述の解釈を自ら助長してしまっている。

質的には他方の貨幣総額から区別されず、せいぜい量的に区別されるだけである。上の流通の型G-W-Gが利益をもたらすのは、終点における貨幣総額が開始点よりも大きい場合、つまり、G'がGよりも大きい、G-W-G'の連鎖が問題になっている場合のみである。いまや、もともとの貨幣総額を量的に増大させることが過程の目的となる。貨幣は（W-G-Wにおけるように）支出されるのではなく、**前貸しされる**。つまり、後になってから、より多くを受け取るためだけに、使われるのである。

この運動を完遂する価値総量が**資本**である。ただの価値量がそれだけで取り出されるならば、貨幣の姿態であろうと、商品の姿態であろうと、それはまだ資本ではない。個別の交換過程もまた、ある価値総量から資本を生みだすことはない。もともとの価値量を増やすという目的を伴う交換の連鎖によってはじめて、典型的な**資本の運動**が与えられる。資本は、たんなる価値ではなく、**自己増殖する価値**であり、つまり、G-W-G'の運動を完遂する価値量なのだ。資本の運動において達成された価値の増加、つまりG'とGの差異を、マルクスは**剰余価値**と呼んでいる。この概念は、古典派経済学や近代経済学には存在しない。剰余価値とは利潤や利得にたいする単なる別名ではない。実際に、異なった事柄が問題になっているのを後で見るだろう。とはいえ、今のところはまだこの相違に取りかかる必要はない（利潤の正確な意味については本書第7章、企業者利得の意味については本書第8章を参照）。

資本の運動は、前貸しされた価値の増殖を唯一の目的としている。しかし、純粋に量的な増加は、尺度（なぜ増殖率が10%では不十分で、20%なら十分なのか？）も終点（なぜ1回きり、ないしは10回の運動が終わりとなるのか？）も持たない。単純な商品流通W-G-Wの場合には、流通の外部にある目的を目指していて（つまり、欲求を充足するための使用価値の取得）、その尺度は欲求に、その終点は充足に見いだされる。

それとは異なり、資本の運動は**自己目的**であり、**尺度も終点もない**のである。

資本の捨象のもとに商品生産を考察するならば、商品生産と交換の目的は一般的な欲求充足であるというように考えられるかもしれない。つまり、各人が自らの欲求を充足するのは、さしあたり他人の欲求を満たすようなある商品を生産し、この商品を貨幣と交換して、この貨幣で自分の欲求を満たす商品を獲得することによってである。すなわち、端的に言って、万人は、他者の欲求を満たすことで、自己の欲求を満たす。このような仕方で、ブルジョア経済学は（古典派経済学も、現代の新古典派も）商品生産を把握している。

しかし、**資本主義的商品生産**は（そして商品生産の一般化は、歴史的には資本主義的条件のもとで初めて起こる）、欲求の充足にではなく、価値の増殖に向けられている。欲求充足は、資本の価値増殖に合致する限りで、副産物的に生じているにすぎない。資本主義的生産の**目的**は剰余価値であり、欲求の充足ではない。

これまでは**資本**のみが扱われており、**資本家**はまだ話題にされなかった。大きな価値量を自由に処分できればそれだけで資本家であるというわけではない。資本家になるのは、実際に彼がこの価値量を資本として用いる、つまり資本の**自己目的的運動**を自らの主体的な目的にするかぎりにおいてのみである。

「ただ抽象的富をますます多く取得することが彼の操作の唯一の推進的動機である限りでのみ、彼は資本家として、または人格化された――意志と意識とを与えられた――資本として、機能するのである。**それゆえ、使用価値は、決して資本家の直接的目的として取り扱われるべきではない。個々の利得もまたそう取り扱われるべきではなく、利得することの休みのない運動のみが資本家の直接的目的として取り扱われるべきである。**」

（MEW 23, S. 167 f.、『資本論』第1巻、261ページ、強調：M.H.）

ある人格が「資本家」なのは、「人格化した資本」である場合だけであり、つまり自分の行為において資本の論理（尺度と終点なき価値増殖）に従う場合だけである。その場合、この資本家は、「経済的カテゴリーの人格化」、つまり「経済的扮装」（MEW 23, S. 100、『資本論』第1巻、143ページ）である。

ここでは、すでに商品所持者の行為に関して確認できたことと類似の事柄があてはまる（本書3.2、3.6節を参照）。ある人格は、特定の行為合理性に従うかぎりでのみ、商品所持者や資本家としてふるまう。この行為合理性は、経済的過程の前提された形態規定（商品、または貨幣の形態規定）から生じるものである。人格は、この行為合理性に従うことによって、同時に前提された形態規定を再生産する。叙述においては、人格のふるまいを取り上げる前に、まず形態規定が分析されなくてはならない。

具体的な貨幣所持者は、なるほど単なる価値増殖以外の他の目的を追求するかもしれない。だが、その場合には、もはや「資本家」としてだけ行動しているわけではない。個々の資本家が、利得を大きくしようとつねに努めるということは、たとえば「貪欲さ」のようななんらかの心的な属性に基づくものではない。むしろ、資本家間の競争戦によって**強制された**ふるまいがここでの問題となっている。個々の資本家は、資本家であり続けたいならば、常により大きな利益を必要とする。だがそれは、たとえば個人的な消費を常により大きくするからという理由からではない（大資本家にとって個人的消費は利得のうちのほんのわずかな部分でしかない）。まずもって、彼の生産設備を近代化するためであり、また、もはや古いものにたいする需要がなくなっているならば、新しい生産物を生産するためなのである。もし、近代化や革新を行わないならば、直に破産が待ち受けている。本書5.2節において、この**競争の強制法則**へと話を戻すであろう。

時の経過とともに、資本家の外面的な現象形態もいくらか変化してきた。19世紀の「自由企業家」は「彼の」企業を率いて、しばしば門閥を築いたものだが、20世紀になると、少なくとも大企業では、資本家は、彼によって経営されている企業のほんの一部の株を持っているにすぎないような「マネージャー」たちによって、ほとんど置き換えられるようになる。だが、マルクス的な意味での**資本家**、つまり資本の人格化は、「自由企業家」と「マネージャー」の両者であり、両者はある価値総量を資本として用いているのである。

もし資本家が資本の論理だけを実行するならば、彼ではなく、資本、自己増殖する価値が「主体」である。これに関連して、マルクスは「自動的主体」(MEW 23, S. 169、『資本論』第1巻、262ページ）としての資本について語り、その不合理さをはっきりと示している。一方で資本は、自動装置であり、何か生命のないものだが、他方では、「主体」として、全過程を規定するものである。

価値増殖過程の「包括的な主体」(ebd.、『資本論』第1巻、263ページ）として、価値はある自立した形態を必要としており、この形態は貨幣において見いだされる。したがって、貨幣は、価値増殖過程の出発点であり、終結点である。

貨幣は、すでに単純流通の内部において、不十分ながらも、価値の自立した形態であった。資本として（もう一度強調するが、資本はそれ自体としては貨幣でも商品でもない。それは尺度も終点も欠いた獲得の運動G-W-G'である)、価値は**自立的な**形態を持つのみならず、いまや**過程を進みつつある**価値、「自ら運動しつつある実体」(ebd.、『資本論』第1巻、264ページ）であり、並外れた能力を持つ、きわめて奇妙な主体である。

「しかし、実際には、価値はここでは過程の主体になるのであって、この過程のなかで貨幣と商品とに絶えず形態を変換しながらその大きさを変える（中略)。価値は、それが価値であるがゆえに価値を生むという、**摩訶不思議な資質**を受け取った。」

(MEW 23, S. 169、『資本論』第1巻、262〜263ページ、強調：M.H.)

あたかも価値自身が自己を増殖しているように**見える**（そのようにいくつかの銀行は「あなたのお金を働かせましょう」という文句で宣伝しているが、それはまさにこの外観を示している）。この「摩訶不思議な資質」が何に基づいているのかが今や研究されなくてはならない。

## 4.3 階級関係：「二重に自由な」労働者

これまでは資本とはなにかを形態的にのみ規定してきた。それは、自己を増殖し、G-W-G'という運動を完遂する価値総量である。しかし、問いは残っている。どのようにして、この運動はそもそも**可能なのか？**あるいは別言すれば、**いったい剰余価値はどこからくるのか？**

流通の**内部**では、商品Wがその価値よりも低く買われるか、高く売られるかしなければ、価値増殖は可能でないだろう。この場合には、前貸しされた価値総量はたしかに増えるものの、ある資本家の利得には、他方で同じ大きさの他の資本家による損失が付随している。社会全体としてみれば、価値総量は変化しておらず、違った形で分配されたにすぎない。それは、たんなる強奪の結果とまったく同様である。

この場合、資本主義的利得の説明は、商品生産の法則を**侵害**することになってしまうだろう。商品生産・流通の標準的な条件を前提するならば、それには「等価交換」が含まれている。交換される商品は同じ価値の大きさであり、もしくは、支払われた価格は商品の価値の大きさの適切な表現であり、偶然的な超過、あるいは過少は表現しない。商品は、「価値通りに交換される」。もし、剰余価値が資本主義的商品生産の標準的な現象であり、単なる例外でないとするならば、その存在は「等価交換」の前提のもとで説明されなくてはならず、マルクスはまさにこの問題に取り組むのである。

マルクスの考察を要約すれば、以下のようである。等価交換を想定するならば、剰余価値は流通において形成されえない。つまり、第1の流通行為G-Wにおいても、第2の流通行為W-G'においても形成されない。したがって、2つの流通行為の間で、商品Wに変化が生じなければならない。しかし、流通の外部においては、購買された商品の使用価値がただ消費されるだけである。したがって貨幣所持者は、市場において、**使用価値が価値の源泉であるという属性を持った**ある商品を見いださなくてはならない。その結果、この商品の使用が価値を創造する。より正確には、この商品自身が要したよりも多くの価値を創造する。

この特殊な商品は存在する。その商品とは**労働力**である。労働力によって意味されているのは、労働を遂行するという人間の**能力**であり、商品生産の条件下では、労働の支出は価値の源泉となることができる。私が自分の労働力を売ったならば、私はこの能力を一定時間の間、他者に委ねる。労働力の販売において、人間全体が販売されるのではないし（私は奴隷になるのではない）、また労働が販売されるのでもない。労働は労働力を**使用**することで初めて存在する。**労働する能力**だけが売られるのであり、労働が売られるのではない。このことは、もし原料が一時的に足りなくなり、貨幣所持者が購買した能力（労働力）を利用できない場合に、とりわけ明確になる。

貨幣所持者が労働力を**商品として**市場において見いだすのは、自明なことではない。そのためには、2つの条件が満たされなくてはならない。第1に、自らの労働力にたいする**自由な所有者**としてふるまうことのできる人々、つまり、自らの労働力を販売することのできる人々がいなくてはならない。奴隷や農奴はこうしたことを行うことができない。というのも、労働力の販売者は、**法権利的に自由な人格**でなければならないからだ。

しかし、この諸人格が生産手段を自由に処分することができ、自らの手で商品を生産・販売したり、または自給自足できたりするならば、彼らはおそらく自らの労働力を売ったりしない。人格が生産手段を所持していない場合にのみ、つまり法権利上自由であるのみならず、**物件的な所有からも自由な**場合にのみ、彼らは労働力を売ることを**強制される**。これが第2の条件である。こうして、彼らは実際に労働力にたいして、商品にたいするのと同じように、関わるようになるのである。この二重の意味で「自由な」労働者の存在は、資本主義的生産に欠かすことのできない社会的前提である。

したがって、資本主義的生産様式の根底には、非常にはっきりとした**階級関係**がある。一方で、**所有者の階級**（貨幣と生産手段の所持者）がいなくてはならず、他方で、**無所有でありながら、法権利上は自由な、広範囲におよぶ労働者たちの階級**がいなくてはならない。マルクスが資本ではなく、**資本関係**について語る場合には、たいていこの階級関係が念頭におかれている。

マルクスが「階級」について語る場合、それは社会的な生産過程の内部での社会的立場に関するものであり、ここでは、生産手段の所有者、ならびにこの所有から閉め出された人々に関係している。しかし、社会的立場によって規定された階級については、一階級の個々の構成員が自動的に共通の「階級意識」を持ったり、はたまた共通の「階級行動」を示したりするという想定はされていない。叙述のこの段階では、「階級」は、さしあたり純粋に**構造的な**カテゴリーである。階級がそれ以上のものを意味しているかどうかは、その都度の具体的なコンテクストに照らして探究されなくてはならない。現代の社会学が──マルクスに反対して──すでに資本主義においては階級社会は終焉しているというとき、たいていその証拠としては、──階層上昇のチャンスや社会の「個人化」に基づく──階級意識の欠如があげられる[23]。すなわち、それは、『資本論』で支配的な、構造的な階級概念において、マルクスがまったく依拠していない基準なのである。ただし、伝統的な世界観的マルクス主義は、しばしば短絡的に、ある構造的に同等な社会的状況から、同じ意識や傾向的に同じ行為を導きだしてきた。こうして、「階級支配」は、社会的階級の**構造的**関係としてではなく、ある階級が他の階級に自らの意志を押し付ける**意志関係**として把握された。

この階級関係——一方に貨幣と生産手段の所有者がおり、他方に無所有ながら、法権利上は自由な労働者がいる——がそもそも存在するというのは、けっして「自然的なもの」ではなく、特定の**歴史的発展**の結果である。この歴史的発展は資本主義の**前史**に属している。資本主義の根本的な構造の分析を進める際には、この前史の結果を前提するだけで十分である。したがって、二重の意味で「自由な」労働者の歴史的発生の過程は、『資本論』第1巻の末尾、「いわゆる本源的蓄積」という表題のもとで初めて描かれる。イングランドの例を用いてマルクスが示すのは、そこで極めて暴力的で、残虐な過程が展開されたということ、それは、決して「市場の上で」生じるものではなく、国家の積極的な助力のもとで行われたということだった（この過程は、すでに本書1.1節と1.2節において示唆された）。だが、「本源的蓄積」は一度きりの過程ではない。資本主義の世界中への拡大という趨勢のなかで、類似の展開がくりかえし起こっている。

## 4.4　労働力商品の価値、剰余価値および搾取

等価交換にもかかわらず剰余価値が発生することを理解する

23　たとえば、ウルリッヒ・ベックが『世界リスク社会論』のなかでそのような指摘を行っている。

ためには、より正確に労働力商品に取り組まなければならない。あらゆる商品と同様、労働力商品も使用価値と価値を持っている。労働力の**使用価値**はその使用、つまり労働そのものにある。労働の支出は新しい価値を作り出す。だが、その価値は交換前にはただ見積もられることしかできない。どの程度労働が価値形成を行ったかは、交換において生じる還元によって判明する（本書3.3節参照）。

マルクスによれば、労働力の**価値**は、あらゆる他の商品の価値に相応して、「この特定の財の生産、したがってまた再生産に必要とされる労働時間によって規定されている」。生存のためには、各個人は最も広い意味での一連の生活手段が必要であり、それは単に食べ物だけでなく、衣服や住居などを含んでいる。このことからマルクスは以下のように結論付ける。「したがって、労働力の生産に必要な労働時間は、この生活諸手段に必要な労働時間に帰着する。すなわち、**労働力の価値は、労働力の所持者の維持に必要な生活諸手段の価値である。**」（MEW 23, S. 185、『資本論』第1巻、292ページ、強調：M.H.）

資本関係の存続は、労働力が継続的に市場に供給されるということを必要としているので、労働力商品の価値は次世代のための教育費を含めた、労働者の家族全体の再生産のために生じる費用をカバーしなくてはならない。

男性が賃労働者として勤めに出て、女性が再生産労働を担う伝統的な核家族が社会において支配的な場合、（男性の）労働力の価値が再生産費用をカバーしなくてはならない。それにたいして、共働きが普通になると、そのことは労働力の価値にも影響を及ぼす。一方で、再生産費用が上昇する。というのも、再生産労働の一部が家庭において行われず、かわりにそれに照応する生産物やサービスが購買されなければならないからである。または、それらが国家によって用意されなくてはならないが、その場合にも高い税金によって財源が確保されなくてはならない。他方で、家族の再生産費はもはや男性**1人の**労働力の価値によってではなく、**両者の**労働力の価値の合計によってカバーされるに違いない。その結果、個々の労働力の価値は、再生産費用の上昇にもかかわらず、むしろ下降するだろう。

あらゆる商品と同じく（本書3.7節参照）、労働力商品においても**価格変動**は、価値変動の表現であるだけでなく、この商品の販売における一時的に有利あるいは不利な状況を反映することもありうる（つまり、労働力の一時的な不足や過剰）。労働力の現実的な**価値変動**は、2つの源泉から生じうる。すなわち、再生産に必要な生活諸手段の価値が変動するか、再生産に必要なものとして通用する生活諸手段の量の**範囲**が変動するかである。この「必要生活手段」の範囲は、個々の国々や時代ごとに異なっており、それは、一国内で何が標準的な生活条件として見なされるか、ならびに労働者たちが何を要求として主張するかにかかっている。資本家は、それらの要求を必ずしも進んで満たしてやるわけではないので、労働者と資本家の**階級闘争**はまさに労働力の価値規定に関与しているのであり、特定の要求が押し通されることもあれば、そうならないこともある。この連関でマルクスは「歴史的および慣習的要素」について語っているが、それはあらゆる他の商品とは異なり、労働力商品の価値規定へと入り込む（MEW 23, S. 185、『資本論』第1巻、292ページ）。[24]

24　マルクスは『資本論』でほとんどの場合、労働力「なるもの」の価値についてのみ語っており、それはあたかもあらゆる労働力が同じ価値を持っているかのようである。このような事態が生じるのは、ここではさしあたり――等価交換にもかかわらず剰余価値がいかにして可能なのかという――根本的構造の分析が重要だからであり、その際には労働力の価値の違いというのは役割を果たさないからである。このような違いをマルクスは、とりわけスキル取得の費用の違いに基づくものと見なしているが、そうした場合にはスキルを持つ労働の支出も、より高い尺度で価値形成的となる（MEW 23, S. 211 ff.、『資本論』第1巻、337～340ページを参照）。とはいえ、マルクスが労働力の価値の「歴史的および慣習的要素」を強調していることから以下のようにも推論できる。つまり、この価値は異なった国々においてのみならず、同一の国においても、労働者階級の様々な部分にとっては（異なった組織化、闘争力、伝統などによって）異なった形で規定される。また、特定の要求を押し通すことがもっとも、労働力と他の商品との間には、もう1つさらなる区別があるのだが、それをマルクスはこれ以上取り上げていない。一般的な商品の価値には、一方では、その生産に用いられた生産手段の価値が入り込む。他方では、この生産諸手段から完成した生産物を製造する労働によって付加された新価値が、商品の価値に入り込む。しかし、労働力商品には、このことは当てはまらない。その価値は、ただ市場において購買されなくてはならない生活諸手段の価値によってのみ規定される。家庭内で、とりわけ女性によって行われる再生産労働（家事労働、子育てなど）は、労働力の価値に入り込まない。したがって、フェミニストの著作家は、経済学批判はここに「盲点」があるとして、マルクスを非難した（たとえば、Claudia von Werlhof, 1978の綱領的論文）。だが、マルクスによる労働力商品の価値の規定が誤りなのではなく——マルクスはこの規定が資本主義においてどのような外観をとるかを再現しているにすぎない——、彼がこの労働力商品の価値規定の特殊性を強調せずに、あらゆる他商品の価値規定との一致を証明しようとしたことが誤っているのである。

資本主義の内部では、労働力商品の特殊な価値規定は**必然的**である。というのも、もし労働者が市場で購買しなくてはならない生活諸手段の価値だけを受け取るのではないとするならば、彼らは長い目でみれば、もはや無所有者ではなくなり、労働力の販売への強制から少なくとも部分的には自由となりうるであろう。労働力の価値を再生産の費用へと制限することは、資本主義の機能的必然性である。だが、そのような制限がつねに達成されるということが、前もって取り決められているのではまったくない。良く組織された労働者階級が階級闘争によって、それに見合った高い労賃を押し通すということは、十分に想像

できない、非対称的な男女関係や人種主義的な差別が労働力の価値の違いをもたらすことがある。

できるだろう。しかし、労働力の価値のこの制限が、資本主義的蓄積過程の経過において、どのように「自ずから」自己を押し通すかは、後に本書5.6節において見ることになる。

労働力の（1日の）価値（つまり、労働力が平均的に日々の再生産に必要とする価値総量）と個々の労働者が1日に標準的な状況で新しく生産することのできる価値の間には差異がある。まさにその差異が、先にG-W-G'の定式において言及された剰余価値を形成する。労働力の1日の価値（労働者が再生産に**必要とする**価値）は、労働力の使用（つまり、労働力の支出）によって1日に**創造**されうる価値よりも少ない。このことが、新価値を創造するという価値の「摩訶不思議な資質」の基礎である。

したがって、労働力の（1日の）価値は、労働力の（1日の）使用によって新しく創造される価値の一部分をなすにすぎない。たとえば、8時間労働日において労働力の支出によってある価値が創造されたとするならば[25]、この新しく創造された価値は形式的に、労働力の価値と剰余価値へと分けられる。たとえば、労働力の1日の価値が、8時間労働日において創造される価値の8分の3にあたるとすれば、形式的に言って、労働力の価値は3時間、剰余価値は5時間の労働において生産されたことになる。したがって、この3時間をマルクスは「必要」労働時間とも呼んでいる（労働力の価値を再生産するために必要な労働時間）。そして、残りの5時間を「剰余労働時間」と呼んでいる（個々の労働者が自らの再生産の必要を越えて遂行する労働

25　先行する章で論じられたように、1労働日で生みだされた価値総量が実際にどれだけの大きさであるかは、交換においてはじめて判明する。しかし、もし商品がそもそも販売可能であるならば、大きかろうと小さかろうと、特定の大きさの価値総量が創造されている。以下の詳述は、この価値総量へと関係している。本節と次節において、労働者がこれこれの時間働いて、これこれの大きさの価値を生み出したと言われる場合には、実体主義的で、前貨幣的価値論へと後退してしまったわけではなく、ただ単純化した語り方を採用しているにすぎない。

時間)。労働者は、われわれの例では3時間において創造される価値を報酬として受け取るので、マルクスは必要労働時間を「支払い労働」とも呼んでおり、資本家が剰余価値として受け取る価値生産物の部分にあたる剰余労働時間を「不払い労働」と呼んでいる。

個々の労働者が、彼の労働力にたいして資本家から、自らの労働が生産したよりも少ない価値を受け取ることをマルクスは「**搾取**」と呼んでいる。だが、この概念は様々な点で誤解を招きやすい。

搾取という概念によって、特別に低い賃金や特別に酷い労働環境が指し示されているわけではない。搾取が示しているのは、生産者が彼らによって新たに生産された価値の一部だけを受け取っているという事柄、それだけである。それは、賃金が高いか、低いか、労働環境が良いか、悪いかということには関係ない。

しかし、搾取はまた――普及したイメージに反して、また、多くの「マルクス主義者」の発言とも異なり――**道徳的**カテゴリーとして意図されているわけではない。労働者が「ほんらい」自らに属しているものを奪われており、この剥奪を道徳的に非難すべきだ、と言われているわけではない。「支払い労働」と「不払い労働」の話も、ほんらい「全」労働が支払われるべきだということを唱えているわけではない[26]。まったくの反対である。マルクスが強調しているのは、――商品交換の法則にしたがって――労働力商品の売り手は、自分の商品の価値を正確に受け取っているということなのだ。その後、買い手がこの商品の使用価値からある特別な利点を引き出すということは、売り手にはもはやまったく関係がない。マルクスは油商人との比較を引き合いに出している。油商人は、油の価値を支払いと

26 「完全な労働成果」といった要求は、たとえばフェルディナント・ラサール(1825～1864)と彼の支持者たちによって掲げられ、マルクスによって厳しく批判された。

して受け取るが、しかし油の使用価値にたいして何かを追加で受け取りはしない（MEW 23, S. 206、『資本論』第1巻、331ページ）。「搾取」と「不払い労働」の存在は、商品交換の法則を**侵害することによって**生じるのではなく、むしろそれを**遵守すること**から生じてくる。搾取を廃棄したいならば、それは資本主義内部での交換関係の改良によってではなく、資本主義の廃棄によってのみ可能である。

## 4.5 労働の価値――「想像上の表現」

価値増殖は「不払い労働時間」の取得に基づいている。資本家は労働者によって作り出された価値生産物にではなく、労働力の価値にたいして支払いを行う。しかし、日常の意識は、労賃を遂行された労働にたいする報酬として見なしている。ここでは、資本主義的生産の標準的状態としての搾取は見えなくなっている。そのため、搾取は、労賃が「低すぎる」ときにのみ生じているようにしか見えない。労賃は**労働力の価値**ではなく、**労働の価値**を表現しているかのように見える。

マルクスによれば、「労働の価値」という用語は「想像上の」「不合理な」表現であるという（MEW 23, S. 559, 561、『資本論』第1巻、915、919ページ）。労働――より正確には抽象的労働――は価値の実体であり、内在的尺度である。労働は価値を**作り出す**が、それ自身は価値を持っていない。「労働の価値」について語り、8時間の1労働日の価値はどれほどの大きさかを尋ねるならば、答えは以下のようになるだろう。8時間労働日は8時間分の労働の価値を持っている。正当にも、マルクスはこうしたフレーズを「馬鹿げた」ものだと言っている（MEW 23, S. 557、『資本論』第1巻、911ページ）。

もちろん、「労働の価値」というフレーズは単に馬鹿げた表現であるというだけではない。「労働の価値」や「土地の価値」

といった「想像上の表現」にマルクスはこだわっているが、それらは「生産諸関係そのものから発生する。それらは、本質的諸関係の現象形態を表すカテゴリーである。」(MEW 23, S. 559、『資本論』第1巻、915ページ)

**本質的**関係は、労働力商品の価値であり、しかし、それは労賃において労働の価値として**現象する**。そのような現象形態は、「直接に自然発生的に、普通の思考形態として再生産されるが」、それに対し、その本質的関係は、「科学によってはじめて発見されなければならない。」(MEW 23, S. 564、『資本論』第1巻、924ページ)

「労働の価値」とは転倒したものの見方だが、それはたとえば意識的な操作によってもたらされるものではなく、資本主義的諸関係そのものから発生する。問題となっているのは、「客観的思考諸形態」であり(本書3.8節fを参照)、それはこの諸関係に囚われている人間の思考を構造化する。労働者の観点からすれば、一定の賃金量を受け取るためには8時間の1労働日を遂行せねばならない。賃金はこの労働にたいする支払いとして現れ、この外観は賃金の通常形態である「時間給」(労働時間による支払い)や「出来高給」(産出された個数による支払い)によってより一層強められる。前者によっては時間決めで行われた労働、後者によっては1個の生産のために行われた労働にたいして支払いが行われているように見えるのだ。

資本家もまたこの外観に囚われている。「自然発生的に」生じた転倒が問題となっており、あらゆる関係者(ほとんどの経済学者も)がそれに囚われているのである。賃金が「労働の価値」への支払いとして把握されることによって、全労働が支払い労働として現象する。そうすると、剰余労働、不払い労働は存在しないかのように見えるのである。この転倒は広範な帰結を伴っている。

「現実的関係を見えなくさせ、まさにその関係の逆を示すこの現象形態は、労働者および資本家のもつあらゆる法観念、資本主義的生産様式のあらゆる神秘化、この生産様式のあらゆる自由の幻想、俗流経済学のあらゆる弁護論的たわごとの基礎である。」（MEW 23, S. 562、『資本論』第1巻、920ページ）

賃金形態は、資本主義的関係のさらなる「神秘化」の全基礎を形成する。それは最終的に「三位一体定式」へと至る（本書第10章参照）。だが、ここですでに確認しておくべきことがある。ブルジョア社会における**全**構成員の自然発生的な意識が商品・貨幣物神に囚われるのと同様に（本書3.8節参照）、労働者と資本家は同じように賃金形態の神秘化に支配されている[27]。資本主義的生産様式によってもたらされた転倒は支配階級の手前で止まりはしない（したがって、資本主義的関係への彼らの洞察も制限されたものである）。また、被支配階級および被搾取階級も、この転倒を見抜くための特権的な地位を持っているわけではない。伝統的マルクス主義者によってしばしば賞賛される「労働者階級の立場」はここではもはや役に立たない。

---

27　**物神崇拝**という言葉をマルクスが用いるのは、商品、貨幣そして資本に関してのみである（資本物神については本書5.3節を参照）。つまり、特定の社会的関係が物の属性として現れる場合である。**神秘化**についてマルクスが語っているのは、特定の事柄が必然的に転倒して現象する場合である。賃金においては、労働力の価値の支払いは、労働の価値の支払いとして現象している。

# 5 資本主義的生産過程

## 5.1 不変資本と可変資本、剰余価値率、労働日

第3章では、商品を生産する労働の二重の性格が叙述された。それは、一方で、具体的で、使用価値を生産する労働であり、他方で、抽象的で、価値形成的な労働である。**資本主義的生産過程**も似たような二重の性格を持っている。それは**労働過程**（特定の使用価値を生みだす過程）と**価値増殖過程**（剰余価値の生産）の統一である。

あらゆる社会的形態規定とは関係なく、労働過程の単純な諸契機として、合目的活動（労働）、労働対象（労働によって変容される対象）と労働手段（それによってこの変容が可能となるもの）が区別される。労働過程は人間と自然の間の過程である。そこでは、一方では人間が自然へと働きかけ、同時に自分自身を変容させ、自らの諸能力を発展させる。もちろん、労働過程はそのものとして決して純粋に存在するのではない。労働過程は、つねにある社会的に形態規定された過程として行われるのである。つまり、奴隷労働に基づいた生産過程、農奴の生産過程、独立手工業者の生産過程、資本主義的賃労働者の生産過程といった具合にである。[28]

28　1857年の「序文」のなかでマルクスが指摘しているように、いかなる社会においても登場する事柄を表現するように思われる、一見単純な「労働」の概念は、資本主義的経済において初めて可能となり、「実践的に真実」となる。資本主義的経済にお

資本主義的生産過程の内部では、労働過程は2つの特殊性を示す。第1に、生産過程は資本家の管理下で行われ、第2にその生産物は資本家の所有物であり、直接的生産者の所有物ではない。資本家は、労働力と生産手段（労働対象と労働手段）を購買した。これによって、労働過程は、資本家に属する物どうしのあいだの過程となる。したがって、過程の生産物もまた資本家に属することになる。この生産物はある使用価値である。だが、資本主義的生産過程では、この使用価値は、価値と剰余価値を表す限りでのみ生産される。

この資本主義的に規定された生産過程を、いまやより一層正確に研究しなくてはならない。まずは、いくつかの根本概念を導入しよう。これらはこの章のみならず、以下のさらなる章においても大きな意味を有する概念である。

G-W-G'の表現は、以前、「資本の一般定式」と呼ばれたが、ここでこの定式はいくらかより正確に考察されるべきだろう。価値増殖が可能なのは、労働力という特定の商品が購買され、使用されるからにほかならない。しかし、この商品を「使用する」ためには、つまり生産過程で労働を充用するためには、生産手段（原料や機械など）が必要である。生産過程の結果として、新しい商品群が得られるのであるが、その価値は前貸しされた資本の価値よりも大きく、この商品群はG'のために販売されるのである。

新たに生産された商品の価値に関して、生産手段と労働力はまったく異なった役割を果たす。商品の生産にあたって、使用される生産手段の価値は、新たに生産される商品の価値へと入

いて初めて、諸人格の個々の活動は、その社会的文脈などから解放される。その結果初めて、個々の具体的活動はもはや支配的なものではなくなり、あらゆる活動が資本にとっての価値増殖の手段となり、また賃労働者にとっては自らの生活維持の手段となった。それによって初めて、「労働」について非常に一般的な形で語ることができるようになったのである。（MEW 42, S. 38 f. 、『草稿集①』、56〜57ページ を参照）

り込む。生産過程において生産手段が完全に使い果たされるならば（たとえば、原料やエネルギーなどのように）、この使用された生産手段の価値は、新たに生産された商品群へと完全に移転される。それにたいして、道具や機械などのような生産手段は、完全には使い果たされないため、それらの価値の一部分のみが移転されるだけである。たとえば、ある機械の耐久年数が10年だとするならば、1年間に生産された商品群には、ただ機械の価値の10分の1が移転されるだけである[29]。生産手段へと立て替えられた資本の構成部分は、標準的な状況のもとでの生産過程においては、その価値を変えず、生産された商品の価値へと移転するだろう。したがって、マルクスはこの資本構成部分を**不変資本**と呼び、c と略記する［訳注：不変資本constantes Kapitalのc。昔のドイツ語では今日k で表記されるものをしばしばc で綴っていた］。

労働力の場合、事態は異なっている。労働力の価値は生産された商品には微塵も入り込まない。商品の価値へと入り込むのは、労働力の「使用」によって、つまり、労働の支出によって**新たに発生した**価値である。生産手段と労働力が価値形成の際に果たす異なった役割は、以下のように理解することができる。使用された生産手段の価値が変動するならば、それに対応して生産物の価値が変動する。労働力の価値が変動しても、生産物の価値には何ら影響を与えない。労働者が生産物にどれだけの価値を付加するかは、労働力の価値には依存しないのであり、むしろ、どれだけ支出された労働が価値形成的な、抽象的労働として通用するかにかかっているのである。

新たに付加された価値と労働力の価値の差が、まさに**剰余価**

---

29　この際、ある機械の「耐久年数」が、その物理的な摩耗に基づいているというのは部分的な理由でしかない。すぐに新しい、より性能のいい機械が市場にやってくるならば、機械の経済的な耐久年数は物理的なそれよりも、著しく短くなる。だから、一般的にコンピューターは、もはや作動しなくなったから処分されるのではなく、はるかに性能のいい機種が供給されるから捨てられるのである。

**値** m［訳注：剰余価値 Mehrwert の m］である。換言すれば、新たに付加された価値は、労働力の価値と剰余価値の合計に等しい。賃金の支払いへと用いられる資本の構成部分をマルクスは**可変資本**と呼び、v と略記［訳注：可変資本 variables Kapital の v］する。この資本部分は、生産過程の間に自らの価値を変える。労働者は v によって支払われるが、彼らは v+m という大きさの新たな価値を生産する[30]。

したがって、一定の期間（1日または1年）に生産される商品群の価値は

$$c+v+m$$

と表現される。ここで c は**使用された**不変資本の価値を示しており、つまり使用された原料と、使用された分に応じた道具と機械の価値である。

資本の価値増殖は可変資本部分からのみ生じる。したがって、価値増殖の度合いは、剰余価値と可変資本の関係から計測される。マルクスは、m/v の大きさを**剰余価値率**と呼んでいる。それは同時に、労働力の搾取の尺度でもある。剰余価値率は通常、パーセントで与えられる。たとえば、m=40、v=40 ならば、剰余価値率は 1 ではなく、100％であり、もし m=20、v=40 ならば、剰余価値率は 50％である、など。

剰余価値率は、価値増殖過程を学問的に熟知したことから得られる分析的カテゴリーである。剰余価値率は、われわれがすでに、いかにして価値増殖が実現されるかを知っていることを前提にしている。しかし、資本家の実践的意識にとっては、このカテゴリーは取るに足らないものである。資本家は、c+v の大きさの資本前貸しが m という大きさの**利潤**を獲得するため

30　すでに強調したように、労働力の価値は生産物へと移転されるのではなく、労働の支出によって、新しい価値が創造される。この新価値は計算上、v と m によって表現される。

に必要というように計算し、この利潤が実際にどのようにして実現されるかには関心を持たない（または、利潤は「資本の果実」と見なされる）。資本家たちにとっての価値増殖の尺度は、**利潤率** m / （c+v）である。利潤と利潤率は、資本主義の日常において決定的な役割を果たすが、それらはマルクスによって『資本論』の第3巻で初めて扱われる（本書第7章を参照）。とりわけこの点に関して、『資本論』全3巻に注意を払うことが不可欠である。

**労働日**の長さは必要労働時間（労働力の価値vが生産される時間）と剰余労働時間（剰余価値mが生産される時間）の合計からなる。ある特定の社会において、ある時点での労働力の価値が与えられているならば、必要労働時間の範囲もまた与えられている。だが、剰余労働時間の範囲はいまだ与えられていない。

あらゆる階級支配に基づく社会においては、「必要労働時間」（被搾取階級が自らの再生産のために必要な生産物を生産する時間）と「剰余労働時間」（剰余生産物、つまり総生産物のうち支配階級が取得する部分が生産される時間）は区別される。もちろん、マルクスは前資本主義的社会と資本主義的社会の間にある決定的な区別に注意を促している。「とはいえ、ある経済的社会構成体において、生産物の交換価値ではなくそれの使用価値が優位を占めている場合には、剰余労働は、［支配階級の：M.H.］諸欲求の範囲――狭いとか、広いとかの差はあっても――によって制限されているのであって、剰余労働にたいする無制限な欲求は生産そのものの性格からは発生しないということは明らかである。」（MEW 23, S. 250、『資本論』第1巻、401ページ）

しかし、このような資本主義的生産様式を特徴付ける「剰余労働にたいする無制限な欲求」を理由に、マルクスは個々の資本家にたいして道徳的非難を向けているわけでは決してない。たしかに、この剰余労働にたいする欲求は、――まさにこの欲求はいかなる制限も知らないため――資本は「労働者の健康と寿命にたいし、なんらの考慮もはらわない」(MEW 23, S.285、『資本論』第1巻、463ページ）ということを含意しており、したがって労働力の破壊も厭わない。だが、このことは個々の資本家の個人的な道徳的欠陥ではなく、資本主義的商品生産の論理の帰結である。

資本家が労働力を日価値で買ったのならば、彼には労働力を1日の間使う権利がある。だが、労働日の長さは決められていない。1労働日の長さは、労働者が肉体的、精神的回復をするのに必要な時間を残すためには、24時間よりも短くなければならないものの、それがどれだけ短くなければならないかは、明らかではない。もし、資本家が労働日を延長しようとするならば、それは資本家が、ただあらゆる他の購買者と同じように、購買した商品の使用価値を最大限に利用しようとしているだけである。それはわれわれが歯磨き粉チューブの最後の残りかすをもしぼり出そうとするようなものである。個々の資本家は、購買した商品の使用価値を最大限に利用することができるという権利を徹底的に行使するが、それはほかの資本家たちとの競争によって引き起こされるのである。

同様に、労働者たちが労働日を短縮しようと試みるときも、完全に購買と販売の論理の内部で彼らはふるまっている。労働力を新たに販売することができるためには、彼らは翌日には自らの労働力を再び標準的な状態で自由に処分できるようにしなくてはならない。しかし、もし今日の労働日が長過ぎるならば、そうすることはできなくなってしまう。

それゆえ、資本家が労働日を延長しようと試みるときも、労働者が労働日を短縮しようと試みるときも、同じように商品交換の法則を引き合いにだすことができる。労働日の限界は、商品交換の法則から導きだすことができない。このことは以下のことを意味している。

「したがって、ここでは、どちらも等しく商品交換の法則によって確認された権利対権利という1つの二律背反が生じる。同等な権利と権利のあいだでは力がことを決する。こうして、資本主義的生産の歴史においては、労働日の標準化は、労働日の諸制限をめぐる闘争——総資本家すなわち資本家階級と、総労働者すなわち労働者階級の一闘争——として現れる。」(MEW 23, S. 249、『資本論』第1巻、400ページ)

労働者が資本にたいして十分な抵抗を示すことができず、破壊された労働力にたいする十分な補充があるならば、いつでも資本はあらゆる物理的限界を超えて労働時間を延長する。マルクスが『資本論』のなかで詳細に描いている標準労働日をめぐる闘争は、まず19世紀のイングランドで、その後他の国々でも、1日の労働時間の法律的制限をもたらした。この過程における国家の特殊な役割については、第11章でまた立ち返るだろう。

## 5.2 絶対的剰余価値と相対的剰余価値、競争の強制法則

資本という自己増殖する価値は価値増殖の内的限界を知らず、したがって結局のところ、資本は一度達成された価値増殖の程度では満足できない。価値増殖の尺度である剰余価値率m/vから出発するならば、資本の価値増殖を大きくするために、2つの根本的な可能性があり、それらをマルクスは絶対的剰余価値と相対的剰余価値と呼んでいる（だが利潤率を価値増殖の尺度として考察する第7章では、さらなる可能性が示されるだろう)。

労働力の価値が与えられている場合、m/v が大きくなるのは、m が増大する場合である。個々の労働力によって生産される

剰余価値の量は、剰余労働時間を延長することで大きくさせることができ、労働日の延長によって剰余労働時間は延長される。労働日の延長による剰余価値と剰余価値率の増大をマルクスは**絶対的剰余価値**の生産と呼んでいる。

（法律による）標準労働日の確定によっては、絶対的剰余価値の生産はいまだその限界に衝突しない。労働日の延長は、1日の労働時間数が大きくなることだけによってではなく、この労働時間がより効率的に徹底して利用されることによっても生じる。それは、休憩時間を短くしたり、特定の仕事の準備を労働時間としてカウントしないようにしたりすることなどから生じる。さらに、労働強度の強化は（つまり、作業速度を速めることによって）、労働日の延長と同じ効果を持つ。より強度の高められた労働日は、労働日が延長された場合とまったく同様に、標準的な労働日よりも一層多くの価値生産物を供給する。労働時間の徹底した利用と労働強化への取り組みは、今日でも企業において日常的に行われていることである。

だが剰余労働時間は、労働日の長さの延長や労働時間の徹底した利用がなくとも増大させることができる。つまり、必要労働時間が短縮される場合であり、労働力の価値が減少する場合である。8時間労働日の場合、これまで労働力の日価値を生産するのに4時間必要とされていたならば、4時間の剰余労働が残っていたことになる。もし、労働力の価値を生産するのに3時間で足りるならば、5時間の剰余労働時間が残る。必要労働時間の減少による剰余価値と剰余価値率の増大を、マルクスは**相対的剰余価値**の生産と呼んでいる。

必要労働時間は、労働力が自らの再生産のために必要とする生活手段の価値を生産するのに十分でなければならない。労働力の価値が完全に支払われるならば（そしてこのことは、「標準的な」資本主義的関係が考察される場合には、想定されなくてはならないのであるが）、必要労働時間の減少が可能となるのは、必要なものとして通用している生活手段の範囲が縮小する場合か（つまり、労働者階級の「標準的な」生活水準が低下する場合であるが、これは貫徹されることが難しく、継続的にではなく、せいぜい一時的に生じ得ることである)、または、──これはここで扱われるべき典型的場合であるが──この生活手段の価値が下落する場合である。

後者が生じるのは、労働の生産力が、生活手段（この言葉は、最も広い意味で理解されなくてはならず、食料だけではない）を生産する部門において上昇する場合か、生活手段の部門のために原料や機械を供給する部門で、生産力が上昇する場合である。より廉価な生産手段によって、それを用いて生産される生活手段の価値もまた下落する。労働の生産力の上昇が生活手段の価値を減少させ、それによって労働力の価値が下落することをつうじて相対的剰余価値が生産される。

したがって、労働時間の延長と生産力の上昇が、資本の価値増殖の程度を高めるための2つの根本的な可能性である。しかし、これら2つの可能性が実現されるのは、個々の資本家の**行為**によってのみである。

資本家が労働時間の延長に関心を持つということは、容易に納得のいくことである。労働力の価値が与えられているならば、労働日を延長する時間ごとに、個々の資本家が受け取る剰余価値を直接的に高めるのである。

しかし、労働の生産力の上昇に関しては事情が異なっている。たとえば、もし机の生産者が生産力を高めるならば、机は安くなる。しかし、労働力の価値へと机が入り込む程度だけしか、労働力は安くならない。その効果はわずかで、時間的にもたいてい遅れてしか進行しない。このような小さく、不確実なメリットでは、生産力上昇への**個人的動機**としては不十分である。

個々の資本家を生産力の上昇へと動機付けるのは、実際、まったく異なるものである。個人的に支出された労働時間が価値形成的なものとしてどれだけ換算されるかは、（とりわけ）ある財の生産のために「社会的必要労働時間」（つまり、ある特定の社会的に一般的な労働の生産力と強度の状態のもとで必要な労働時間、本書3.1節を参照）が費やされたかどうかにかかっている。たとえば、ある型の机を製造するのにかかる社会的必要労働時間が10時間だとしよう。そして、1人の生産者だけがこの机を8時間で製造できるようになったとすると、他の生産者が10時間かけて作るのと同じ価値生産物を、彼は8時間で作ったことになる。つまり、彼は8時間の労働の生産物を、10時間の労働の生産物のように販売することができるのである。

もしある資本家が先立って、ある特定の生産過程において労働の生産力を高めるならば、まさに同じことが起きる。ある特定の財、たとえばコンピューターの生産に200の価値の不変資本cが用いられるとしよう。さらに、直接的労働の8時間からなる1労働日が、コンピューターを半製品から製造するのに必要だとしよう。労働力の日価値は80であり、剰余価値率が100％だとすれば、ある労働力によって生産される日々の剰余価値は同様に80である。こうして生産物の価値は、

$$c + v + m = 200 + 80 + 80 = 360$$

となる。この資本家が（さしあたりは1人だけ）、このコンピューターの組み立てに必要とされる8時間の直接的労働時間を4時間へと削減することに成功したと仮定しよう。コンピューターの価値は社会的な平均的割合によって算定されるので、さしあたり360のままである。だが、われわれの抜け目ない資本家は、可変資本をもはや80ではなく、ただ40だけ支出すればよい。したがって、彼が生産のために要する費用は、

$$200\,(\text{不変資本}) + 40\,(\text{可変資本}) = 240$$

だけである。この資本家が生産物を360で販売するならば、

彼には120の剰余価値が残る。こうして、コンピューター1台ごとに社会的に一般的な剰余価値80に加えて、われわれの資本家は、特別剰余価値40を獲得するのであり、剰余価値率は100％でなく、300％である。この**特別剰余価値**、または**特別利潤**が（本書5.1節で利潤について述べたことを参照）――つまり労働力の将来的な低廉化ではなく――資本家にとって労働の生産力を上昇させる動機となっている。

新しい生産方法がまだ一般化しない間、資本家は特別剰余価値を受け取り続ける。しかし、新しい生産方法が浸透してしまうならば、それはコンピューターの生産にたいする社会的必要労働時間が減少したことを意味する。その間に他の事情がすべて同じままであったとするならば（労働力の価値、不変資本の諸要素の価値など）、新しい価値は、

$$c + v + m = 200 + 40 + 40 = 280$$

となり、われわれの資本家にとっての特別剰余価値は消え去ってしまうだろう。彼の剰余価値率は再び100%になるであろう。

しかし、もうしばらくの間、先立って生産力を上昇させた資本家のもとにとどまることにしよう。彼は同じ量の生産物を生産するために、同じ量の直接的な労働時間をもはや必要としなくなっている。彼は、以前と同じ量をより少ない労働力を使って生産するか、または同じ労働時間と労働力の量で、より多くの量の生産物を作り出すことができる。第1の可能性は、たいてい資本家にとってまったく現実的なものではない。というのも、労働の生産力の上昇はしばしば、生産規模が同時に拡大されることによってのみ可能になるからである（次節でこの連関へ戻るだろう）。一般的に生産力の上昇は生産物の数の増大をともなって生じると考えてよい。より多くの生産物の量を売るための最も単純な手段は、価格を下げることである。個々の生産物は以前の価値よりも低く販売される。もし、われわれの創

意に富んだ資本家が彼の生産物を以前の価値より低く販売するとしても、彼は特別剰余価値をすっかり諦めてしまう必要はない。先の例で言えば、（自身の費用は240であった）コンピューターを360の代わりに350にして販売すれば、剰余価値の合計は110であり、それは一般的な剰余価値80に比較して、なおも30の特別剰余価値を示している。しかし、われわれの資本家の売れ行きがより大きくなるということは、――より大きな総需要を引き起こす経済的変化がそれ以外に何もないとするならば――同じ商品を供給している他の資本家たちの売れ行きが下がり、極端な場合には破産してしまうということを意味している。もし、彼らが市場でのシェアを守りたいならば、彼らも同じように低価格で販売しなくてはならない。だが、生産の仕方が変わらないのなら、低価格で販売することで、彼らの獲得する剰余価値は減少してしまうだろう。したがって、価格競争に追随してゆくためには、他の資本家たちに残されている選択肢は、同様に労働の生産力を高め、費用を削減すること以外に残されていない。

こうして、たとえ資本家たちが個人的には資本の価値増殖の一層の増大にまったく関心を持っていないとしても、競争が1人の資本家によって着手された生産力の上昇に追随することを他の資本家たちに強制する。**資本の内在的法則**は、労働日の延長や生産力発展の傾向のように、個々の資本家たちの意志とは独立の法則である。この法則は**競争の強制法則**として資本家たちにたいして貫徹する。資本家たちは皆この強制を知っているため、普通は競争相手によって強制されるまで待つことはせずに、我先にと生産力を上げようとする。そうすることで、つねに損失を最小限にするだけというのではなく、少なくともいくらかの特別剰余価値を獲得できる。結果的に、あらゆる資本家たちは、自らがプレッシャーをかけられるだけでなく、他のすべての資本家にプレッシャーをかける。彼らは、盲目的な「物象的強制」に従うことによって、互いにプレッシャーをかけあっている。たとえある資本家が個人的に満足していたとしても、資本家でいたいならば、彼は一層大きな利得の追求をやめることができない。

## 5.3 相対的剰余価値生産の方法：協業、分業、機械設備

資本主義的生産が始まるのは、より一層多くの労働者たちが資本家の命令のもとで同じ商品種類の生産のために共同作業をするようになる時である。たった今、1人か2人の労働者を雇うのに成功した貨幣所持者が、自分の生活を成り立たせるために依然として生産過程で自らも一緒に働かなければならないとすれば、彼はいまだ厳密な意味での資本家ではなく、「小親方」である。彼が人格化した資本として活動できる場合、つまり資本主義的生産過程の組織と管理ならびに生産物の販売に全時間を捧げることができるようになって初めて、彼は資本家になる。

多くの労働者たちの**協業**は、技術的な生産条件の変更がなくとも、2つの理由から生産物を廉価にする。一方で、生産手段の多くが共同で使用され、生産物により少ない価値構成部分を引き渡す（100人の労働者は、10人の労働者よりも10倍生産するだろうが、たとえば、10倍の建物などは必要ない）。他方では、多くの労働力が一緒に働くことである新しい力が生じる。たとえば、大きな切り株は1人の労働者によってはどれだけ長い時間があっても動かすことはできないが、それにたいして4人の労働者はそれをすぐに動かすことができる。10人が列になって物を運べば、1人1人が全経路を進むよりも、ずっと早く運搬することができる等。

労働の生産力のさらなる上昇は、**分業**によって達成される。複雑な労働過程は、多くの単純な部分機能へと分解される。たいていの場合、これらの部分機能は個々としてみれば、分業が

行われていない場合よりも早く遂行される。適切な訓練と経験によって、また特別な、この部分機能に適した道具に助けられて、個々の、部分機能に特化した労働者は、さらに素早く作業を行うようになる。他方で、個々の労働者は、自立性を著しく失った部分労働者になり、偏った負荷が身体および精神に不具合をもたらすこともある。機械をまったく使っていないか、ほんの少ししか使っていない、広範な分業に基づいた生産過程からなる経営を**マニュファクチュア**という。

20世紀の初めには、分業が**テイラー主義**（それはエンジニアであるF.W.テイラーの名からつけられた）によって限界まで推し進められた。テイラーは、個々の労働力にほんの少しだけの運動を割り当てるために、労働過程内部の運動を最小要素へと分解した。時間の浪費や隠れた休憩などがこうして最小限に抑えられると考えたのである。とりわけベルトコンベアー生産で、そのような考え方が適用された。とはいえ、資本の価値増殖のためのこうした極端な分業は、メリットだけをもたらしたわけではない。とりわけ、高い品質が求められる複雑な生産物においては、欠陥品があまりにも多く生産されることとなり、過度の分業はむしろ障害になることが判明した。こうして、20世紀の資本主義的生産過程の発展においてはテイラー主義の拡大と制限が代わる代わる生じたのだった。

労働の生産力の決定的な上昇は、**機械**の使用によって達成された。機械は単なる大きな道具ではない。本質的なのは、その道具はもはや個々の人間の手によって使われる道具ではないということである。道具は機構の道具になっている。1つの機械によって同時に作動させられうる道具の数は、人間の制限から解放される。生産力のさらなる上昇は、労働対象が通過しなければならない1つの**機械体系**へと個々の機械が結合されることによって達成される。機械制生産に基づく経営を**工場**という。

工場のなかで、人間に残されているのは、まだ機械化されていない個々の活動であるが、とりわけ機械を監視し、修理し、整備し、機械が引き起こす欠陥を除去するという任務である。この任務がコンピューターによって代替されようとも、根本的には変わらない。たしかに監視と管理の任務の多くは機械によって行われるようになるが、管理しているコンピューターもモニターされなくてはならないし、プログラミングは変化する要求に合わせて、変更されなくてはならない。

**マニュファクチュア**での分業は、労働力の手工業的な技能に端を発している。たとえそれが「細部技能」へと還元されているとしても、この主体的な技能に資本は頼っている。機械制生産に基づく**工場**では、事態は根本的に変化する。

「この主体的な分割原理は、機械制生産にとってはなくなる。この場合には、総過程は客体的に、それ自体として考察され、それを構成する諸局面に分割され、そして、それぞれの分割過程を遂行し、相異なる部分過程を結合する問題は、力学、化学などの応用によって解決される。」(MEW 23, S. 401、『資本論』第1巻、655ページ)

こうして機械制生産とともに、資本は、個々の労働力の特殊技能から大きく切り離される。個々の労働力は、もはや単に部分労働者の機能へと還元されるのではなく、発展した、順調に機能する機械体系の内部では、このシステムの単なる付属物になってしまう。労働者にたいする資本の支配は、いまやいわゆる機械体系において物質化する。

「労働過程であるだけでなく、同時に資本の価値増殖過程でもある限り、すべての資本主義的生産にとっては、労働者が労働条件を使用するのではなく、逆に、労働条件が労働者を使用するということが共通しているが、しかしこの転倒は、機械とともにはじめて技術的な一目瞭然の現実性をもつものになる。労働手段は自動装置に転化することによって、労働過程そのもののあいだ、資本として、生きた労働力を支配し吸い尽くす死

んだ労働として、労働者に相対する。」(MEW 23, S. 446、『資本論』第1巻、728ページ)

協業、分業、機械設備の導入は、労働の生産力の向上をもたらす。同じ労働の投入によって、より多くの生産物が製造されうるため、個々の生産物の価値は低下する。しかし、高められた**労働の生産力**は、資本主義的生産条件のもとでは、**資本の生産力**として現れる。このことはすでに単純な協業についてあてはまる。バラバラとなった労働力は、彼らの協働から生じる追加的な生産力を、バラバラとなったままでは利用できない。彼らは資本の命令のもとで初めて協業するのである。そのため、この追加的生産力は、資本に属する生産力に見える。この印象は、マニュファクチュアや工場で一層強まる。個々の労働力は、マニュファクチュアや工場の外部ではほとんどの場合まったく役に立たないような部分機能へと還元される。労働者が自らの能力を用いて何かを始められるということが、資本によってもたらされた結果のように見えるのだ。自ら生産力を備えた力としての資本の現象を、**資本物神として**考えることができる。商品物神のように、資本物神も単なる虚偽意識や誤りといったものではない。むしろ、それは生産過程の資本主義的組織にその物質的基盤を持っている。

「生産上の精神的諸力能は、多くの面で消滅するからこそ、1つの面でその規模を拡大する。部分労働者たちが失うものは、彼らに対立して資本に集中される。部分労働者たちにたいして、物質的生産過程の精神的諸力能を、他人の所有物、そして彼らを支配する力として対立させることは、マニュファクチュア的分業の一産物である。この分離過程は、資本家が個々の労働者に対立して社会的労働体の統一と意志を代表する単純協業において始まる。この分離過程は、労働者を不具化して部分労働者にするマニュファクチュアにおいて発展する。この分離過程は、科学を自立的な生産力能として労働から分離して資本に奉仕さ

せる大工業において完成する。」(MEW 23, S. 382、『資本論』第1巻、625〜626ページ)[31]

別の見方をすれば、機械設備の導入による生産力の上昇は、協業や分業による生産力の上昇から根本的に区別される。機械設備の導入は資本家にいくらかの費用を強いるのであり、機械は、生産過程のなかで使用されるので、その価値を生産物へと移転する。つまり、生産物を安くする代わりに、機械設備の導入はまず生産物の値上げをもたらす。全体として、生産物が廉価になるのは、生産にあたっての直接的な労働時間の節約が機械の価値移転による値上がりを上回る場合だけである。

ある特定の生産物を製造する際に、50の価値の原料と、標準的な条件のもとで80の価値を生産する8時間の労働時間が用いられると想定しよう。そうすると、生産物の価値は

**50(原料)+80(労働時間)=130**

となる。この生産物が機械によって生産される場合を想定しよう。機械は、20,000の価値を持っており、それが使い切られるまでに1,000個の生産に役立つとする。そうすると、1個当たり、20の価値が移転される。機械によって製造された個々の生産物は、さしあたり、この20だけ値上がりする。もし3時間の労働が節約されるならば、8時間の代わりに5時間が必要とされ、機械によって製造された生産物の価値は

**50(原料)+20(機械)+50(労働時間)=120**

となる。生産物は合計で10の価値単位分安くなった。機械の20単位の価値移転を、3時間の労働時間の節約が上回った。

31 資本主義的生産にとっての知と科学の重要性の増大は、「産業社会から知識社会」への移行という最近流行の言葉が示唆するような、新しい現象ではまったくない。そして、ときおり主張されるように、それによって生産の資本主義的形態規定が疑問視されるようになるなどということはなおさらない。

もし1時間しか労働時間が節約されないとしたならば、機械生産物の価値は上昇し、機械は生産力の上昇や生産物の低廉化に寄与しなかったことになるだろう。

しかしながら、機械の資本主義的使用には、機械の導入が生産物を一般に安くするだけでは十分ではない。資本家は生産物の**価値**ではなく、**剰余価値**に関心がある（もしくは利潤に関心がある。本書5.1節のコメントを参照）。前節で詳述されたように、資本家が生産力の上昇を導入するのは、社会的平均よりも彼の個人的な費用が小さくなり、標準的な剰余価値（利潤）のみならず特別剰余価値（特別利潤）をも受け取るためである。上で述べられた例において、100%の剰余価値率を想定しよう。8時間労働し、80の価値を作り出す労働者は、40を賃金として受け取る。残りの40は、1個当たりの生産物におけるわれわれの資本家の剰余価値である。機械の導入前に、われわれの資本家の費用は、

50（原料）+ 40（8時間の賃金）= 90

であったが、機械の導入後の費用は、

50（原料）+ 20（機械）+ 25（5時間の賃金）= 95

であろう。この機械は、該当する生産物にたいする労働の**総支出**を減らしはするものの、導入されないだろう。なぜなら、それは資本家の**費用**をも減らしはしないからだ。資本家の費用が減るのは、賃金（生産物1個あたり）が、個々の生産物の価値へと機械が引き渡す価値よりも節約される場合のみである。われわれの例では、機械の価値の引き渡しが20なので、機械導入が資本家に報いるためには、4時間以上の労働が節約されなくてはならない。別の言い方をすれば、機械制生産において、個々の生産物にたいして使用される**追加の不変資本c**は、労働時間の減少によって節約された**可変資本v**よりも小さくなけ

ればならない。したがって、資本家は生産物1個あたりにたいして任意の量の追加の不変資本を用いることはできず、生産物1個あたりの可変資本を節約するだけの分が追加の最大量である。

したがって、(個々の生産物へと一定の価値を引き渡す)ある機械が導入されるかどうかは、どれだけの可変資本が機械によって節約されるかにかかっている。しかし、節約された可変資本は、節約された労働時間のみならず、賃金の高さにも依存している。われわれの上の例では、労働者は8時間労働日で40の賃金を受け取ったが、それは1労働時間あたり5に相当する。3時間の節約された労働時間は、可変資本15の節約であり、それでは機械の導入は資本家にとってメリットをもたなかった。だが、賃金がもっと高く、たとえば1労働時間あたり8ならば、3時間の節約された労働時間で24が支払われていたであろう。この労賃水準では、節約された可変資本は、追加の不変資本(われわれの例では20)を上回って、われわれの資本家の費用は減少することになるだろう。低い賃金のところでは、資本家にとって費用節約をもたらさないために導入されないような機械が、賃金水準が高いところでは費用節約をもたらすかもしれず、その場合には機械が導入される。

## 5.4 資本主義的生産力発展の破壊的潜在力

協業的労働過程は調整を必要とする。資本主義的生産過程では、この機能を資本家が引き受ける。しかし、資本家による指揮は、技術的・組織的機能を果たすのみならず、同時にまた搾取を組織するのであり、したがって搾取者と被搾取者の対立によって制限されている。このことからマルクスは、資本主義的指揮とは「形態的には専制的である」と結論している(MEW 23, S. 351、『資本論』第1巻、576ページ)。軍隊と同様に、労働者の数が大きくなってくると、資本の名のもとで命令する産業士官および下士官が必要となってくる。

20世紀になると、企業の支配関係の形態は部分的にではあるが、大きな変容を経験した。資本主義的専制は、一方では法律的規制、他方では、労働組合との交渉過程によって制限されることになった。とりわけ過去10年間には、一連の部門で労働過程にたいする被雇用者の自律性を資本の側から強めようとする傾向さえ存在した。もちろん、これらすべての変容を通じて、資本主義的生産の目的、つまり資本の価値増殖、剰余価値の生産に疑問がなげかけられたというわけではない。ただ、この目的を貫徹するための異なったやり方が問題になったにすぎない。つまり、スキルが求められる活動においては、被雇用者を絶えざる圧力と管理によって強制するよりも、高度の自律性によって彼らの経験と潜在能力を自発的に発揮できるように動機付ける方が、しばしばより好都合なことが判明したのであった。しかし、この自律性の結果は、被雇用者にとっては大半の場合、旧来の専制的形態と同様に破壊的なものであり、違いは、この破壊がいまや自分たちによって組織されて進展するということだけである（近年の企業の傾向については、Wolf 1999, Gließmann/Peters 2001を参照）。

資本主義的生産力の上昇がもたらす労働力にたいする破壊的な傾向は、労働時間の拡張と、最近では「フレキシブル化」の傾向において直接的に示されている。たしかに、生産力の上昇によって、同じ量の生産物をより短い時間で製造することができる。しかしながら、資本主義的条件のもとでは、生産力の上昇は労働時間の短縮をもたらさない。とりわけ、生産力の上昇が機械の投入によって達成された場合には、むしろ機械の稼働時間を可能なかぎり長くするために、労働時間の延長、ならびに交代制・夜間労働をもたらす結果となった。それにはいくつかの理由がある。

新しい機械がまだ社会的な基準になっていない間には、新しい機械を使って生産する資本家は特別剰余価値を獲得する。この例外的状態で、彼がより多くの生産物を作り、販売すればするほど、この特別剰余価値は大きくなる。後に機械の導入が平均的な生産条件になったとしても、長時間の機械稼働はいまだにメリットをもっている。どれだけの期間、機械が利得をもたらすように使用されうるかは、機械の物理的な摩耗のみならず、新しくて、より良い機械が市場に存在しているかどうかにもかかっている。機械が自らの価値を、その機械を用いて生産される生産物により早く移転すればするほど、機械が自らの全価値を移転しおえる前に、新しいより性能が良い機械と交代しなければならないというリスクが少なくなる。労働時間の延長が、法律あるいは労働協約による制限に基づいた限界にぶつかるならば、資本家はきまって無理矢理労働の強度を高めようとし、たとえば、機械のテンポを上げるのである。

個々の労働力の制限から生産過程が解放され、客観的過程として科学的研究の対象にされるようになることで、近代的資本主義的工業は、「ある生産過程の現存の形態を決して最終的なものとして」は取り扱わない。「それゆえ、これまでの生産様式の技術的基盤はすべて本質的に保守的であったが、近代的工業の技術的基盤は革命的である」(MEW 23, S. 511、『資本論』第1巻、833〜834ページ)。生産の技術的基礎は、くりかえし変革され、労働の生産力は絶えず上昇する。その際の唯一の動機は利得の上昇である。この過程が進行する際には、新しい機械を調達し、全生産設備を建設するために多大な投資が行われることになる。この投資が生産物の低廉化に役立つならば、それは必要なものと見なされる。それにたいして、被雇用者の労働条件をより快適にしたり、健康上・事故の危険を減らすための投資は、利得からの控除であり、回避される。今日でも多くの分野でいまだに、以下のような状況が見受けられる。

「工場制度のなかではじめて温室的に成熟した社会的生産手段の節約は、資本の手のなかでは、同時に、労働中の労働者の生存諸条件、すなわち空間、空気、光の組織的強奪、生産過程での人命に危険な、または健康に有害な諸事情にたいする人的保護手段の組織的強奪となる。」(MEW 23, S. 449 f.、『資本論』第1巻、734ページ)

極めて簡単な労働条件の向上を実現するためにすら、法律的強制や被雇用者の断固とした抵抗がくりかえし必要とされる。そのため、次のようなマルクスの発言は依然としてアクチュアルである。

「資本主義的生産様式には、もっとも簡単な清潔・保健設備でさえ、国家の強制法によって押しつける必要があるということ、これ以上にこの生産様式をよく特徴付けうるものがほかにあるだろうか?」(MEW 23, S. 505、『資本論』第1巻、826ページ)

資本主義的生産の唯一の目的は、剰余価値の絶えざる生産である。競争は資本家たちを、資本家の地位からの没落という罰によって、一層大きな剰余価値の追求を行為の目的とするように強制する。労働力とまったく同様に、**自然**もまたこの目的を達成するための単なる手段にすぎない。自らの内在的な論理にしたがって、資本は個々の労働力の破壊にたいしてとまったく同様、自然的な生活基盤の破壊(排水や排ガス、地域全体の破壊や汚染によって)にたいしても無関心な態度をとる。こうして今日、気候変動に基づく地域的あるいは、世界的なエコロジーの荒廃が予見されているにもかかわらず、世界中で、化石燃料エネルギー源の燃焼に基づく工業的生産様式が維持され、広がっている(Altvater 1992参照)。

資本主義的発展のこうした破壊的潜在力は、労働者の抵抗や、国家権力によって「外部から」しか制限されえない。そのような制限がなかったり、制限が弱められたりする場合には、たちまちこの破壊的潜在力は再び強く、その力を発揮するようになる。破壊的潜在力は資本主義的生産に内在的なものである。したがって、以下の記述は今日にもあてはまる。

「それゆえ資本主義的生産は、すべての富の源泉すなわち土地および労働者を同時に破壊することによってのみ社会的生産過程の技術および結合を発展させる。」(MEW 23, S. 529 f.、『資本論』第1巻、864ページ)

工業的生産様式に端を発する大規模の環境破壊と健康被害に直面して、60年代後半以降、この破壊が**工業的**生産の素材的条件のうちにすでに含まれているのか、または、この破壊は**資本主義的**条件によって初めてもたらされるのかが、激しく議論された。

この問題に関する明確な議論は、マルクスには見いだされない。もちろん、マルクスは、「社会的生産過程の発展による生産性の増大と、社会的生産過程の資本主義的利用による生産性の増大」を区別しなければならないと強調している(MEW 23, S. 445、『資本論』第1巻、727ページ)。したがって、マルクスが工業的生産過程を「即自的には」肯定的に見ており、資本主義的な覆いのみを批判していたとしばしば想定される。これはマルクス・レーニン主義の立場でもあった。そうした解釈にしたがって、ソ連では、資本主義的生産方法が部分的に、まったく無批判なままに模倣された(そのようなマルクス解釈にたいする批判としてはJacobs 1997を参照)。

いずれにせよ、マルクスの時代においてよりも今日明らかになっているように、いかなる工業的生産過程も、単純にその資本主義的使用から切り離しただけで、突如としてただ有益な効果だけをもたらすようになったりはしない。工業化に見られるいくつかの発展傾向は、資本主義的に使用されているという理由だけによって破壊的なわけではない。社会主義社会になっても、原子力エネルギーが使用されるならば、そのリスクは非常に大きいであろうし、同様に化石燃料の広範な投入は気候変動を引き起こすだろう。資本の破壊的潜在力は、テクノロジーの**使用**の仕方においてのみならず、特定の技術的・工業的**発展方向**の**選択**においても現れているのである。

## 5.5 形態的包摂と実質的包摂、フォーディズム、生産的労働と非生産的労働

労働過程があるがままの状態で資本へと従属させられるという事態について、マルクスは**資本のもとへの労働の形態的包摂**という言葉を使っている。前資本主義的な状態との唯一の相違は、労働者が自分自身のために労働する代わりに、いまや資本家のために労働するということである。ここで、資本主義的な強制関係が現れるのは、労働者が自己の維持に必要な時間よりも長く働き、資本家はその際に発生した剰余生産物を取得するという点においてだけである。形態的包摂の基礎の上では、絶対的剰余価値の生産だけが可能である。

労働過程が生産力を上げるために作り変えられるという事態については、マルクスは**資本のもとへの労働の実質的包摂**という言葉を使っている。資本の指揮のもとでの労働過程はいまや形態的のみならず、実質的に、つまり全組織と構造の点で前資本主義的労働過程から区別される。資本主義的生産様式は、自らに照応した生産の物質的姿態を作り出す。実質的包摂は形態的包摂を基礎にして初めて可能である。資本のもとへの労働の実質的包摂によって、相対的剰余価値の生産が可能になる。

これまでのところわれわれは、相対的剰余価値の生産の考察にあたって、労働力（もしくは労働者の家族）の再生産に必要とされる生活手段の量的規模は不変であり、労働者階級の生活水準は変わらないということを想定してきた。しかし、現実には必ずしもそうとはかぎらない。

8時間労働日で、100%の剰余価値率としよう。その場合、

労働日は労働力の価値を再生産するための4時間の必要労働時間と、剰余価値が生産される4時間の剰余労働時間に分けられる。さらに、8時間で生み出される価値の貨幣表現が、標準的な条件のもとで160ユーロであると想定しよう。そうすると、労働力の日価値は80ユーロであり、日々生産される剰余価値も同様に80ユーロである。

さて、労働の生産力が全ての部門で2倍になったとする。[32] すると、全ての財は今までの労働時間の半分で生産されることができるのであり、その価値は半分になる。労働力の日価値は4時間の代わりに、2時間だけで生産されるのであり、その価値は80ユーロから40ユーロへと下落する。すると剰余労働には追加の2時間が残っていることになり、その大きさは4時間から6時間へと拡大する。剰余価値は80ユーロから120ユーロに増える。なるほど労働力の価値は80ユーロから半分の40ユーロになったが、40ユーロで以前の80ユーロとまったく同じだけの生活手段を買うことができる。つまり、労働者家族の生活水準は同じままである。

ここでさらに、労働者たちがたとえば、労働争議あるいは労働力不足によって、賃金として、2時間の労働によって生み出された価値のみならず、3時間で作り出された価値、つまり40ユーロの代わりに60ユーロを受け取ることに成功する場合を考えてみよう。この場合には、労働力の価値は依然として下落し（80ユーロから60ユーロ）、剰余労働は依然として1時間分増大している（4時間から5時間に増え、剰余価値は100ユーロ）。にもかかわらず、いまや労働者の家族の生活水準は上がっているだろう。というのも、生活手段の価値は、生産力の倍増によって半減しているが、労働者の家計は半分にはなっ

---

32　この非常に大きな上昇は、以下の計算を単純化するために想定されているにすぎない。とはいえ、数十年単位で離れている時期を比べるならば、生産力が2倍になるというのはまったくありうることである。

ておらず、以前の賃金の4分の3を自由に処分できるからである。われわれの労働者世帯が今40ユーロで、以前の80ユーロと同じだけの生活手段を買うことができるが、自由に処分できる60ユーロを持っているのならば、生活手段の範囲は50%増大している。または、今日よく使われる概念において表現すれば、**名目賃金**（貨幣において表現される賃金）は25%下落したが（80ユーロから60ユーロ）、**実質賃金**（つまり購買力において表現された賃金）は50%上昇した（50%多い財が購買されうる）。

生産力の上昇は、**労働者階級の生活水準の向上**が、**資本家によって取得される剰余価値の上昇**をともなって現れるということを引き起こした。労働力の価値の減少は、個々の労働力によって生産された剰余価値の同時的増大においては、剰余価値率m/vと、それとともにまた労働力の搾取が増大したことを意味する。したがって、**搾取の増大**（つまり労働日のより大きな部分が剰余労働として役立つ）と**労働者階級の生活水準の向上**は、決して排他的ではない。

最後に、われわれの例で、さらに労働時間の短縮が起きることもありうる。日々の労働時間が8時間から7.5時間へと減少すると想定しよう。もし、労働力が以前と同様に60ユーロ（3時間で生み出された価値）を受け取るとするならば、剰余労働時間としてまだ4.5時間（生産力上昇の前に比べ半時間多い）が残っているのであり、剰余価値は90ユーロである（それは、生産力が上昇する前よりも10ユーロ多い[33]）。

最後に素描された例は、――正確な量的関係に関してではないが、その傾向において――先進資本主義諸国の発展に照応している。今日これらの諸国で、労働者階級は50年前や100年

33 労働時間の短縮においては、たいてい労働が強化される（同じ時間内により大きな価値生産物が生産される）。それは剰余価値のさらなる増加に寄与するであろう。しかし、ここでの例では、このことは考慮されていない。

前よりも高い生活水準を享受し、短い時間しか働いていないということは、――しばしば主張されているように――搾取が減少したとか、あるいはすっかり消失したということを決して意味しない。すでに前章で強調されたように、搾取は特別に悪い、惨めな状態を指すのではなく、労働者たちが賃金の形で受け取るよりも大きな価値を作り出しているという事態を表している。搾取の度合いは生活水準によってではなく、剰余価値率によって計られるのである。そして、その際に生活水準の向上と労働時間の短縮が、剰余価値と剰余価値率の上昇とともに進行するということはまったく可能である。

ただし、今素描された、相対的剰余価値の生産に端を発するダイナミクス（加速的な技術的発展、利得の上昇に伴う労働者階級の生活水準の向上）には、ここまでまだ言及されていない、ひとつの前提がある。それは、労働者世帯の消費に入り込む生活手段の大半が、資本主義的に生産されなくてはならないという前提である。労働者世帯が生活手段の大部分を自ら生産するか、または小農や小手工業者から手に入れる限りでは、資本主義的経営における生産力上昇はたしかに短期的な特別剰余価値をもたらすものの、労働力の価値の減少はわずかにとどまる。20世紀を通じて初めて、労働者世帯によって用いられる財の大半が、実際に資本主義的に生産されるようになった。その際、いわゆるフォーディズムが決定的な役割を果たした。ヘンリー・フォードは自らの自動車工場において1914～1915年以来、労働過程をテイラー主義にのっとって分解することで、モデルTをスタンダード化された大量生産品としてベルトコンベアーで生産し、大きな低廉化に成功した。その結果、この自動車は国民の幅広い層の消費財となった。同時に、フォードは、労働力の流動化を少なくするために、賃金を当時の平均よりも大きく引き上げた。第2次世界大戦後、フォーディズムはアメリカと西ヨーロッパの広い範囲で導入された。一方で、テイラー主義とベルトコンベアー生産は、自動車、冷蔵庫、洗濯機、テレビなどの大量の消費財を絶えず廉価にし、他方では、実質賃金を高めた。労働力の価値は実質賃金の上昇にもかかわらず低下したので、利得は増大した。スタンダード化された大量生産、大量消費の拡大および利得の増大は、20年弱にわたって一緒に進行し、戦後期の「経済奇跡」の唯一とは言わなくとも、重要な基礎であった。

経済的形態規定から独立に考察するならば、労働過程の目的は、特定の使用価値の生産である。労働過程の観点からは、この使用価値を作り出す（またはそれに関与している）労働は生産的労働である。それにたいして、資本主義的生産過程の目的は、剰余価値の生産である。資本主義的生産の観点からは、剰余価値を生産する労働のみが**生産的労働**である。以下において生産的労働が言及される際に、もし何も他のことが言われない場合には、つねにこの資本主義的意味での生産的労働が念頭におかれている。

特定の種類の労働支出にあたって、資本主義的な意味での生産的労働が問題になっているかどうかは、この労働の具体的性格**ではなく**、労働が支出される際の経済的状況にかかっている。私がピザを焼き、それを自分で食べるか、友人に提供するならば、私はたしかに使用価値を作り出したが、商品は作り出していない（ピザは販売されていない）。したがって、私は価値や剰余価値を生産しなかった。私の労働は資本主義的な意味では非生産的であった。それにたいして、私がピザをストリートフェスティバルで販売するならば、私は商品と価値を生産したが、剰余価値は生産しなかった。したがって、私の労働はいまだに非生産的であった。もし、私が資本主義的に経営されるレストランで料理人として雇われ、そこで料金を払う客によって食べられるピザを焼くならば、私は価値だけでなく、剰余価値も生産したのであり、そのかぎりで私の労働は「生産的」だったのである。

私の労働が生産的であるかどうかは、生産された使用価値の性格にではなく、私が剰余価値を同時に含む商品を生産するかどうかに依存する。すでに本書3.1節で指摘されたように、物質的生産物だけでなく、サービスも、それが販売されるかぎりでは商品である。したがって、資本主義的に経営される劇場で、役者は、資本主義的な製鉄所で働く製鉄工と同様に「生産的労働者」である。また、ある物象の商品性格にとって、それが「本当に」役立つかどうか、社会の再生産に必要であるかどうかはどうでもよい。豪華なヨット、宣伝映画、戦車も買い手が見つかるならば商品である。そして、もしそれらが資本主義的条件のもとで生産されたならば、その生産に支出された労働は「生産的労働」である。

資本主義的な意味で生産的労働を行うためには、私は賃労働者でなくてはならない。もっとも、逆のことはいえない。全ての賃労働者が自動的に「生産的労働者」であるわけではない。先のピザの例を再び使おう。もし、私が資本主義的に経営されたレストランで料理人をしているなら、私の労働は生産的である。レストランの所持者がプライベートの料理人をもつ余裕があり、私がレストランからレストラン所持者の家庭へ転属になると、仮定しよう。そうすると、私は以前と同様に賃労働者であるが、いまや私が生産するのは商品ではなく、使用価値だけである。私がレストラン所持者の家の台所で調理するピザは販売されず、彼や彼の友人によって消費される。私は価値も剰余価値も生産しておらず、したがって「非生産的な」賃労働者である。

ここで、生産的労働と非生産的労働の区別の意味をはっきりさせることができる。料理人として私がレストランで雇われるならば、レストラン所持者は、私の賃金と私によって加工された生活手段にたいして貨幣を費やさなくてはならない。それは、私が彼のプライベートの料理人として働く場合と同様である。ところが、彼がレストラン経営のために費やす貨幣は**前貸しされる**だけであり、もしレストランが上手くいき、剰余価値を増殖させれば、その貨幣はレストラン所持者のもとへ帰ってくる。彼がプライベートの料理人としての私に支払う貨幣は**支出される**のであり、レストラン所持者はなるほど使用価値を受け取りはするが、貨幣は受け取らない。プライベートの料理人を雇うのに貨幣を支出することができるために、レストラン所持者は料理人がレストランで生産する剰余価値を必要とする。レストラン所持者が買う余裕のある非生産的労働の大きさは、生産的労働者がレストランで生産する剰余価値の大きさによって制限されている。

## 5.6 蓄積、産業予備軍、窮乏化

資本主義的生産過程を終えた後、生産物が無事販売されるならば、資本家は最初に前貸しした資本を取り戻すのみならず、さらに剰余価値も手に入れる。この剰余価値は資本主義的生産の目的である。もちろん、この剰余価値は資本家の消費に役立つべきなのではなく、――というのも、そのような場合には、生産の目的は剰余価値でもって購買される使用価値の塊になってしまうであろうから――さらなる資本の価値増殖のために役立つべきである。資本の運動は自己目的である（本書4.2節を参照）。価値増殖過程G-W-G'の終点で再び貨幣は資本として前貸しされるのであり、より詳しく言えば、もともとの価値総量のGだけでなく、剰余価値分だけ（資本家の消費支出は差し引くが）**大きくなった**価値総量が前貸しされ、それは他に状況が同じままだとするならば、より大きな剰余価値を生みだすだろう。剰余価値の資本への転化を**蓄積**という。

個々の資本家は、競争によって蓄積へと強制されている。資本家は価格競争で遅れをとらないために、絶え間ない生産力上昇に向けた競争に参加しなくてはならない。新しい機械の導入による生産力の上昇は、一般的に高価である。同じ価値総量を他の機械へと投資するだけでは、十分ではないことがある。たいてい、より大きな価値総量が必要であり、そのために個々の資本家は蓄積を強いられる。

個々の資本間の蓄積はまったく異なった規模となりうる。全生産設備を更新する大きな投資の際には、以前に生産された剰余価値では、もしかしたら足りないかもしれない。このような場合には、蓄積の規模を信用によって拡大することができる。他方で、蓄積のために全剰余価値が必要とされるわけではない場合がありうる。そのときは、残りの剰余価値は、利子生み資本として銀行や金融市場へと投下することができる。どちらの場合にも、利子率の高さが重要になる。もちろん、利子生み資本、信用などの探究は、まだいくつかの中間段階を前提とするのであり、マルクスは『資本論』第3巻で初めてそれを行っている（本書第8章を参照）。したがって、第1巻における彼の蓄積過程についての叙述（この節もまた第1巻の叙述に沿うものである）は、まだ完全なものからほど遠い。『資本論』の読解は第1巻に限定してはならないということが、この点でも示される。

この章の冒頭では、**不変資本c**（機械、原料などへと前貸しされる資本部分）と**可変資本v**（労賃への前貸し）の区別が説明された。不変資本の可変資本にたいする割合c/vをマルクスは資本の**価値構成**と呼んでいる。生産手段量の労働量にたいする割合をマルクスは資本の**技術的構成**と呼んでいる。資本の価値構成が、技術的構成によって規定されているかぎりで、マルクスは価値構成を資本の**有機的構成**と呼んでいる（MEW 23, S. 640、『資本論』第1巻、1049ページを参照）。つまり、有機的構成は、変化した技術的条件のために生じる（たとえば、新しい、より高価な機械が投入されたため）価値構成の変動のみを考慮するのであり、導入された生産手段の価値の変動からのみ生じる価値構成の変動は含まない。たとえば、石炭が高騰し、製鉄所で不変資本cならびにc/vが、生産条件をなんら変更することなしに高まることがある。このような場合には、なるほど価値構成は上昇するであろうが、有機的構成は変わらないだろう。以下で資本構成が言及される際には、つねに有機的構成ではなく、価値構成が念頭におかれている。[34]

資本が同一の条件のもとで、とりわけ価値構成、労働力の価値および労働日の長さが不変のままに、蓄積されるならば、労働力にたいする需要は資本に比例して増大する。たとえば、剰余価値が資本へと転化され、資本として前貸しされる価値総量が20%増えるならば、労働力も20%多く必要となる。労働力への需要の高まりは、労働力が販売される条件をさしあたり改善する。その結果、労働力の当座の価格は、その価値を越えることがありうる。しかし、それによって剰余価値は小さくなるので、それ以上の蓄積は緩慢になり、労働力にたいする需要の上昇とそれにともなうさらなる賃金上昇にはブレーキがかかる。

賃金が上昇すると、そのことが労働を節約する機械の投入をもたらしもする。本書5.3節で説明されたように、資本家が機械を投入するのは、生産費の上昇（生産物への機械の価値移転による）が、可変資本の節約よりも小さい場合だけである。しかし、資本家が、労働時間を一定量減らす場合に、どれだけの可変資本を節約するかは、賃金の高さに依存する。したがって、低賃金の場合には資本家にいかなる費用上のメリットももたら

34 資本の有機的構成によって生じる問題は、特にある社会の**総資本**の平均的構成について語る際に生じる。というのも、ある部門における技術的変更がその生産物の価値を変え、それによってこの生産物を用いる他の全部門における価値構成の変動をもたらす。つまり、有機的構成の変動は、価値構成の変動からもはやはっきりと区別されない（Heinrich 1999, S. 315 ff. を参照）。

さなかったであろう機械が、賃金が高い場合には投入される。それゆえ、高騰する賃金が労働を節約する機械の投入を早める。典型的な蓄積過程は、同じままの条件のもとで生じるのではなく、資本の価値構成の上昇をともなって進行する。こうして、継続的な蓄積過程においても、労働力への需要が制限され、それとともにまた賃金が制限されうる。すでに本書4.4節で言及されたように、資本主義的蓄積過程自身が、賃金が平均としては労働力の価値に制限されるように取り計らうのであり、この価値は歴史的に変動しはするものの、資本の価値増殖を深刻に損なうほどには決して高くならない。

自らの労働力をすすんで（または強制されて）販売しようとしながらも、買い手を見つけられない労働者の一群を、マルクスは**産業予備軍**と呼んでいる。この産業予備軍の大きさは、2つの相反する効果に依存している。一方で、資本の蓄積とそれにともなう生産の拡大が起こると、──価値構成が不変のままならば──より多くの労働力が必要とされる（蓄積の雇用効果）。他方で、労働の生産力が、価値構成を上昇させながら増大する場合には、──生産量が不変ならば──求められる労働力をより少なくする（生産力上昇の遊離効果）。労働力への需要が上昇するか、下降するかは、これらの両効果のどちらが優勢であるかにかかっている。

労働の生産力が2倍になったと想定しよう。そうすると、ある特定の生産物量を製造するために必要な労働力は半分になる。もし、生産も同様に2倍になるほど多くの剰余価値が新しい資本へと転化されるならば、雇用される労働力の数は同じままである。もし、蓄積される資本がもっと少ないならば、生産量は依然として上昇しはするものの、以前よりも小さい数の労働力が以前よりも大きな量を生産する。

さて、マルクスによれば、資本のもとでは、「産業予備軍」は傾向的により一層大きくなっていく。労働力の数がだいたい同じままならば、産業予備軍の増大が可能なのは、生産力の上昇による「遊離効果」が蓄積の「雇用効果」を上回る場合だけである。個々の資本を考察するならば、どちらの効果がより強いかはあらかじめ言うことができない。にもかかわらず、マルクスは、個々の資本には2つの成長可能性があることを論証した。1つは、剰余価値の資本への転化に基づくものであり、この種の増大をマルクスは**資本の集積**と呼んだ。他方で、異なった個別資本の合体に基づくものを（「平和的」な合併過程であろうと、「敵対的な」吸収合併であろうと）マルクスは**資本の集中**と呼んだ[35]。集中によって個別資本は非常に大きくなるのであり、それはまた、総資本が大きくならない場合にも、たいてい加速した技術革新に表現される（拡大した資本は、より多くの投資可能性を持つのであり、小さな資本の資金では足りないような機械を調達することができる等）。その限りで、集中により生産力の上昇がくりかえされる。それは非常に大きな遊離効果をともなっており、蓄積に基づく雇用効果に直面しない。こうしたマルクスの考察はたしかに非常に納得がいくものである。とはいえ、経済**全体**において雇用効果と遊離効果のどちらが生じるかは、そのような集中過程の頻度や、集中過程によって引き起こされる遊離効果が、他の資本の雇用効果にたいしてどのような関係にあるかに依存している。

マルクスによって想定された、**傾向的に増大する**産業予備軍は、たしかに厳密には根拠付けられていない。だが、産業予備軍が資本主義において長期的に消えてしまうことができないというのは、少なくとも明らかである。完全雇用の資本主義というのは、つねに例外である。完全雇用は労働者たちが、より高い賃金への要求を押し通すことを可能とするが、そのことによ

---

35　ここでのマルクスの用語法は今日の使用方法から離れたものである。「集積 Konzentration」が今日指すものは、まさにマルクスが「集中 Zentralisation」として把握した過程、つまり個々の資本の数の減少である。

って蓄積過程は緩慢となり、さらに/あるいは、一層労働を節約する機械が投入される。こうして再び産業予備軍が生じる。

個々の資本家たちにとって、この予備軍の存在は二重のメリットを提供する。雇用されていない労働力は、一方で、雇用されている者たちの賃金に圧力をかけ、他方で、蓄積の突然の拡大のための「予備」を実際になしている。たとえば、外国で新しい売れ行きの可能性が見いだされたために、生産を急速に拡大させようとしても、完全雇用状態では不可能である。このように、失業を減らすことに何らかの貢献をするように企業家へ呼びかけることは、まったくもって見当違いである。しかし、資本主義が失業を生みだすと非難するような批判もまた誤っている[36]。資本の唯一の目的は価値増殖であって、決して完全雇用の達成ではなく、ましてや人口の多くが恵まれた生活を送れることでもない。

産業予備軍の探究に関連して、『資本論』第1巻第23章に見いだされる様々な記述が、「窮乏化論」として解釈されてきた。とりわけ1920年代には、この窮乏化論が革命理論としても理解された。すなわち、資本主義において大衆は貧しくなり、その結果大衆は、資本主義の革命的廃棄という選択肢以外は残されていないということを必然的に理解するだろうと考えられた。にもかかわらず、ドイツのファシズムや他の多くの事例が示すように、人口の最も「窮乏化した」部分が自動的に左翼になるというようなことは決してなかった。大衆は同様に右翼的な愛国運動やファシスト運動へと向かうこともあるのである。

60年代と70年代初頭の「経済の奇跡」の時期には、資本主義の賛同者たちは、「マルクスの窮乏化論」が完全雇用と労働

36　ロベルト・クルツも『資本主義黒書』のなかでこのような非難の声を上げ、大勢の失業と貧困に関して、「グローバル資本主義システムは（中略）完全に機能不全に陥っている」と結論付けている（Kurz 1999, S. 699、邦訳（下）、218〜219ページ）。しかし、機能不全になりうるのは、実際に持っている目的の達成に関してのみであり、失業をなくすことは、そもそも資本主義の目的ではない。

者たちの生活水準の継続的上昇によって明白に反駁されたとくりかえし主張した。そして、それはマルクスの経済学批判にたいする根本的な反証にまで拡大された。資本主義の発展についての予言が誤っているのだから、明らかに、マルクスの分析も完全に見当違いであるということなのだ。

マルクス主義者たちはこうした意見を受け入れようとはせず、「絶対的窮乏化」――労働者階級の生活水準が絶対的に下落する――と（マルクスにおいてはまだ存在していなかった）「相対的窮乏化」の区別を行った。つまり、相対的窮乏化とは生活水準は上昇するかもしれないが、社会の富にたいする労働者階級の取り分は、資本家との比較においては減少するというものである。

内容的には、マルクスは1848年の『共産党宣言』のなかで、絶対的窮乏化論を主張していた（MEW 4, S. 473、『全集』第4巻、486～487ページを参照）。しかしながら、19年後に出版された『資本論』第1巻においては、絶対的窮乏化はもはや言及されていない。むしろ、『資本論』で明らかにされているのは、相対的剰余価値の生産が（お望みならば、「相対的窮乏化」として把握することもできる）、この剰余価値の増大と同時に、労働者階級の生活水準の同時的な上昇を許容するということである（本書5.5節を参照）。

にもかかわらず、第1巻第23章の度々論じられてきた箇所で、マルクスは特定の収入分配を第一義的には、まったく扱っていない。その箇所で、マルクスは相対的剰余価値の生産に関する先の分析を参照しながら以下のように述べている。

「資本主義的制度の内部では、労働の社会的生産力を高めるいっさいの方法は、個々の労働者の犠牲として行われるのであり、生産を発展させるいっさいの手段は、生産者の支配と搾取の手段に転化し、労働者を部分人間へと不具化させ、彼を機械の付属物へとおとしめ、彼の労働苦によって労働の内容を破壊し、科学が自立的力能として労働過程に合体される程度に応じて、労働過程の精神的力能を労働者から疎外するのであり、またこれらの方法・手段は、彼の労働条件をねじゆがめ、労働過程中ではきわめて卑劣で憎むべき専制支配のもとに彼を服従させ、彼の生活時間を労働時間に転化させ、彼の妻子を資本のジャガノートの車輪へと投げ入れる［インドの祭式のことで、信仰者が、祝祭日の真っ盛りに神の肖像画が施された車輪のもとへ身を投げ入れた。：M.H.］。しかし、剰余価値の生産のいっさいの方法は、同時に蓄積の方法であり、その逆に、蓄積のどの拡大も、かの方法の発展の手段となる。それゆえ資本が蓄積されるのにつれて、労働者の報酬がどうであろうと――高かろうと低かろうと――労働者の状態は悪化せざるをえないということになる。」（MEW 23, S. 674 f. 、『資本論』第1巻、1103〜1104ページ）

引用の最後の一文から明らかなように、マルクスが第一義的に問題としているのは、収入あるいは生活水準の発展ではない。労働者の状態の「悪化」は、彼らの生活・労働状況の全体へと関わるのであり、続く発言からもそのことははっきりしている。

「したがって、一方の極における富の蓄積は、同時に、その対極における、貧困、労働苦、奴隷状態、無知、野蛮化、および道徳的堕落の蓄積である。」（MEW 23, S. 675、『資本論』第1巻、1104ページ）

マルクスの資本主義批判は、収入や財産の分配の問題に決して還元され**ない**。この分配は資本主義の内部で一定程度変更されうるのであり、労働者たちが完全な貧困にはまり込まないということは、間違いなく資本の関心である。というのも、そうした貧困のもとでは労働力の質もまた劣化してしまうからである。失業者、つまり「産業予備軍」の一員もまた、ただかろうじて生きていればいいというものではない。なぜならば、その場合、新たな蓄積の際に資本が必要とする彼らの労働力が、もはや投入可能なものではなくなってしまうからである（この点に関しては、本書第11章以降を参照)。

マルクスが批判しているのは、財や収入に関する特定の分配の仕方ではなく、「労働苦」「無知」「野蛮化」等といった概念によって彼が特徴付ける、包括的な意味での「貧しい」労働・生活条件である。この生活条件が資本主義の小児病では決してないということ、むしろ、生活条件はその具体的な姿にどのような変更が加えられようとも「貧しい」ままであるということを、マルクスは資本主義の生産・蓄積過程の分析によって示そうとする。この過程は唯一の目的として価値増殖、たえざる改良された価値増殖しか知らず、この過程にとって、人間と自然は単なる価値増殖のための手段でしかないのだから、この過程は人間と自然にたいして、内在的な破壊性を帯びている。それは、この貧しい生活条件をつねに新しい形態で作り出すのであり、生活水準が改善する場合にでさえ、くりかえし新たに作り出すのである。

マルクスは、この分析の結果をもとに、個々の資本家にたいして道徳的非難を加えているのではない。そうではなく、以下のようなシンプルな帰結を導きだしているのだ。つまり、もしこの貧しい生活条件を変革することに実際に関心を持っているのだとしたら、**資本主義の廃棄**しか残されていないということである。マルクスの**批判**は、道徳的非難にではなく、資本主義が実際にどのように機能しているかについての証明によって遂行される。

# 6　資本の流通

価値増殖過程において、資本は代わる代わる商品と貨幣の形態を取る。すでに「資本の一般定式」G-W-G'から明らかであるように、価値増殖過程は生産行為と流通行為を包含している。先行する章では、マルクスが『資本論』第1巻で叙述している資本の生産過程のみが扱われた。マルクスは資本の流通過程を第2巻で探究している。この章では、この探究の中から、第3巻の内容を理解するのに必要ないくつかの概念を説明することにする。

## 6.1　資本の循環。流通費用、産業資本と商業資本

G-W-G'の定式は資本の**循環**を抽象的に示している。この循環は3つの段階に分けられる。

**第1段階**。資本家は商品市場に買い手として現れる。資本家は**貨幣資本** Gを商品 Wへと転化する。貨幣は価値の自立的形態であり、貨幣資本は資本の貨幣形態である。この購買行為が資本循環の一部分をなすのは、この行為が持つ関連による。つまり、購買するのは、利潤をともなって再び販売されるべき新しい商品を生産するためである。このことは、購買する商品の特別な素材的内実によって可能になる。資本家は、生産手段（Pm）と労働力（A）〔訳注：Pm は Produktionsmittel、A は Arbeit の略記〕を購買するのであり、つまり、貨幣資本 Gを**生産資本** Pへ

と転化するのである。

**第2段階**。流通過程は中断され、生産資本Pは生産過程で使用される。なるほど生産資本は生産手段と労働力からなっているが、このことは反対に、生産手段と労働力がつねにすでに生産資本であるということを意味しない。生産手段と労働力はたしかに、どのような社会形態においても、つねに生産過程の要素である。しかし、それらが生産資本であるのは、**資本主義的生産過程の内部**でのみである。資本主義的生産過程の結果は新たな商品群である。この商品群は、価値増殖した資本の定在形態として**商品資本** W'である。それは、もともとの商品群W（生産手段と労働力）から質的に異なった商品というだけでなく、販売時にはWよりも高い価値を有しているはずだ。

**第3段階**。資本家が商品市場で売り手として登場することで、流通過程は継続される。資本家は新しい商品群WをGとの交換で販売する。つまり、彼は商品資本を貨幣資本へと再転化するのであるが、それはいまや価値増殖した、つまり剰余価値の分だけ大きくなった貨幣資本である。

かくして詳しい循環図として以下のようなものが得られる（点線部は生産過程によって流通過程が中断されることを示している）。

Pm<br>
／<br>
G－W．．．P．．．W'－G'<br>
＼<br>
A

資本はその循環をつうじて、順々に、貨幣資本、生産資本、商品資本の諸形態を取る。これらの形態は、自立した資本種類ではなく、資本循環の個々の一部分をなしている。

資本が生産過程で過ごす時間の長さが、資本の**生産時間**である。また、商品販売者を探す貨幣資本の形態であろうと、買い手を探す商品資本の形態であろうと、資本が流通過程で過ごす時間の長さが、資本の**流通時間**である。生産時間は純粋な労働時間よりも長い。機械が夜間停止していたり、在庫がストックされる場合、資本は生産過程にあるが、労働時間の外部にある。もちろん労働時間の内部でのみ価値と剰余価値は生産されるのであり、資本家は純粋な労働時間を超える生産時間と流通時間の余計な部分をできるだけ少なくしようとする。

流通では、**流通費用**が生じる。その際に区別されなくてはならないのは、生産物の使用価値と価値を大きくする生産的行為にかかる費用、つまり流通の間に生産過程が継続する場合と、生産物の使用価値としたがってまた価値に何も付け加えない**純粋な流通費用**の場合である。というのも、後者の純粋な流通費用は、貨幣から商品へ、または商品から貨幣への**形態転化**にかかる費用にすぎないからである。

前者、生産物の使用価値と価値を大きくする生産的行為の費用に属するのは、とりわけ輸送費用である。ある物象が私にとって使用価値を持つのは、私がそれを消費したい場所で自由に処分できる場合のみである。たとえば、工場から消費者にまで自転車を輸送することは、この自転車の使用価値にとっては車輪を組み立てるのと同様に必要なことである。したがって、輸送は組み立てと同じように、自転車の価値に寄与する。

それにたいして、商品と貨幣の単なる形態転化は、商品の使用価値、したがってまた商品の価値とは関係がない。純粋な流通行為者（たとえば、レジ打ち）は、なるほど他のあらゆる労働者同様、剰余労働する賃労働者でありうる。というのは、彼らはたとえば8時間労働するが、その賃金は標準的な条件下で4時間で生産される価値総量を表すといったことがありうるからである。にもかかわらず、この流通行為者自身は価値を生産せず、したがってまた剰余価値も生産しない。彼らの労働は、資本主義的条件下で必要であるにもかかわらず「非生産的」、つまり剰余価値を創造しない労働なのである。この労働にたいする賃金（そしてこの労働によって用いられた生産手段の価値）は、生産的労働者が生産した剰余価値からの控除である。非生産的労働者が剰余労働を行い、したがって同様に搾取されるということは、剰余価値には寄与しないが、この剰余価値からの控除を減らすのである。

たった今、純粋な流通行為者の費用について言われたことは、一般的に純粋な流通費用に当てはまる。純粋な流通費用は剰余価値からの控除であり、それが減少するならば、残る剰余価値部分は増える。こうして、資本の価値増殖は生産過程における労働力の搾取からのみならず、それとは独立に資本の流通過程からも生じるという外観が生まれる。すでに生産過程を研究した際に言及された**資本物神**（本書5.3節参照）は、流通過程でさらに強固なものになる。

貨幣資本、生産資本そして商品資本という3形態を通過する資本をマルクスは**産業資本**と呼んでいる。産業資本によって強調されているのは、**素材的**特殊性（たとえば大規模の産業設備の使用といったもの）ではなく、**価値の側面**からみた特性である。

「産業資本は、そこにおいて剰余価値または剰余生産物の取得だけでなく、同時にそれの創造も資本の機能となっている、資本の唯一の定在様式である。」（MEW 24, S. 61、『資本論』第2巻、90ページ）

この意味での産業資本には、サービス関連企業に投下される資本もまた含まれている。ここで唯一の区別は、完成した生産物（それが舞台上演であろうと、輸送であろうと）が、対象性を持たず、自立した商品資本として登場しないということである。それはつねに生産過程と同時に消費されるのであり、そのため循環図は以下のような形をとる。

$$
\begin{array}{c}
\qquad Pm \\
\qquad / \\
G - W \ldots P - G' \\
\qquad \backslash \\
\qquad A
\end{array}
$$

しかし、このようなサービスの価値は、資本主義的に生産されたあらゆる他の商品の価値と同様に、生産で用いられた生産手段の価値cと、労働力の支出によって新たに創造された価値(v+m)の合計として規定されている。

それにたいして、純粋な商業資本と利子生み資本は産業資本に属さない。両者はたしかに剰余価値の一部を取得しはするが、この剰余価値を生産することは、それらの資本機能には属していないのである。

純粋な**商業資本**は商品の購買と販売に**のみ**関係があり、そこで雇われた労働者は剰余価値をもたらさない非生産的労働を行う[37]。産業資本家は消費者にではなく、商人に販売することで、この非生産的労働(つまりほんらいの流通費用)への支出を節約し、くわえて資本の流通時間を短縮する。そのために、産業資本家は自らの資本で生産した商品をその価値**以下で**商人に売るのであり、その後、商人は商品をその価値通りに再販売する。このようにして産業資本家は、自らの資本によって生産された剰余価値を商業資本家と分け合うのである。

37 **輸送は、それ自身でまた産業資本の領域をなしており、純粋な商業資本の機能には含まれない。**ここでは概念上の区別が問題となっている。現実には、ある特定の資本が輸送と販売の機能を結合するということが当然ありうる。つまり、立て替えられた資本の一部が産業資本であり、価値と剰余価値を創造するのにたいして、他の部分が価値も剰余価値も創造しない商業資本であるということがありうる。

## 6.2 資本の回転。固定資本と流動資本

資本の循環をバラバラの事象としてではなく、周期的な過程として考察するならば、資本の**回転**について語ることになる。**回転時間**とは、生産時間と流通時間の合計であり、資本家が価値増殖した資本を再び受け取るまでに資本を前貸ししなくてはならない時間である。

建物や機械といった生産手段の一部は、幾度にもわたる生産期間ののちに初めて完全に消耗される。その平均的な消耗期間に応じて、それらの生産手段は自らの価値の一部分だけを生産物の価値へと移転する。たとえば、機械が20回の生産期間にわたって用いられることができるならば、その機械は20回の期間にわたり、毎回自分の価値の1/20を生産物に移転する。この機械の価値がすでに部分的に流通へと入っていく一方で、機械はその現物形態としては生産領域に固定されたまま残る。この属性をともなった不変資本の構成部分は**固定資本**と呼ばれる。固定資本と対をなすのが、**流動**資本である。流動資本はすべて、1回の生産期間中に素材的に使い果たされ、その現物形態が消えていく資本の構成部分である。流動資本に属するのは、一方で不変資本の非固定的な部分、つまり原料や補助材料、エネルギーなどであり、また他方では可変資本である。

固定資本と流動資本の区別は、素材的なものでなく（たとえば可動的なものと不可動的なものとの区別）、資本家にとって大きな実践的重要性を持つ、**価値の流通**上の区別である。標準的な条件下では、流動資本の価値は1回転の後には補填されており、すぐにまた次なる生産期間へと前貸しされなくてはならない。固定資本の価値は、幾度もの生産期間が経過するうちで初めて生産物へ移転される。したがって、それは1回転の後にも部分的に戻ってくるだけである。この還流部分はすぐには必要とされず、固定資本の素材的諸要素も実際に補填されなくて

はならない場合、たとえば新しい機械を調達する場合に、初めて必要になる。その際、固定資本の総額はもちろん一度に前貸しされなくてはならない。その時まで固定資本の還流は償却ファンドをなす。

固定資本と流動資本ならびに不変資本と可変資本は、どちらも生産資本の区別であり、生産手段と労働力へと転化された資本価値の区別である。不変資本と可変資本の区別は**価値形成**に関するものである。不変資本cは自らの価値をただ生産物へと移転させるだけであるが、それにたいして可変資本はv+mの大きさの新価値を作り出す。固定資本と流動資本の区別はそれにたいして、**価値の流通**、つまり照応する資本価値が再び資本家へと戻ってくる時期に関するものである。

不変資本と可変資本の区別は、価値形成過程への一連の理論的洞察を前提としている（価値と労働の連関、労働と労働力の区別、労働の支払いとしての「賃金」が「想像上の表現」であることの認識、など）。つまり、そうした洞察を、自然発生的な日常の意識に期待することはできないのと同様に、資本家の意識にも期待することはできない（日常の意識については本書第10章を参照）。それにたいして、固定資本と流動資本の区別は、その**実践的**重要性のために、資本家たちにとって直接的に理解しやすく、彼らの勘定は、この基礎上で行われる。この区別は、可変資本を不変資本の一部とともに流動資本へとまとめてしまうため、不変資本と可変資本の区別はさらに覆い隠される。

## 6.3 社会的総資本の再生産

個別資本の循環は互いに絡み合っており、互いに前提しあっている。1つの資本の循環は他の資本の生産物、つまり、生産手段と、資本によって雇われた労働力が消費する生活手段が市場に見いだされることを前提としている。個別資本が商品を生産したならば、この商品が生産手段、または生活手段として他の資本の循環へと入っていくことを資本は必要とする。したがって、1つの個別資本の再生産は全体から切り離して考察できないのであり、それは全個別資本の総体から構成される**社会的総資本**の再生産の一部としてのみ可能である。

社会的総資本が再生産されうるためには、総生産物は一定の**素材的**均衡を示さなくてはならない。つまり、一方で全個別資本が必要とする分の生産手段が生産されなくてはならず、他方で労働者世帯と資本家が消費する分の生活手段が生産されなくてはならない。しかし、生産・生活手段は単に分配されるのではなく、交換されるので、社会的総生産物の素材的に特定の部分は、また一定の**価値上の**均衡を示さなくてはならない。そうすることで、生産・生活手段は支払われることができるようになるのである。

この均衡は極めて単純化した例を用いて理解できる。労働者と資本家しかおらず、あらゆる生産が資本主義的に組織されている経済を想定しよう。固定資本を捨象し、つまり、考察される一定期間内に、たとえば1年のうちに、不変資本がすべて消費され、その価値が生産物へと移転されると想定しよう。

このような経済には数千のさまざまな分野があり（鉄鋼産業、化学産業、食料品生産者、服飾産業など）、そしてこれらの分野のほとんどはさらに多くの下位分野へと分解される。だが、われわれの目的に合わせて、ただ2つの大きな生産部門を区別することにしよう。部門Ⅰは生産手段を生産し、部門Ⅱは最も広い意味での消費手段を生産する。両部門の区別は、生産物の用いられ方にある。部門Ⅰの生産物は、さらなる生産過程へと入り込むが、それに反して部門Ⅱの生産物は、労働者世帯と資本家の消費へと流れ込む。一連の生産物、たとえば車は、どちらの用い方にも適している。われわれの単純化した見方では、生産手段として用いられる車は部門Ⅰで、また私的消費に入り込む車は部門Ⅱで生産される。

総資本の再生産が可能となるためには、両部門における生産物の量・価値比率は恣意的であってはならない。さしあたり、両部門に必要な均衡を**単純再生産**の前提のもとで考察しよう。つまり、蓄積を捨象し、全剰余価値が資本家の消費に入り込むものと仮定する。

cIとvIを部門Ⅰの不変資本と可変資本とし、そこで生み出された剰余価値をmIとすれば（それに対応して、部門Ⅱについてはc II、v II、m IIとする）、総生産物価値は次のようになる。

部門Ⅰ　**cI + vI + mI**
部門Ⅱ　**cII + vII + mII**

部門Ⅰの生産物は素材的には生産手段からなっている。単純再生産が可能であるためには、この生産物は両部門で用いられる生産手段を補塡しなくてはならない。したがって以下のような価値比率となる。

⑴ **cI + vI + mI = cI + cII**

また、部門Ⅱの生産物は消費手段からなっている。それは両部門の労働者と資本家の使用をカバーしなければならない。そのためには、次の式になる。

⑵ **cII + vII + mII = vI + vII + mI + mII**

両等式はどちらも以下のようになる（等式の両辺の同じ項を引くことによって）。

⑶ **cII = vI + mI**

つまり、部門Ⅱで用いられる不変資本の価値は、部門Ⅰの可変資本の価値と剰余価値に等しくなくてはならない。

しかし、個別資本は互いに独立して自らの生産を計画する。したがって、今しがた定式化された条件は偶然的にしか満たされない。通常は、個別部門間に一定の不均衡がつねに生じている。

さて、**拡大再生産**を考慮し、蓄積つまり剰余価値の一部分が新資本へ転化することを想定する場合にも、原則的には同じ考察を行えばよい。いまや部門Ⅰの生産物は、部門ⅠとⅡで用いられる生産手段を補填するのに十分でなければならないだけでなく、両部門での蓄積を可能にするためにさらに多くの生産手段が生産されなくてはならない。同じことが部門Ⅱにもあてはまる。つまり、いまや労働者と資本家が使用するだけの生活手段が生産されるのみならず、追加的に雇用された労働力の使用をカバーするだけの追加の生活手段が生産されなくてはならない。

蓄積を可能とするために、両部門は以前に用いられていたよりも多く生産しなくてはならない。ある個別資本の蓄積は他の個別資本の蓄積を前提とするが、より詳しくは、二重の観点からそうである。つまり、一方で蓄積しようとする個別資本は以前よりも多くの生産物を市場に見いださなければならないし、他方で個別資本は蓄積自体においてより大きな商品群を生産するのであるが、それは他の個別資本が同様に蓄積することでしか売却されえないのである。その際にも正確な均衡は偶然的にしか保たれないのであり、部門間の不均衡が常態になっている。

マルクス主義の論争史上では、ここで解説された**再生産表式**が20世紀の初めに重要な役割を果たした。そこで議論されたのは、恐慌なき資本主義が少なくとも原理上は可能かどうかという問題であり、またロシアのような資本主義の後進国において資本主義がどのような発展上の展望を持っているかということであった（この論争については、Rosdolsky 1968b, Milios/Economakis 2003を参照）。しかし、その結果、この再生産表式に過剰な説明責任が課されることとなった。なるほど、再生産表式は資本主義的生産と流通の概観を表しているが、しかしそれは経験的に生じているような資本主義的再生産の模写ではまったくない。むしろ、再生産表式で表現される生産・流通過程の統一は、利潤、利子、企業者利得、株式資本などといった、具体的な関係を表現する諸カテゴリーが有意義に取り扱われるための基礎をはじめて形成するのである。

# 7　利潤、平均利潤および「利潤率の傾向的低下の法則」

第7章から第10章までは『資本論』第3巻のテーマが扱われる。この巻において初めて、資本主義的諸関係の「経験」、つまり資本主義的生産様式が直接に直観にたいして現われる様態を表現する諸カテゴリーが見いだされる。『資本論』の3つの巻の連関をマルクスは第3巻の冒頭で以下のように特徴付けた。「第1巻では、それ自体として取り上げられた資本主義的**生産過程**が直接的生産過程として提示する諸現象が研究された（中略）しかし、この直接的生産過程が資本の生涯の全部をなすわけではない。それは、現実の世界では**流通過程**によって補足され、そしてこの流通過程が第2巻の研究対象であった。そこでは（中略）資本主義的生産過程は、全体として考察すれば生産過程と流通過程の統一であることが明らかにされた。この第3巻で問題となるのは、この統一について一般的反省を行うことではありえない。肝要なのは、むしろ、**全体として考察された資本の運動過程**から生じてくる具体的諸形態をみつけだして叙述することである（中略）したがって、われわれがこの第3巻で展開するような資本の諸姿態は、それらが社会の表面で、さまざまな資本の相互の行動である競争のなかに、また生産当事者たち自身の日常の意識のなかに現われる形態に、一歩一歩、近付く。」（MEW 25, S. 33、『資本論』第3巻、45〜46ページ）

## 7.1 費用価格、利潤および利潤率——諸カテゴリーと日常の神秘化

あらゆる資本主義的に生産された商品の価値は、c+v+mで表され、そこではcが使用された生産手段の価値を表し、v+mが生きた労働の支出によって新たに創出された価値を表す。資本家にとってはc+vの大きさが本質的である。つまり、c+vの大きさが商品が資本家自身にどれだけコストがかかるかを示している。この大きさをマルクスは商品の**費用価格**と呼ぶ。

商品の価値形成にとって、cとvはまったく異なる役割を果たす。使用された生産手段の価値は生産物へと移転されるのに対し、労働力の価値は生産物の価値にはまったく関係がない。なぜなら、生産物へと移転される新価値は労働力の消費に基づいているからである。計算上はこの新価値はv+mに等しい（本書5.1節を参照）。

しかし、cとvが価値形成で果たす異なる役割は、直接目に見えるものではない。すなわち、労賃の形態においては、全労働が支払われた労働であるように見える。cによって使用された生産手段の価値分が支払われているのとまったく同じように、vによって完成した生産物にたいする労働の価値分が支払われているように見えるのである。両方の資本構成部分の原理的区別は、目に見えるものではない。資本家が見て取る唯一の区別は、固定資本と流動資本の間の区別なのである。しかし、この区別は価値形成とは関係がなく、価値の還流の時期に関するものである（本書6.2節を参照）。

剰余価値mは、さしあたり商品の費用価格、つまり生産において支出された資本の価値を上回る、商品価値の超過部分にすぎない。この価値の超過が、資本によって行われる生産工程にその源泉を持っていることは、たしかに資本家にとって明らかである。しかし、資本家は個々の資本部分が価値形成に関与するときの区別を何も見ないから、この超過は資本のあらゆる

部分から一様に発生しているように見える（固定資本と流動資本からとまったく同じように、不変資本と可変資本から[38]）。

前貸しされた総資本の果実としての剰余価値は、**利潤**である。利潤においては、剰余価値と同じ大きさの価値が、労働力の価値にではなく、前貸しされた総資本の価値に関連付けられる。しかし、利潤は単に剰余価値の別の表現であるというだけではない。利潤には、実際の諸関係を「神秘化する」まったく別の表象が結びついているということが重要である。剰余価値は、生きた労働が創出した新価値のうち、労働力の価値を上回る超過部分である。生きた労働の支出は（資本主義的諸関係のもとでは）、剰余価値の源泉である。それにたいして利潤は、前貸し資本のうちで商品生産にあたって使用された部分を上回る、商品価値の超過部分である。ここで資本は利潤の源泉として現象する。剰余価値と利潤の区別をマルクスは以下のように要約している。

「剰余価値においては、資本と労働との関係が暴露されている。資本と利潤の関係においては（中略）、資本は、自分自身にたいする関係として、すなわち、そこでは資本がもともとの価値額として、自分自身が生み出した新価値から区別される関係として、現われる。資本がこの新価値を生産過程と流通過程とを通過するその運動中に生みだすということ、このことは意識されている。しかし、これがどのようにして行なわれるかということはいまや神秘化されていて、資本そのものに帰属する隠れた素質に由来するように見える。」（MEW 25, S. 58、『資本論』第3巻、79～80ページ）

この利潤のうちに生じている、実際の関係の神秘化は、ある別の神秘化、つまり労働への支払いとしての労賃を前提にしている。労賃が労働力の価値への支払いとしてではなく、労働の

38　この超過が、どのような資本の源泉から発生するかということについては、古典派経済学においても、今日の経済理論においても、まったく異なる様々な見解がある。

価値への支払いとして現われることによってのみ、剰余価値は利潤として、すなわち資本の果実として現象しうるのである。

しかし、利潤の姿態での剰余価値は、単に実際の諸関係を神秘化する表象であるというだけではない。この表象は実践的な重要性をもつ。なぜなら、資本家は商品の生産に必要な資本を上回る、価値の超過部分としての利潤にのみ関心をもつからである。したがってまた、彼にとっては価値増殖の尺度は剰余価値率m/vではなく、**利潤率** m/(c+v)である。あらゆる資本の前貸しの際に、資本家が関心を持つのは可能なかぎり高い利潤率である。利潤率は、資本家たちの実践的行為にとって決定的な意味をもつ大きさなのである。

利潤率は――その他の事情が同じままの場合――剰余価値率の上昇によって高められうる（第5章の絶対的および相対的剰余価値の生産を参照）。しかし利潤率は、同じままの剰余価値率でも（また低下する場合でさえも）、上昇しうる。根本的に、それには3つの可能性がある。

(1) 不変資本の**使用の節約**。不変資本の要素をより倹約して扱う。そのような節約は、**生産規模の拡大**によって生じうる。ある2倍の大きさの生産は、必ずしもエネルギーや建物などが2倍になることを必要としない。このことはとりわけ、生産の拡大が労働時間の拡大によって達成されるときに当てはまる。2交替制操業においては、同じ機械と建物で、1交代制操業の2倍の規模で生産することができる。ただ原料だけは2倍にされなければならない。剰余価値率が同じままの場合、剰余価値と可変資本は2倍になるが、不変資本の増加は2倍よりもはるかに小さいので、利潤率はきわめて大きくなる。したがって、資本家は、残業・夜間労働手当を支払うこともできる。そうすることで、たしかに剰余価値率は少し下がるが、それにもかかわらず、不変資本の大幅な節約のために、利潤率は大きくなる。

**生産規模が同じまま**の場合、不変資本の節約は原料やエネルギーのより合理的な使用によって達成されるが、労働者を犠牲にすることによっても達成される。それは、たとえば、労働の安全性を確保する処置を省き、健康を害する労働過程を放置することで実施される。

すでに本書5.3節で不変資本の使用の節約について言及されたが、もっともそれは生産物を安くする一契機としてだけであった。ここでは、不変資本の節約が同時に利潤率を高めることがはっきりとする。

(2) **不変資本の生産における節約**。不変資本の要素の価値が下がると、具体的生産様式に何らかの変更がなされることなく、不変資本の価値が減少する。その際、ある領域での利潤率の上昇というものは、どこか他の領域における生産性の上昇のおかげである。

(3) **資本の回転を速めること**。ある資本が年に2回転するならば、それ以外は同一の条件のもとで年に1回しか回転しない資本よりも、2倍の剰余価値が生産される。したがって、年に2回転する資本の利潤率は、1度回転する資本の利潤率の2倍になるだろう。資本の回転を速めることはつねに利潤率を高める。

## 7.2 平均利潤と生産価格

いまあげられた、同じ剰余価値率のままで利潤率を高める方法から次のことが明らかになる。同じ剰余価値率で生産する2つの資本は、それらが同じ回転時間で、**異なる価値構成** c/vを示すとき、あるいは同じ価値構成で、**異なる回転時間**をもつとき、それらは異なった利潤率をもつ。

わかりやすくするために、数字の例を示そう。剰余価値率が

100%で統一されており、固定資本は度外視されていると仮定しよう。AとBの両資本は1年という同じ回転時間をもつ。資本Aにとってはc=90、v=10、資本Bにとってはc=60、v=40とする。その場合、資本Aによって剰余価値m=10が生産され、その利潤率は、10/(90+10)=10%になる。資本Bは剰余価値m=40を生産する。つまり、利潤率はここでは40/(60+40)=40%になる。異なる価値構成が異なる利潤率を導き出す。価値構成が高度であればあるほど、利潤率はますます低くなる。

資本Aと同じ資本構成をもつが、年に2回転する資本Cをここで考えてみよう。その剰余価値はしたがって2×10=20で、その利潤率は20/(90+10)=20%になるのに対し、資本Aは利潤率10%だけである。回転時間が短ければ短いほど、(年間の)利潤率はますます高くなる。

しかし、資本の価値構成と回転時間は、資本家たちが任意に選ぶことはできないものであり、個々の部門の具体的な諸事情にしばられている。たとえば、製鋼所では服飾産業よりも、可変資本に比較してはるかに多くの不変資本が投入される。商品が「価値通りに売られる」ならば、つまり商品の標準的な価格が商品価値の適切な表現であるならば、たとえ剰余価値率、したがって労働力の搾取がいたるところで同じだとしても、個々の部門の利潤率はまったく異なるはずだ。資本の唯一の目的は価値増殖である。資本所持者は、彼らが資本家として、すなわち人格化された資本（本書4.1節を参照）としてふるまうかぎり、前貸しした資本を最大限に価値増殖させることだけに関心を持っている。異なる部門が異なる利潤率を示すとすれば、資本所持者は、彼らの資本を低い利潤率の部門から引き揚げ、より高い利潤率の部門に投資することを試みるだろう。部門間での資本の運動が可能であるとすれば（たとえば法律的制限によって妨げられなければ)、ますます多くの資本が高い利潤率の部門に流れ、低い利潤率の部門から離れるだろう。結果、高い利潤率の部門では商品供給が増加し、低い利潤率の部門では減少する。資本家たちの競争のために、一方では、もともと高い利潤率の部門では、供給の増加によって販売価格が低下し、最終的には利潤率の低下にいたるであろう。その間に他方では、もともと低い利潤率の部門で供給が減少するために、価格が上昇し、最終的には利潤率の上昇にいたる。つまり、異なる利潤率が、ある**平均的な**、あるいは**一般的な**利潤率に均等化する。

こうして、資本家たちの、できるかぎり高い利潤率を追求しようとする競争は2つの結果をもたらす。1つ目には、価格が**価値の適切な表現ではない**というのは、偶然的で一時的なものではなく、むしろ、永続的にもそうではない。2つ目には、この価格に基づいて、すべての資本にとって傾向的に等しい平均利潤率が形成される。この平均利潤率が達成されるところの価格をマルクスは**生産価格**と名付ける。

資本が獲得する平均利潤は、商品の費用価格（1商品単位あたりの生産手段と賃金のコスト）に平均利潤率を掛けたものに等しい。生産価格は費用価格と平均利潤の合計である。[39]生産手段のための経費が100ユーロ、賃金に20ユーロかかり、平均利潤率が10%であるとすれば、商品の費用価格は120ユーロ、平均利潤は12ユーロで生産価格は132ユーロである。

個別の資本家にとっては、この平均利潤は費用価格への上乗せとして現象する。彼にとって個人的利潤の高さは、2つのものの大きさに依存するように見える。すなわち、「市場がもたらす」販売価格、つまり彼が商品を売ることができる価格と費用価格の高さである。彼がたとえば機械の投入を増やし、労働力の投入を減らすことで費用価格を圧縮することができるとすれば（本書5.2節の相対的剰余価値の生産について参照）、彼は平均利潤より多く上積みし――したがって彼は特別利潤を獲得する

---

39　事柄を計算上、簡略化するために、ここでは固定資本を再び度外視し、1年の回転時間を想定する。

——、それにもかかわらず市場価格で販売することができる。

それとともに、平均利潤と相違しうる、資本の実際の利潤は、一方では客体的諸関係（市場での価格）に依存するように見え、他方では低い費用価格で生産するという資本家の主体的技能に依存するように見える。利潤が剰余価値の取得に基づくということは目に見えない。反対に、個々の資本家にとっては、より少量の労働を投入することで生産できれば、彼の利潤はたいてい上昇するのである。

しかし、実際には平均利潤も剰余価値に依存する。**個々の**資本の剰余価値ではなく、経済全体において生産された剰余価値、つまり**社会的総資本**の剰余価値に依存する。利潤率が一般的な利潤率に均等化することが意味するのは、社会全体で生み出される剰余価値の再配分にほかならない。商品が価値通りに交換されるのであれば、どの資本家も、彼個人の資本を用いて生産された剰余価値を獲得するであろうし、個々の資本の利潤率は非常に異なっているであろう。商品が生産価格で交換されるならば、あらゆる資本家は平均としては、彼が前貸しした資本の大きさに比例した利潤を受け取る。すなわち、あらゆる資本家は平均としては同じ利潤率を獲得する。資本家たちは平均利潤に関しては、株式会社の株主と同じようにふるまっている。つまり、利得のパーセンテージは皆にとって同一であり、各々がその出資額に比例した、企業の利得にたいする分け前を受け取るのである。

『資本論』第3巻でマルクスは、価値体系（つまり、c、v、m がさまざまな部門にとって所与であり、ある部門内ではそれらは、すべての資本にとって等しいとされる）から、生産価格体系に進むために、簡単な**量的**換算方法を素描した。もっとも、この計算方法は間違いだということがわかった。その計算方法が誤りを含んでいることにマルクスも気がついていた（MEW 25, S. 174、『資本論』第3巻、280ページ）。にもかかわらず、マルクスはこの誤りの影響を過小評価していたのである。「転形問題」、すなわち価値の大きさが生産価格に転形されるのはいかにしてか（またそもそも転形されるか否か）という疑問は、前世紀に熱心に議論された（Heinrich 1999, S. 267 ff.でこの論争を詳しく取り扱っている）。

しかし、**貨幣的**価値論の枠内では、価値から生産価格への何らかの換算方法が問題になるということはまったくありえない[40]。「価値から生産価格への転形問題」は、むしろ商品の形態規定の**概念的なさらなる展開**なのである。

**価値どおりの交換**について語りうるのは、交換を規定する唯一の契機が、個人的に支出された労働の社会的総労働にたいする関係である場合にすぎない。個人的に支出された労働が価値形成的なものとして判明するためには、本書3.3節で言及された、交換における3つの還元が成し遂げられなければならない。そこで探究された商品（つまり本書第3章で叙述されたような商品）については、たしかに事実上、資本主義的に生産された商品が問題になっているが、その商品の研究においては資本は捨象されている。

そうして獲得された、価値、価値の大きさ、貨幣などといった概念は、資本の生産・流通過程を叙述可能にするためのカテゴリー的な前提をなしている（本書第5、6章を見よ）。この分析で示される資本は、しかしまだとうてい経験的に現前する個別資本ではない。資本が生産・流通過程の統一として描かれたあとで初めて、経験的に現前する個別資本の基本的な属性を扱うための準備が整うのである。

**価値と剰余価値から生産価格と平均利潤へ**の移行は、歴史的

40　量的な換算方法へのマルクスの強い関心は、先に言及した（本書3.3節注9）彼のアンビバレントな理論の表現である。多くの箇所でマルクスは、彼によって克服された古典派経済学の非貨幣的価値論に、いまもなおとらわれたままである。価値が交換から独立してある個別の商品に固着されるならば（それは伝統的マルクス主義においても支配的な見解であった）、確かに量的な「転形問題」が立てられることとなる。

連続性、あるいはいかなる時間的連続性とも関わりがなく、さまざまな**叙述の次元**の間での移行と関わっている。価値と剰余価値の次元では、資本主義的な交換による社会化はまだ抽象的に把握されており、交換は、個人的に支出された労働の総労働にたいする関係によってのみ規定される。生産価格と平均利潤の次元では、交換は、個別的な資本の社会的総資本にたいする関係によっても規定されている。ここでは、交換において、単に商品生産者の社会化だけでなく、**資本主義的な**商品生産者の社会化が問題になっているということが明らかになる[41]。

## 7.3 「利潤率の傾向的低下の法則」——批判的検討

平均利潤率が、発展した資本主義諸国で傾向的に低下していることは、18世紀終盤や19世紀には、異論のない経験的事実として通用していた。争われたのは、利潤率低下の原因についてであった。利潤率の低下には、きわめてさまざまな原因があるだろう。たとえば、賃金の上昇や原料の高騰である。もちろん、これらの原因は、どちらかといえば偶然的で、一時的な性質のものである。すなわち、賃金はふたたび低下しうるし、原料は安くなりえるので、その結果、利潤率は再び上昇する。

マルクスが「利潤率の傾向的低下の法則」という表題のもとで示そうとしたのは、そのような一時的な原因からは独立に、利潤率の傾向的低下が存在し、それが「資本主義的生産様式の本質」から生じるということだった（MEW 25, S. 223、『資本論』第3巻、360ページ）。つまり、すべての特殊な事情を度外視する

---

41　そのかぎりで、上で素描した競争の過程もまた、**価値体系**から**生産価格体系**への時間的移行を生じさせるものではなく（価値どおりの交換をともなう資本主義は存在しないので）、異なる利潤率をもった価格体系から（傾向的に）等しい利潤率をもった価格体系への移行を引き起こすのである。生産力の上昇や需要の変動などによって、個々の諸領域で価格や利潤率がくりかえし変動する。また、その結果、競争によって媒介された均等化の過程がくりかえし新たに生じる。

と、資本主義的発展のまったく一般的な属性は、利潤率の傾向的低下を引き起こすことになる。そのような証明を行うことにマルクスが成功したかどうかについては、非常に激しく議論されてきたし、いまも議論され続けている。

この章の冒頭で示されたのは、不変資本を節約したり、資本の回転を速めたりすると、利潤率が上昇しうるということであった。しかし、価値増殖の本来的な源泉は労働力の搾取である。第5章で明らかにしたように、労働力の搾取を大きくするためには、2つの根本的な可能性がある。すなわち、労働時間の延長（「絶対的剰余価値の生産」）と労働生産力の上昇を通じた労働力の価値の低下（「相対的剰余価値の生産」）である。しかし、労働時間の延長はある限界内でのみ可能なので、搾取を強化するのに典型的な資本主義的方法は、「相対的剰余価値」の生産であり、詳しくは、一層優れた機械を投入することによるものである。生産の絶えざる変革とより効率的な新しい機械の投入によって人間の生きた労働をますます排除していくことは、資本主義的生産様式が18世紀終盤以来、提供してきた光景である。そのような加速された生産力の発展は、資本主義に先行する他の生産様式にはいっさいなかった。

本書5.2節で述べられたように、個々の資本家たちは、特別剰余価値（あるいは、**平均利潤を越えて存在する特別利潤**と言ってもよい）を獲得するために、生産力を上昇させようとする。生産力の上昇が一般化すると、この特別利潤は消失してしまう。すると、生産された商品の価値あるいは生産価格が低下する。労働者世帯の消費に入っていく商品が問題になる限りでは、労働力商品の価値も低下し、結果的に剰余価値率は上昇する。

マルクスがいまや証明しようとしているのは、資本主義に典型的な生産力上昇の仕方が、平均利潤率を低下させるということである。特別剰余価値をつねに追求することの結果として、新しい生産諸条件が一般化されると、商品の価値（もしくは生産価格）が低下するのみならず、（個々の資本家の意志の背後で、またそれに逆らって）平均利潤率も低下するというわけである。利潤率の傾向的低下と資本主義的な生産力の発展は、マルクスにとって同じメダルの両面である。マルクスがこの連関を説得的に証明することができたのであれば、彼は、利潤率の低下が資本主義の「本質」に属することを実際に示したということになろう。もっと詳しくマルクスの論証に取り組もう。

平均利潤率が下がる場合、たしかにすべての個別資本の利潤率が下がらなくとも、たいていの、あるいは大部分の個別資本の利潤率は下がるはずである。利潤率の低下が実際に典型的な傾向であるならば、それは典型的な個別資本においても示されるはずである。マルクスの論証は、そのような典型的な個別資本に関係する。マルクスと同じく、以下では価値の次元で考察し（生産価格は余分な混乱をもたらす）、固定資本を度外視して、1年というつねに等しい回転時間を想定する。その場合、生産物はc+v+mの価値をもち、利潤率はm/（c+v）になる。

本書第5章で議論されたように、機械を使った生産力の上昇は、剰余価値率m/vも資本の価値構成c/vも高くする。この2つの大きさの量的発展は利潤率の運動にとって決定的な意味をもつ。上記の利潤率の定式の分子と分母をvで割ると（分数をvで約分するので、分数の値は変わらない）、利潤率は次のように表現される。

$$\frac{m}{c+v} = \frac{m/v}{c/v + v/v} = \frac{m/v}{c/v+1}$$

ここでは、剰余価値率と価値構成が、利潤率の決定要素として目に見えるようになっている。

マルクスは利潤率の傾向的低下にたいする論拠を、c/vの上昇のなかにおいている。もしm/vが不変のままであったら、c/vの上昇は自動的に利潤率の低下にいたるであろう（この分数の分子が不変で、分母が大きくなれば、それによって分数の数値は小さくなる)。ただし、マルクスが主張するのは、剰余価値率が上昇する場合にさえも、利潤率が下落するということなのである。

剰余価値率m/vと資本構成c/vがともに上昇する場合、利潤率が下落するのは、c/v+1(われわれの分数の分母)がm/v(分子)よりも**速く**上昇するときだけである。利潤率が不可避的に下落することを証明するためには、c/vが上昇するという証明は十分ではない。むしろ、c/vが**ある特定の程度で**上昇すること、つまりいまあげられた条件が満たされるほど強く上昇することが示されなければならない。また、ここには「利潤率の傾向的低下の法則」のあらゆる証明にとっての根本的な困難がある。つまり、c/vの**上昇の程度**について一般的な陳述を行うことは、まったく可能ではない。ある場合には、一定の生産力上昇が小さな量の追加固定資本で達成されうる。つまり、c/vはその場合少ししか上昇せず、剰余価値率が上昇するために、結果として利潤率が上昇し、下落しないということがありうる。他の場合には、同じ割合の生産力上昇のために、大きな量の追加固定資本が必要である。つまり、c/vがその場合は大きく上昇し、利潤率は下落するかもしれない。

マルクスもまた、利潤率が下落するような程度で、c/vがつねに大きくなるということの直接の論証を試みてはいない。彼はその代わりに、剰余価値の大きさ(**剰余価値量**)から出発する。ある資本の総剰余価値は、1人あたり平均的剰余価値に労働力数Nをかけたものから生じる。その際、1人あたりの平均的剰余価値は剰余価値率m/vに1人あたりの平均賃金vkをかけたものに等しい。したがって、総剰余価値m は、

$$m = m/v \times vk \times N$$

となる。労働力数が減少すれば、生産される剰余価値は少なく

なる。しかし同時に、剰余価値率が上昇すれば、労働力数の減少は相殺されうるのであり、——1人あたりの剰余価値は任意に大きくなることはできないので、ただ特定の範囲内のみではあるが——同じ剰余価値量が生産されるのである。このことは、ある簡単な例で（MEW 25, S. 257f.、『資本論』第3巻、418〜419ページを参照）示されている。24人の労働力が毎日、2時間の剰余労働をしていると仮定すると、それは合計48時間の剰余労働を生みだす。いま労働力の数が2人に減るとすると、この2人の労働力は、剰余価値率がどれだけ大きくとも、1日あたり以前と同じ48時間の剰余労働を提供することはできない。この結果は以下のように一般化されうる。すなわち、雇用されている労働力の数が十分に大きく減少しさえすれば、それによって生産される剰余価値量も、剰余価値率がどれだけ大きく上昇するかに関係なく、いつかは減少する。

マルクスは、この考察で、利潤率の傾向的低下の法則を十分に証明したと信じていた。しかし、それは正しくない。減少する剰余価値量mが利潤率の低下を確実に示すのは、この剰余価値量の生産に必要な総資本c＋vが同様には減少せず、少なくとも同じままなときだけである。そしてこのことをマルクスは、例の中で暗黙のうちに前提している。だが、この想定には問題がないとはいえない。その例にとどまり、24人の労働者ではなく、わずか2人だけが雇用されているとすると、それに応じて支払われる賃金は少なくなる。労働力の価値が同じままであれば、可変資本は古い価値の12分の1に減少するだろう。だが、剰余価値率が大きく上昇するので、労働力の価値も大きく減少し、残っている2人の労働力にたいしては、以前の可変資本の12分の1よりはるかに安い額が費やされるであろう。総資本が同じ大きさにとどまるためには、それゆえ不変資本cが概して増加するというのでは足りず、むしろそれが特定の額の分、増加しなければならない。つまり、可変資本が減少したのと同じ量だけ増加しなければならない。しかし、このことがあてはまるかどうかは、一般的な次元ではまったく答えられない。生産力の上昇が、多量の、あるいは少量の追加不変資本によって引き起こされたのかどうかは、わからないのである。

しかし、不変資本が、可変資本の減少を埋め合わせるほどには増加しないならば、前貸し総資本は減少する。この場合には、減少する資本と、減少する剰余価値量を得る。利潤率が低下するかどうかは、剰余価値量と前貸し資本のどちらがより速く低下するかに依存している。剰余価値量がより速く減少するならば、利潤率が低下し、前貸し資本がより速く減少するならば、利潤率は、減少する剰余価値量にもかかわらず上昇する。

したがって、マルクスとは異なり、われわれは「利潤率の傾向的低下の法則」から出発することはできない。このことが意味するのは、利潤率が低下しえないだろうということではなく、利潤率はたしかに低下しうるが、上昇することもありうるということである。利潤率低下の永続的な**傾向**は、マルクスが『資本論』で論証している一般的な次元では、基礎付けられないのである。[42]

いまや問題は、「利潤率の傾向的低下の法則」を放棄するとマルクスの経済学批判が骨抜きになってしまうかどうかである。多くのマルクス主義者がこの「法則」にマルクスの恐慌論の基礎を見いだしたので、この「法則」をめぐって非常に激しい論争が行われてきた。しかし、第9章で、マルクスの恐慌論が決して、この「法則」に依存するものではないことを見るであろう。

マルクスにとっては、たしかにこの法則は一般的な何かを表現した。すなわち、

「資本主義的生産様式は、生産諸力の発展について、富の生産

42 Heinrich（1999, S. 327 ff.）で、私はマルクスの「法則」を擁護する立場と対決し、この「法則」のさらなる諸相について議論している。

そのものとはなんの関係もない制限を見いだす。そして、この特有な制限は、資本主義的生産様式の被制限性とその単に歴史的な一時的な性格とを証明する。」（MEW 25, S. 252、『資本論』第3巻、409ページ）

しかし、資本主義的生産様式の被制限性は、すでに次のことに現れている。すなわち、生産諸力の発展と富の生産が、価値増殖に従属させられており、この狭隘な目的が、人間と自然にたいする多くの破壊力を解き放つということである。価値増殖の資本主義的・会計的な表現が上昇しているか、下落しているかは、資本主義的生産様式の根本的に狭隘な性格を何ら変えるものではない。

# 8 利子、信用および「架空資本」

## 8.1 利子生み資本、利子および企業者利得――資本物神の完成

貨幣が存在するところでは、それはたいてい利子つきで貸し出されてもいる。利子生み資本は、経済全体が資本主義的に編成されるはるか以前から、すでに存在していた。事実、利子生み資本は、きわめて多様な社会構成体において見いだすことが可能であり、古代の奴隷制社会や中世の封建社会にも存在した。前ブルジョア社会では、一方で領主や王が、自らの奢侈的な消費や戦争の費用をまかなうために、借金をした。その際、負債と利子は、税と略奪によって返済された。他方では、困窮に陥った農民や手工業者が借金を作った。その後、彼らは働くことで借金を返済しなければならなかったが、彼らの困窮状態と20、30%あるいはそれ以上の利率を考慮するとしばしば返済はまったく不可能で、彼らはたびたび全財産を失うことになったのである。「高利貸し」による差し押さえは、広範に見られる現象であった。貸し手は「吸血鬼」として現われ、その結果、高利貸しは憎しみの対象となった。

資本主義的諸関係のもとでは――つまり、生産もまた資本主義的に編成されると――、貨幣の貸し出しはまったく異なる条件下で行われるようになる。資本主義的生産の基礎上では、一定の貨幣総額は資本に転化され、この資本が平均利潤をもたらすことを期待される。貨幣は、単純な流通においてのように、

単に価値の自立的な表現であり、それと同時にまた、あらゆる商品と交換可能であるというだけではない。貨幣はいまや**可能的資本**である。

「貨幣は、可能的資本としての、利潤を生産するための手段としての、この属性において、商品に、ただし、1つの特殊な商品になる。または同じことになるが、資本としての資本が商品になる。」(MEW 25, S. 351、『資本論』第3巻、570〜571ページ)

この貨幣という特殊な商品の販売は、「貨幣の貸し出し」という特殊な形態をもつ。その際には、一定期間に利潤を形成するという貨幣の(資本主義的諸関係のもとで現前する)能力が「売り」に出されるのである。この特殊な商品に支払われる「価格」は、**利子**である。貨幣を用いて獲得された利潤から利子が支払われる。

非資本家、たとえば賃労働者も——困窮状態のせいであれ、購買代金の調達のためであれ——たしかに貨幣を借りることがあるが、彼らは自分の労賃から信用貸しに返済を行わなければならない。そのような「消費者信用」は、需要を安定させるのに役立つため、非常に重要で、蓄積過程の進行にとっても重大な役割を果たす。しかし、資本主義において新しいのは、信用の大部分が**債務者のもうけ**に役立つということである。彼らが貨幣を借りるのは、それを資本として使用するためである。前ブルジョア社会には例外的にのみ見られた、信用のこの形態は、資本主義的企業にとって典型的な信用形態であり、それは他のあらゆる信用の諸形態を支配する。したがって、近代的**利子生み資本**の特殊な流通形態は、

$$G - G - W - G' - G''$$

となる。ここで、近代的利子生み資本は(以下ではこの近代的利子生み資本についてのみ話題にするので、近代的という付加語は省略する)、**二重に前貸し**される。一度は資本所持者から

産業資本家に前貸しされ、その後、産業資本家から利潤をもたらす生産過程の資金調達のために前貸しされる。これに、**二重の還流**が続く。すなわち、まずは産業資本家のもとに還流し、そしてそこから再び貨幣所持者のもとに還流する。産業資本家のもとへの還流は（成功した価値増殖がもたらす）利潤を含んでおり、貨幣所持者のもとへの還流は、この利潤から支払われる利子を含んでいる。

利潤から利子が支払われるということは、利子率の高さについてまだ何も言い表わしていない。「標準的な」資本主義的諸関係のもとでは、利子率は0%以上になるであろうが（そうでなければ貨幣所持者は自分の貨幣を貸し出さないだろう）、平均利潤以下だろう（そうでなければ産業資本家は追加資本を求めないだろう[43]）。利子率の高さは、その時々の供給と需要の状態に依存し、「自然」な利子率、あるいは利子率と平均利潤率の「自然」な関係というものは存在しない[44]。

利子生み資本を所持している資本家をマルクスは**貨幣資本家**と呼び、この資本を借りる資本家を**機能資本家**と呼ぶ。機能資本家の手の中で、利子生み資本は再生産過程で**機能する**資本になるのである。**機能**資本が毎回、一定の利潤、総利潤をもたらし、それは平均利潤を上回ることも、下回ることもありうる。この総利潤から利子が支払われ、残りを、機能資本家が**企業者利得**として受け取る。

総利潤の利子と企業者利得への分解は、さしあたりは**量的**な

---

43　たとえば、深刻な恐慌期のように、標準的でない状態のもとでは、資本家たちは、追加的な利潤を得るためにではなく、眼前の支払い義務を果たし、破産を回避するために、信用を求める。そのような状況では、利子率が平均利潤率を超えることもありうる。

44　実際に、あらゆる瞬間に、**1つの利子率**だけでなく、信用期間しだいで、さまざまな利子率が見いだされる。これらの利子率は、一定の範囲内、たとえば、4～6%の間にある。利子が上昇あるいは下落すると口にされるときには、この範囲全体が変化し、その際、場合によっては範囲が狭くなったり、広くなったりするということが、言われているのである。

分割にすぎない。だが、この量的分割が、ある**質的**な分割に固定化する。それは、資本をまったく借りうけない資本家によっても考慮される分割である。

貨幣資本家は利子生み資本の所有者である。彼が自分の所有物を自由に処分する権利を他人に譲るにあたって、彼は利子を受け取る。したがって、**利子**は資本**所有**の単なる果実、つまり生産過程の外に存する資本の果実であるように見える。それとは反対に、**企業者利得**は生産過程において資本が**機能すること**の結果に見える。したがって、利子と企業者利得は、異なる源泉から生じる、**質的に**異なった大きさとして現象する。この外観は次のことによってさらに強められる。すなわち、利子率が市場において、個別の資本家には依存しない、統一的な大きさとして形成される一方で、個別資本の利潤率（それとともにまた、利子を上回る超過としての、そのつどの企業者利得）は、機能資本家の対処の仕方（生産手段の節約、回転時間の短縮など、本書7.2節を見よ）に大きく影響されうるということである。

質的区別の外観によって、利子と企業者利得の区別は、貸し出された資本を利用しない資本家にとっても重要になる。つまり、彼は、自分の資本を貸し出し、資本所有者としてただ利子を受け取るか、あるいは自分の資本自体を機能させるかという選択肢を持つことになる。しかし、資本を機能させることの本来的な結果として、彼にとって現象するのは、総利潤ではなく、もっぱら企業者利得である。というのは、彼は利子もまた、現象形態のままに受け取るだろうからである。たしかに、資本家階級が全体として、どのように自分の資本を使用するかについて選択肢を持っているのではないが――機能資本家なしでは、利子はまったく支払われることができないだろう――、個別の資本家はこの選択肢を確かに持つことになる。

利子は資本増殖、労働力搾取の表現である。しかし、資本は搾取過程の内部でのみ賃労働に敵対的に向き合っている。利子生み資本のうちには、この対立はもはや何も見いだされない。なぜなら、資本は所有物として生産過程の外部で利子を生むからである。貸し出しをする貨幣資本家は賃労働者ではなく、資本を借りる機能資本家に向き合うだけである。たしかに、利子は他人の労働の生産物を取得するという資本の属性を表す。しかし、利子はこの属性を、外観上、生産過程の外部で、またその資本主義的規定性とは独立に認められる資本の属性として表現する。

しかし、機能資本家もまた賃労働者に対立的に対峙しているようには見えない。機能資本家が獲得する企業者利得は、資本所有には依存していないように見える（というのは、資本所有は利子によってすでに支払われているのだから）。企業者利得はむしろ、見かけ上は資本主義的規定性を示さず、単純な労働過程として現象するような生産過程の内部で、機能することの結果として見なされる。したがって、機能資本家が企業者利得を獲得するのは、所有者としてではなく、特殊な**労働者**として、──労働過程の監督や指揮に責任をもつ労働者としてである。搾取する労働と搾取される労働は、労働として同じように通用する。全体として明らかになるのは、

「資本の社会的形態──ただし、中立的局外的な一形態で表された──は、利子のものとなり、資本の経済的機能──ただし、この機能の規定された資本主義的性格を捨象された──は、企業者利得のものとなる。」（MEW 25, S. 396、『資本論』第3巻、648ページ）

利子生み資本が特殊なのは、利子がもたらされるということによるのではなく──利子は資本増殖のある特殊な表現でしかない──、この価値増殖が、G-G'の定式で表されるように、外観上、無媒介な形態であることによる。結果、貨幣自体がひとりでに増えるように見える。そのため、マルクスは利子生み資本を資本関係の「もっとも物神的な形態」（MEW 25, S. 404、

『資本論』第3巻、663ページ）と呼んでいる（資本物神について、それが資本主義的生産過程からどのように生じるかは、本書5.3節を参照)。なぜなら、

「社会関係は、1つの物の、貨幣の、自己自身にたいする関係として完成されている。（中略）ちょうどナシの実をつけるのがナシの木の属性であるのと同様に、価値を創造し、利子をもたらすことが貨幣の属性となる。」（MEW 25, S. 405、『資本論』第3巻、665ページ）

歴史的には、資本関係のこの「もっとも物神的な形態」から、一連の短絡的な資本批判が生み出されてきた。それらはどれも資本関係自体を批判するのではなく、利子の存在だけを批判し、結果的に、利子と資本関係の連関を不明瞭にしてしまう。一面では、利子の獲得は「生産的」資本関係に対置され、自分の仕事に基づくものではない収入として道徳的に批判された。他面では、利子の存在はあらゆる社会的諸悪の根源として説明された。すなわち、社会全体が、結局は貨幣所持者にたいする利子支払いのために、直接的あるいは間接的に、抑圧されていると唱えられたのである。

## 8.2 信用貨幣、銀行および「架空資本」

前節では、産業資本とは異なった利子生み資本の形態諸規定、およびそこから生じる転倒が考察された。いまや、利子生み資本の運動を媒介する、歴史的に変化する諸制度に取り組まなければならない。つまり、銀行と資本市場である。[45]

銀行は信用取引の媒介者である。銀行は、一方では貨幣所持者の預金を受け入れ、他方では貨幣を貸し出す。銀行が支払う預金利率は、銀行が信用にたいして受け取る信用利率よりも小

45　これらの基本概念についても、ここでは初歩的なことだけが考察される。より詳しい手ほどきは、Krätke（1995）やItoh/Lapavitsas（1999）にある。

さい。この差額から銀行は収益を得る。この収益から諸経費を差し引いて残ったものが、銀行利得である。[46]

しかし、**銀行**は、貨幣をある人の手から別の人の手に移すことで、単に受動的な媒介役を果たすだけではない。銀行は貨幣を「創りだし」もする――それが**信用貨幣**である。

信用貨幣は、自ら貨幣機能を果たす、1つの**支払い約束**である。AがBから100ユーロを借り、Bのもつ債務証書に署名すれば、信用貨幣はすでに生じうる（債務証書が固定した、比較的短期の支払い期限をもつ場合には、**手形**と呼ばれる）。この債務証書は、Aによる支払い約束である。いまBがある商品をCから買い、Cがこの債務証書を支払い手段として承諾するならば、Aによる支払い約束は貨幣として機能したのである。すると、もともとの100ユーロの現金（Aが購買するのに用いる「現実の貨幣」）のほかに、100ユーロの**信用貨幣**（Bが購買するのに用いた）も流通する。この信用貨幣は、信用供与とともに「無から」生じたのであり、支払い約束の履行とともに、再び「無へと」消え失せる。債務証書は処分される。

たいてい、支払い約束は私人からではなく、銀行あるいは、クレジットカード機関のようなノンバンク組織から流通する。私が小切手あるいはクレジットカードで支払えば、売り手は私から現実の貨幣ではなく、支払い約束を受け取るだけである――つまり、小切手またはクレジットカード証書の提示にあたって、売り手は、銀行あるいはクレジットカード機関から貨幣を受け取るという確約を受けとるだけである。もっとも、私がこの約束を保証するのではなく、銀行が保証するのだが。[47]

信用貨幣（あるいは**預金通貨**、つまり銀行によって創造され

46　銀行のさらなる収益源は、使用料（たとえば口座管理のため）と手数料（株式や有価証券を売り買いする仲介のため）である。

47　通常、銀行あるいはクレジットカード機関はこれをある限度額でのみ保証するが、売り手は簡単な問い合わせによって、小切手あるいはクレジットカードが有効であることを確かめられる。

た信用貨幣の今日通例の呼び名）は、あらゆる銀行預金において生じる。私が100ユーロの現金を私の銀行口座に預け入れると、100ユーロの現金が銀行の金庫にあることになる（また、銀行によって、たとえばある信用のために使用されうる）。同時に私の銀行残高は100ユーロ分増加し、私はそれを小切手や振り込みによって自由に処分することができる。私の財布から銀行の金庫に移った100ユーロの現金に加えて、100ユーロの預金通貨あるいは信用貨幣が私の口座に新たに生じている。

さて、私が相手に小切手で支払った際に、売り手が、この小切手を彼の口座残高に加えるならば、信用貨幣は単に私の口座から彼の口座に移されたのであり、それは引き続き貨幣として機能しうる。売り手が小切手を現金化する（つまり銀行の金庫から現金を請求する）ときのみ、信用貨幣は処分される。実際に、銀行は（法律的規制を度外視すると）、私が預け入れた100ユーロの現金のうち、一部分だけを準備金として（平均的に必要とされる分だけ）保持するだけでよく、残りは銀行が自由に使用できる。しかし、たいてい支払いは「現金なしで」口座間で清算されるので（また信用も普通は現金としてではなく、信用貨幣として支払われる）、銀行が保持していなければならない現金の額は、銀行によって創造された信用貨幣の小さな部分にすぎない。

銀行は、その信用供与にあたって、単に資産保持者の預金を頼りにしているだけではなく、国家の中央銀行からも借金することができる。中央銀行は、銀行券（現金）を発行することが許された唯一の機関であり、貨幣がもはやある貨幣商品に結びついていないような経済において、現実の貨幣を「創造する」（「現実の」とは、貨幣を支払うという約束でしかない信用貨幣とは異なるという意味で）。この貨幣創造に関して、中央銀行は何の形式的限界にも縛られていない。

貨幣システムがまだ貨幣商品（たとえば金）に結びついてい

た時代には、銀行券は現実の貨幣ではなく、その代理でしかなかった。したがって、中央銀行の銀行券発行はそのつどの保証準備規定によって制限されたままであった。銀行券の発行は、一定部分まで中央銀行の金準備によって裏付けられなければならなかった。中央銀行が銀行券を金に交換することが求められると、その金備蓄が減少し、中央銀行はより少量の銀行券しか発行できなかった。恐慌の真っ只中においては、一面では金が流出したが、他面では信用への需要が拡大し、銀行はより多くの銀行券を必要とした。しかし、金が流出していたために、中央銀行によって銀行券発行を増やすことは、保証準備規定を中断することなしには不可能であった。貨幣商品は、資本主義的再生産にとっての障害であったが、それは回避可能なことが明らかになった。今日、貨幣システムはもはや貨幣商品に結びつかなくなり（本書3.7節の結論を参照）、この障害はなくなっているのである。銀行システムは貨幣商品なしで、以前よりも柔軟に恐慌に対処できる――もっとも、これは恐慌そのものが回避されうるということではないのだが（恐慌については本書第9章を参照）。

資本主義のもとで、ある貨幣商品の存在が不可欠であると考えたマルクスの立場とは反対に、ある貨幣商品に結びついた貨幣システムが、決して資本主義的生産様式に「その理念的平均において」属しているわけではないことが明確になっている（詳しくは、Heinrich 1999, S. 302 ff. を参照）。

**資本市場**において、信用の受け手と貨幣所持者は直接、信用関係に入る。信用の受け手、とりわけ大企業と国家は、貨幣所持者から直接、貨幣を借りて、その代わりに毎年の固定金利支払いと、ある決められた期限内の借金返済を約束する。すなわち、貨幣所持者は、彼らの貨幣と交換に、これらの諸条件が書きとめられた**有価証券**を受け取る（固定金利のため、**固定金利**

**有価証券**という)。信用は銀行の関与なしで実現するので[48]、信用の受け手と供与者は、銀行の預金利息と信用利子率の利ざやを分け合うことができる。有価証券の利率は、たいてい銀行の信用利子より低く、また預金利息よりも高い。もっとも、信用供与者はいまや信用停止という大きなリスクも背負っている。彼が貨幣を貸した企業が破産すれば、彼は自分の貨幣を失う。そのため、たいていは、支払い能力を維持すると推測される大企業のみが、そのような借り入れ債を発行することができる。それにたいして、銀行からの信用の受け手の1つが破産すると、このことは銀行の利得を減らしはするが、銀行自身が破産しないかぎり、預金には影響しない。

企業は、資本市場において、借り入れ債だけでなく、**株式**の発行によっても貨幣を調達できる。一株ごとに、企業内の持ち分を1つ獲得し、共同所有者となる。固定金利有価証券と同じように、株はある**請求権**を表している。つまり、株主総会における投票権と分配される利得部分(**配当**)への請求権を株主はもっており、両者は総株式にたいする持ち分数に対応している。ただし、企業にたいして、株価の返済を請求する権利はなく、また分配される利得の高さも固定されていない。それは業務の展開に依存している。

固定金利有価証券と株式は資本市場で売却されうる[49]。それらはある**価格**、そのつどの**取引所相場**あるいは**相場価値**をもつ(前日の取引所相場は大新聞の経済欄で確認することができる)。しかし、これらの証券は価値をもたない。それは、たんなる価値(利子と配当)への**請求権**であり、この請求権が販売される。

---

48　銀行はただこの購買の媒介者として登場し、手数料を得る。

49　私は、資本市場という呼び名をここでは有価証券・株式市場にとっての上位概念として使用している。しばしば、上位概念として「金融市場」も用いられる。19世紀や20世紀初めは「取引所」の呼び名が一般的であった。ときおり、長期借款向け市場としての資本市場と短期借款向け市場としての貨幣市場というように区別されることもある。

販売後は、企業は利子あるいは配当を人物Aには支払わず、人物Bに支払う。しかし、日常的にも、支配的な経済理論においても、価格と価値は区別されない。つまり、取引所相場は、株式あるいは固定金利有価証券の「価値」として見なされる。

ある**固定金利**有価証券の所持者が販売にあたって、どれだけ多く受け取るか（取引所相場）は、とりわけ当面の市場金利の高さに依存する。Aが昨年、企業Yから有価証券を買って1,000ユーロを支払い、その代わりに、企業Yが彼に10年間50ユーロの利子を支払うこと、10年後はもとの1,000ユーロを支払うことを請求する権利をAが獲得したとしよう。そのとき、Aは額面価格1,000ユーロで5%の（額面価格に関わる）利子がつく有価証券を手に入れたのである。さらに、次の年、利子が7%に上昇するとしよう。そうすると、1,000ユーロかかる新しい有価証券にたいして、毎年の利払いとして70ユーロを受けとることができる。いまAが彼の有価証券を売ろうとするならば、それにたいして1,000ユーロを支払おうとする人を誰も見つけられないだろう。なぜなら、利払いは50ユーロで固定されているからである。有価証券を売るためには、Aは1,000ユーロを下回る額で満足しなくてはならない。したがって、有価証券の**相場価値**は、上昇する利子とともに、名目価値以下に下落する。利子が下落する際には、相場価値は名目価値を超えて上昇するだろう[50]。

**株式**の販売にあたっても、外観は同様であり、ここでも取引所相場はつねに変化している。しかし、この運動にとっては、当面の配当だけではなく、とりわけ企業の**将来的な利得**も重要である。たいていの場合、利得のうちの、より小さな部分だけが配当として株主に支払われ、より大きな部分は投資されるの

50　相場価値がどれだけ上昇ないし下落するかは、上の事情に加えて、証券の残余償還期間（返済までの期間）や債務者のリスク評価（債務者の将来的な支払い能力の評価）にかかっている。

で、配当は副次的な役割を果たすにすぎない。しかし、将来的な利得は決して確実ではなく、それは**期待値**である。**期待**利得が上昇すると、株式相場も上昇し、**期待**利得が下がる、あるいはそれについての大きな不確実性があると、相場は下落する。その限りで、株式相場の展開においては現在の展開ではなく、**将来的展開への期待**が表現されるのである。

有価証券と株式の流通は、信用貨幣に似た二重化を表す。すなわち、信用貨幣の場合には、現実の貨幣のほかに支払い約束が流通し、有価証券と株式の場合には、一面では、貨幣所持者から企業へと流れ込み、企業によって使用される**現実的資本**があり、他面では、変化する相場価値とともに扱われ、流通する、利子もしくは配当支払いへの**請求権**がある。

マルクスは、この流通する請求権、有価証券および株式をそれらの特有な「価値規定」(つまり、ここで素描された取引所相場の規定)に基づき、**架空資本**と呼ぶ。しかし、この名称は、請求権が原理的に現金化されえないということを意味しているのではない。むしろ、ここで重要なのは、貨幣所持者がもともと貨幣形態で手にしていた現実的資本が、株式と社債の購買を通じて、彼らから一度だけ前貸しされるということである。その後、現実的資本は企業の手の中にあり、企業によって前貸しされる。証券、株式あるいは社債は、一定の支払いへの単なる請求権を表しており、それらの「価値」(取引所相場)は、最初に一度これらの請求権に支払われた価値総額にはまったく関係がない(この価値総額はいま、たとえばある企業の生産資本として存在したり、あるいは国債の場合ならば、国家によって支出されたのである)。証券の「価値」は、固定金利有価証券においては、証券の利子と市場金利の比較に基づく計算価値であり、株式においては、期待利得に基づく計算価値である。[51]

51　資本市場においては、固定金利有価証券と株式だけでなく、次のような一連の証券も扱われる。すなわち、それ自体が株式あるいは有価証券の請求権のみを表す、しこの「価値」がどの程度まで安定していて、長期的に期待に見合うだけの支払いをもたらすかは、それぞれの企業の実際の利得に依存する。

期待利得が即座に変動しうるので、株式相場も急速に変動しうる。したがって、相場が暴落すれば、取引所の1営業日に、10億ユーロの相場価値（つまり架空資本10億ユーロ）が失われることもありえるし、相場が急騰すれば、新たに10億ユーロの相場価値が生じることもありえる。もっとも、これらの総額で問題になるのは、失われた、あるいは新たに生じた蓄蔵貨幣、またもっと良い使途を想像できたであろう蓄蔵貨幣ではなく、証券の計算上の評価額である。ただし、こうした相場の変化という出来事もまた、重要性をもっている。株式や有価証券が信用にたいする担保として用いられると、この担保は、相場が下落する場合には、減価してしまう。そのとき債務者は、さらなる担保を与えるか、あるいは信用を払い戻さなければならない。それができないなら、彼は破産する。銀行がこのような信用停止を抱えすぎるなら、銀行にも同様に破産が迫る。

期待はしばらくの間強まるという傾向をもつ。つまり、株式相場が上昇すると、多くの人が流れに乗ろうとし、需要が高まり、相場は上昇する。貨幣所持者はさらに流れに乗ろうとする。それにたいして、相場が下落すると、多くの人が自分の株を手放そうとする。供給が増え、相場はさらに下落する等。結果は価値展開の大きな振れである。株の騰貴（相場の急上昇）に急落（相場の下落）が続く。

---

たがって厳密に言えば請求権にたいする請求権を表す証券である。最近の数十年間に国際金融市場で起こった「イノベーション」（とりわけ、いわゆるデリバティヴ）は、なによりもまず、つねに新たな種類の売買可能な請求権を発明すること、つまり架空資本をつねに新たな形態で発明することにあった。

## 8.3 資本主義経済の調整機構としての信用システム

銀行と資本市場をまとめて**信用システム**と呼ぶことができる。この信用システムによって媒介される、利子生み資本の運動は、産業資本の単なる補足、「上部構造」ではない。たしかに、まもなく明らかにされるように、利子生み資本は一面では、産業資本の流通から生じる。しかし、他面では産業資本の運動は信用なしにはまったく不可能である。

第3章で強調されたように、マルクスの価値論は貨幣的価値論である。すなわち、商品と価値は、貨幣との関係をぬきにしては、存在できないし、概念的にも把握されえない。資本と信用の関係についても同様のことが言える。ただし、伝統的マルクス主義においては、非貨幣的価値論と、信用を単なる付属物に還元してしまう資本理論が支配的であった。資本の理解と存在にとって、この付属物は、根本的には必要ではないものとみなされた。

産業資本の流通に際して、一時的に「遊休した」資本がかなりの量の資金を形成する。商品を販売することで前貸し資本は還流するが、それはただちに資本として再び使用できるわけではない。最も重要なのは、**蓄積資金**（投資されるはずだが、たとえば投資のための最小限度額が必要なため、ある後の時点でようやく投資される剰余価値）と**償却資金**（還流してきた固定資本の価値構成部分、本書6.2節を参照）である。そのような資金は、投資されるまで、利子生み資本として使用されることができる。

しかし、この資金が十分になるまで待たずとも、蓄積の一部も、固定資本の更新も、信用によって資金調達されうる。その結果、還流してくる貨幣は、蓄積資金あるいは償却資金にはあてられず、利子の支払いや信用への返済に使用される。

最後に、剰余価値（つまり、社会全体によって生み出された剰余価値に等しい価値をもつ社会的総生産物の部分）の流通は、蓄蔵貨幣が存在していないか、あるいは信用が与えられていなければ、不可能である。つまり、固定資本を考慮しないとすると、ある国の資本家たちは1年のうちに、c+vの価値の資本を前貸し、c+v+mの価値をもつ生産物を生産する。したがって、mの価値の生産物を買うための貨幣はどこからくるのかが、問題になる。1つの可能性は、資本家たちの一部が、彼らによって前貸しされた資本に加えて、なおも蓄蔵貨幣を自由に処分し、mの一部を買うことだろう。このmの一部を売却した側の資本家たちは獲得した貨幣で再び、第1のグループの資本家たちから購買することができる。そのため、結局はすべての生産物が売られ、蓄蔵貨幣が再びもとの所持者に還流する。しかし、蓄蔵貨幣を単に流通を容易にするためだけに保持するならば、この価値総額の増殖を断念することになる。資本家たちが、自らの行動原則に従って、可能なかぎり大きな資本増殖を追求するならば、彼らはそのような蓄蔵貨幣を単に保持するのではなく、短期信用を用いて、購買のための適当な資金調達を行うであろう。

したがって、資本の流通は、一時的に遊休資本を生みだす一方で、他方では信用への需要を生みだす。したがって、社会的総資本の増大とともに、信用の範囲もまた広がるだろう。それゆえ、信用機関の増加というだけでは、まだ恐慌を孕んだ、不安定な資本主義的発展を示すわけではない(たとえばRobert Kurz 1995によって喚起されているように)。

発展した信用システムにおいて、**個別資本**は、一面では貨幣蓄蔵をやめて活用されていない資本を貸し出せるようになり、他面では、信用の獲得に基づいて、以前のように利潤だけを蓄積するよりもさらに多く蓄積することが可能となる。したがって、資本主義的企業にとっては、ある程度の負債は決して「不健全」ではないし、弱さのあらわれではない。前資本主義社会においては、生産者はたいてい苦境のために債務を負い、利子だけを支払うのも困難になるのが珍しくなかった。資本主義的諸関係のもとでは、信用はなによりもまず、追加的蓄積の資金調達のために役立つ。つまり、信用は、自己資本で計られた利潤率を高めるのである。平均利潤率が8％で市場金利が5％であると仮定しよう。ある資本家が100万ユーロを投資すると、彼は8万ユーロの利潤を期待できる。さて、彼がさらに100万ユーロを借り入れ、この二番目の100万ユーロも同様に平均利潤をもたらすと、この資本家は追加的に8万ユーロを受けとり、彼はそのうち5万ユーロを利子として貨幣所持者に支払わなければならない。その時、彼の総利潤は8万プラス3万ユーロ、つまり11万ユーロである。彼の自己資本（自分の100万ユーロ）は、信用に基づき、8％の平均利潤だけでなく、11％の利潤を彼にもたらしたのである。この利潤率の上昇が、信用受け入れにたいする主な動機である。期待が満たされないならば——それが個別の取引が失敗したためであろうと、経済情勢が全体的に悪化したためであろうと——実際に達成された利潤率が利子率を下回るということは起こりうる。この場合、借り入れた資本は、追加利潤ではなく損失（利子と利潤の差額）をもたらしたことになろう。

しかし、信用の現存は**社会的総資本**にも作用する。利潤率の均等化（本書7.2節を参照）をもたらす諸部門間の資本の運動は、本質的に信用の流れの変化からなり、その結果、ある部門ではより多く、他の部門ではより少なく蓄積される。資本は一度投資されてしまうと、移動がかなり困難になり、そしてなにより移動には時間がかかってしまう。信用と発展した信用システムは、巨大な資本量を短期間で集積し、迂回させることを可能にする。まさにこうした短期間の資本の集積が新しい生産諸力の加速的な発展にとってしばしば必要となる。なぜなら、たいていの場合、新しいテクノロジーの導入にはかなりの初期投資がかかるからである。

信用制度の現存によって、個別資本だけでなく社会的総資本も、蓄積の物的諸前提が現前しているかぎりで、以前のように利潤だけを蓄積するよりも、一層多く蓄積できるようになる。したがって、拡張的な信用供与は、蓄積をかなりの程度推進することができる（制限された信用供与が蓄積過程をストップさせうるのとまったく同じように）。その意味で、信用システムは、資本主義経済の**構造的な調整機構**である。資本家たちは、たしかに彼らの資本をできるだけ、最も高い利潤が期待される領域に投資しようとする。しかし、この投資はたいてい、少なくとも部分的には、信用あるいは株式によって融資されているので、この資本の運動がどれだけスムーズに進行し、どれだけ速く蓄積がなされるかは、その本質上、信用システム、したがって銀行と資本市場に強く依存している。

信用システムが蓄積にはじめて柔軟性を与え、それは「したがって、生産諸力の物質的発展と世界市場の成立を加速させる」が、他面では「過剰生産と商業における過剰投機のてこ」（MEW 25, S. 457、『資本論』第3巻、765ページ）でもある。要するに、信用システムによる蓄積の制御は、恐慌を必然的に孕んだ過程である。しかし、信用供与、とりわけ有価証券と株の取引は、期待と不確実性によって「生きている」。ここでは「投機がなされ」なければならず、この投機は失敗し、投入された資本の喪失にいたることもありうる。取引所では、投機的な「バブル」（異常に上昇した株式相場）やそれに続く、このバブルの「破裂」が起こりうる（突然の相場の下落）。ただ、バブルが破裂する前には、現実にバブルが生じているのか、あるいは高騰した相場における資本の利潤拡大が先取りされているのかについての正確なことは、まったくわからないのである。

しかし、「投機的」な金融市場に「堅固」な資本主義的生産を対置するならば、それは誤りだろう。あらゆる資本主義的生産は投機的な要素を含んでおり、どの資本家も、彼の商品を売却すること、あるいはそれをどのような価格にするかについて、十分な確信を持つことはできない。金融市場での投機は、より明白で、より短期的だが、資本主義的生産と質的にまったく異なったものというわけではない。両者とも、必ずや不確実な期待から出発して、自分のそのつどの生産物を取引することで同じことを試みている。すなわち、その利潤を最大化することを試みているのだ。

ただし、金融市場と産業生産の関係は、量的、質的な点で、つねに同じものにとどまっているわけではない。この関係は、さまざまな国々において異なりうるし、資本主義の発展の経過を通じて変化しうる。そのため、金融市場の転換（とりわけその規制緩和と国際化）についての議論が近年のグローバリズム論のなかで中心的方向性の1つになっている（この点については、Altvater/Mahnkopf 1999、第5章、Huffschmid 2002を参照）。

# 9 恐慌

## 9.1 循環と恐慌

**経済**恐慌と呼ばれるのは、社会の経済的再生産の深刻な攪乱のことである。それは、資本主義経済においては、生産された商品量の大部分をもはや販売することができないということを意味する。ここでは、それらの生産物にたいする欲求が存在しないわけではないが、**支払い能力のある**欲求は存在しない。つまり、商品資本はもはや完全には貨幣資本に転化されない。その結果、前貸し資本はますます少ない量でしか価値増殖せず、蓄積は減退する。それとともに、資本主義的企業による生産資本の諸要素、したがって生産手段と労働力にたいする需要も縮小する。大量失業と労働者階級の消費の減少がその帰結であり、そのことがさらなる需要の減少をもたらし、恐慌を先鋭化させる。

たしかに、資本主義は、莫大な富とならんで途方もない貧困が存在する唯一の生産様式ではない。だが、資本主義は、財の過剰が問題となり、買い手のつかない財がその所持者に破産をもたらす一方で、同時に、最も必要なものにすら事欠き、自由に処分することができる唯一のもの——自分の労働力——を売ることさえままならない人間たちが存在する、唯一の生産様式である。というのも、資本は、労働力を投入して利潤をえることができないのであれば、それらの労働力を必要としないからである。

19世紀初頭、はじめにイギリスで、それからまたフランス、ドイツ、そしてアメリカ合衆国で産業資本主義が浸透して以来、発達した資本主義諸国では、恐慌はおよそ10年間隔で発生していた。高い利潤率と賃金上昇をともなう加速的な資本蓄積に停滞と恐慌が続き、最後には再び、はじめは緩慢で、それから加速的に拡大する蓄積がおこなわれた。

20世紀には、この循環的な発展はたしかに継続していたが、それはしばしば以前ほど明確なものではなくなった。その代わりに循環を超えた発展の意義が強まった。1929年の世界恐慌とともに経済的不況の長期局面が始まったが、それは1950年代初頭にようやく克服され、西ヨーロッパと北アメリカでは、とりわけ「フォーディズム」(本書5.5節を参照) によって支えられた50年代と60年代の長期好況へと移行した。この「資本主義経済の奇跡」は、高い利潤率だけではなく、完全雇用、実質賃金の上昇、社会国家の拡充もともなっていた。たしかに、この局面でもまだ循環は存在したが、激しい恐慌による崩壊はなかった。マルクスの眼前にあった、恐慌、失業、そして窮乏化過程によって特徴付けられる資本主義は、少なくとも資本主義の中心地においては克服されたかのように見えた。しかし、1974、75年の世界経済恐慌によって、このことは根本的に変化する。生産力上昇の「安価」な方法(テイラー主義と大量生産)によるフォーディズム的な蓄積モデルはその限界にぶつかり、利潤率が下落した。循環的運動は大幅に強まったが、好況の局面においても経済成長率は鈍く、失業は多いままであった。とはいえ、80年代と90年代には、とりわけ実質賃金の停滞や後退によって、また企業と高額所得者にたいする大幅な減税(それはまずもって社会国家的な給付の削減によってファイナンスされた) によって、利潤率は回復した。

この180年のあいだの資本主義の発展が事実上、恐慌をともないながら進んできたということには、何の疑いの余地もない。とはいえ、この恐慌プロセスの原因が何だったかということについては論争がある。古典派経済学の代表者たちの多くは、今日の新古典派とまったく同様に、恐慌が資本主義の機能様式の帰結であることを認めなかった。古典派と新古典派にとっては、恐慌は「外的」な作用によって引き起こされるものであり（たとえば国家の経済政策）、資本主義的市場経済「それ自体」は恐慌から解放されている。ジョン・メイナード・ケインズ（1883〜1946）だけは、少なくとも絶えずくりかえされる大量失業を資本主義に内在する諸原因から説明し（Keynes 1936）、それによって「ケインズ主義」の礎を築いた。

それにたいしてマルクスは、恐慌が資本主義的生産様式それ自体に起因し、恐慌なき資本主義は不可能だということを証明しようとした。とはいえ、マルクスには、まとまりある恐慌理論は存在しない。多かれ少なかれ詳細なコメントが散見されるだけであり、これがマルクス主義的伝統のなかで全く異なった恐慌理論へと加工されたのである（これらの恐慌理論についての概観はSablowski 2003が与えてくれる）。

すでに流通手段としての貨幣の分析のところで、マルクスは貨幣による交換の媒介のうちに恐慌の一般的**可能性**を見いだしていた。自分の商品の販売は、受けとった貨幣で新たな商品を購買することなしに可能である。それゆえ、受けとった貨幣を手放さなければ、再生産の連関は中断される（MEW 23, S. 127 f.、『資本論』第1巻、191〜192ページ、本書3.7節を参照）。購買と販売の間には必然的な均衡があるに違いない、あるいは、どんな供給も同じ大きさの需要を生みだすのだという、いわゆる**セー法則**は、（貨幣に媒介された）商品流通が直接的な生産物交換と同一視される場合にしか妥当しない。あらゆる「販売」が同時に「購買」であるのは、直接的な生産物交換においてだけである。したがって、古典派や新古典派が市場経済では原理的に恐慌は起こらないということをセー法則によって基礎付けるのであれば、彼らは、結局のところ、貨幣なき資本主義を想定しているのである。

とはいえ、なぜ単なる恐慌の可能性から現実の恐慌が生起するのか、なぜ再生産の連関が実際に中断されるのかが説明されなければならない。この問題に答える際のマルクスのアプローチは様々であるが（詳細はHeinrich 1999 S. 341-370を参照)、伝統的マルクス主義にとってとりわけ重要な役割を果たしたのは、「利潤率の傾向的低下の法則」（本書8.3節を参照）に依拠した考察であった。つまり、利潤率の低下のために、いつか利潤量もまた下落し、その結果、蓄積はますます緩慢になり、最終的には恐慌に行き着くだろうというのである。恐慌理論と「利潤率の傾向的低下の法則」のこのような外観上の密接な結びつきは、たいていの場合、この法則の熱心な擁護の後ろだてでもあった。だが、マルクス恐慌理論の決定的な論拠は、この「法則」から完全に独立したものである。

資本主義的発展の基本的な傾向として、マルクスはすでに『資本論』第1巻で相対的剰余価値の生産を説明した。つまり、労働の生産力の発展による労働力価値の低下である。そして生産力の発展にとって最も重要な方法は、一層改良された機械の導入である（本書5.2、5.3節を参照)。しかし、コストを節約する機械の投入は、たいてい生産規模の拡大と結びついている。したがって、生産力の上昇は生産される財の量の増大をともなうのであり、これは競争の強制（可能なかぎり先んじて市場を商品であふれさせる、可能なかぎり速く生産的に使用することによって生産手段の減価を先んじて行わなければならない等）によってさらに強められる。しかし、マルクスが『資本論』第3巻で明らかにしているように、このような**生産**の傾向的に無制限な拡大には、幾十にも制限された社会の**消費力**が対立する（とりわけMEW 25, S. 253 ff.、『資本論』第3巻、412〜414ページを参照)。

**社会的消費**は、末端消費者の個人的消費に限られない。それは、労働者階級の消費、資本家の奢侈、そして投資によって構成される。投資とは、より正確には、使い果たした機械を補塡する補塡投資、そして追加の生産手段が調達され、したがって資本が蓄積される拡大投資である。

労働者階級の消費は、資本の価値増殖の論理によって制限されている。資本家は、賃金と雇用する労働力の数をできるだけ少なくしておこうとする。なぜなら、個々の資本家にとって賃金は単なるコスト要因にすぎないからである。「過少消費説」による恐慌理論の基礎付けは、とりわけ、この労働者階級の制限された消費力に関連する。しかし、低すぎる賃金とそのことから生じる「需要不足」という論拠は、恐慌の実在の説明としては不十分である。賃金はつねに生産物の総価値よりも少なく(この総価値は $c+v+m$ に等しく、賃金は $v$ と等しいだけである)、それは——高かろうが低かろうが——、総生産物にたいする需要としては決して十分ではない。

労働者階級の需要に加えて、資本家の奢侈需要がつねにあり——だが、経済全体からみれば、奢侈需要はもちろん相対的にわずかであり、それゆえここでは無視できる——、また投資需要も存在する。後者は決定的な変数である。追加の生産手段にたいする資本の需要はこの変数に直接的に依存する。労働者階級の消費のさらなる発展は、間接的に、つまり追加の労働力が雇われるか否かという意味で、この変数に依存する。しかし、生産資本(生産手段と労働力)への投資が多いか少ないかは、一方では、**期待利潤**に依存し——少ない利潤しか期待できないのであれば投資は抑制される——、他方では、(期待される)利潤率と利子率の比較に依存する。たしかに、資本家階級は全体としては自分の資本を生産資本に投資するか、それとも利子生み資本として用いるかという選択肢をもたないが、個々の資本家はつねにそうした選択肢をもつ。利子率が高くなればなるほど、あるいは、上昇する取引所相場への期待が強まれば強まるほど、ますます多く、生産資本にではなく、架空資本に投資される。

したがって、資本主義的生産と資本主義的消費はまったく異なる仕方で規定されているというだけではない。それらの規定的諸契機がまさに対立的な関係にある。傾向的に無制限な生産には、(欲求によってではなく、価値増殖の論理によって)限界付けられた消費が対立している。その帰結は**商品の過剰生産**への傾向であり(支払い能力のある需要と比較しての過剰生産)、**資本の過剰蓄積**への傾向であり(蓄積された資本が価値増殖されないか、わずかにしか価値増殖されない)、それは最終的には恐慌へと行き着かざるをえない。再生産は行き詰まり、投資された資本は減価する、もしくは、完全に失われることすらある。きわめて利潤の少ない生産現場は閉鎖され、きわめて利潤の少ない個別資本は破産する。労働力は解雇され、失業の増大とともに、賃金も減少する。したがって、恐慌は、甚大な破壊的プロセスである。社会的富は失われ、数多くの人々の生活状況は著しく悪化する。

とはいえ、暴力的な手段によって生産と社会的消費との不均衡を取り除くのは、まさにこれらの破壊的契機なのである。恐慌はただ破壊的な側面をもっているだけではない。それは、資本主義システム全体にとっては、まったく「生産的」なのである。つまり、利潤をもたらさない資本の消滅は生産を縮小させ、依然として機能している資本の減価と低賃金は、残存する資本の利潤率を上昇させる。最後に、貸付資本への需要が後退するのだから、利子もまた再び低下する。これらすべてが一体となって、再度の景気上昇のための道を開くのであり、これはしばしば技術革新の導入によっても支えられる。つまり、新たな機械への需要が強まり、これが第I部門(生産手段を生産するセクター)における投資を活発にし、また増大する雇用の結果として、第Ⅱ部門（消費手段を生産するセクター）への蓄積を加速させるのである。新しい景気上昇が始まるが、それは最終的には再び次の恐慌へといたる。

したがって、恐慌は単に破壊的であるだけではない。むしろ、恐慌においては、（生産と消費のように）たしかに緊密な関係にあるが、互いに自立化している諸契機（生産と消費は異なる規定に従う）の統一が暴力的に回復させられる。恐慌はまさにその破壊作用によって資本主義システムにとってポジティヴな成果をもたらすのである。マルクスはこのことを再三にわたって指摘している（MEW42, S. 360、『草稿集②』、80〜82ページ, MEW 26.2, S. 501、『全集』第26巻第2分冊、675〜676ページ、MEW 25, S. 259, 316、『資本論』第3巻、421〜422、513ページ、など）。

たとえ一般的に恐慌のメカニズムを理解したとしても、恐慌を簡単に阻止することはできない。第1に、たとえ一定のふるまいが全体としては破壊的に作用するだろうと知っていようとも、競争の圧力が個々の資本家にそのようなふるまいを**強制する**。だが、いかなる資本家も個人的に競争を下りることはできず、唯一の希望は多少なりとも被害を受けないようにするということでしかない[52]。第2に、自分が恐慌循環のどこに位置しているのかを、確実さをもって判断することは決してできない。経済が依然として好況であり、これがしばらく持続するだろうから、生産の拡大はなおも割に合うか、それとも、過剰生産の状態にまさに到達しようとしていて、そして売り上げの暴落によって過剰生産が顕在化するのか？市場でシェアを確保するために、あらゆる企業は新たな生産方法の導入を強制されるが、このことによる絶えざる生産力の発展こそが、需要動向の変移

52　数年前、BMWは、自動車市場危機の真っ最中に生産プランを拡大した。ジャーナリストがこれについて質問した際、当時のBMWの代表取締役は次のように説明した。もちろん自分は、全体としては市場に存在する自動車が多すぎるということをよく知っているが、しかし、BMWの自動車は少なすぎるのだ、と。

をもたらす。新たな分野が生まれ、古い分野はなくなるか、その意味を失う。少し前まで重要だった機械や原料はもはや意味を失う。古い企業は価値を喪失し、新しい企業が生まれる。だが、その際、期待された大きさの利潤が現実に生み出されるかどうかは定かではない。この経済的激動のなかで唯一の確実なことは、不確実性である。この状況下で資本家として生き延びる唯一のチャンスは、それがどんな結果をもたらそうとも、利潤を増大させるためにあらゆる可能性を利用することにある。資本主義においては、どのような展開によって恐慌になるのかを多少なりともよく理解しているとしても、恐慌は回避されないのである。

『資本論』でマルクスが目標とした一般的叙述の次元においては、恐慌の具体的過程についてこれ以上述べることはできない。この恐慌の過程はそのつどの具体的状況、たとえば、技術的発展と経営組織的発展、信用システムの構造、世界市場内でのその国の位置（資本はとりわけ恐慌時に世界市場を強く求める）、労働者階級の組織とその闘争、景気動向にたいする国家介入のあり方に依存する。そして、このことは、通常約10年の景気循環の進行にあてはまるだけではなく、長期的な、超循環的な発展にたいしてもより一層あてはまる。ここでわれわれは、マルクスが苦心した、資本主義的生産様式を「その理念的平均において」叙述することの限界に到達する。

## 9.2 マルクスにおいて崩壊論は存在したのか？

労働運動の歴史上、経済恐慌は、その破壊的側面のために、資本主義にとって存在を脅かすものだと長い間みなされてきた。深刻な経済恐慌は政治システムの危機に行き着く可能性がある。経済的再生産の困難に直面し、政治的支配関係はその正当性を失い、人々は反逆し始める。1850年代前半に、マルクスは、

1848、49年のヨーロッパを震撼させた革命運動に、1847、48年の深刻な経済恐慌の影響を見てとった。マルクスはこの結論をいくらか性急に一般化し、次の恐慌とともに次の革命も起こることを期待した（MEW 7, S. 441、『全集』第7巻、450ページを参照）。だが、次の経済恐慌は、恐慌と革命運動の直接的な関係は決して不可避的なものではないことを明らかにした。遅くとも20世紀以降、深刻な経済恐慌によって引き起こされた不安定さが、ナショナリズム運動やファシズム運動の温床にもなりうることをわれわれは知っている。

経済恐慌が最終的には資本主義の崩壊へと行き着くだろうという考え、資本主義がその「最終恐慌」へと向かうという考えは、労働運動の歴史上、広く普及していた。『資本論』から「マルクスの崩壊論」を読み取ったのである。1990年代に、この古い理念が、とりわけロベルト・クルツと恐慌グループによって復活させられた。

たしかに、マルクスは『資本論』第3巻のなかで、資本主義的生産様式の「制限」について語っている。だが、それは、時間的な終焉という意味においてではない。ここでは、制限性は狭隘さとして理解されるべきである。その狭隘さは以下の点にある。すなわち、たしかに資本は生産力をかつてどんな生産様式もなしえなかった規模で発展させるが、この発展はただ資本の価値増殖にしか役立たないということである。

「資本主義的生産の**真の制限**は、**資本そのもの**である。というのは、資本とその自己増殖とが、生産の出発点および終結点として、生産の動機および目的として、現れる、ということである。生産は資本のための生産にすぎないということ、そして、その逆に、生産手段は、生産者たちの**社会**のために生活過程をつねに拡大していくためにだけ役立つ諸手段なのではない、ということである。」（MEW 25, S. 260、『資本論』第3巻、423ページ）

続けて、マルクスはたしかに無制限な生産力の発展と制限された資本主義的目的との「絶えざる衝突」について語っている。しかし、なんらかの意味での「崩壊」については語っていない。

ただ1つの箇所においてだけ――『資本論』ではなく、それ以前に書かれた『要綱』の中で――、崩壊論として理解できるような発言が見受けられる。その箇所では、増大する科学利用の重要性との関連で、富の生産にとって重要なのは、第一義的には、生産過程において遂行される労働ではなく、「一般的生産力」としての科学の利用であると言われている。そしてマルクスは、このような資本主義的生産様式の内部での変化から、ただちに生産様式全体の崩壊を推論する。

「直接的形態における労働が富の偉大な源泉であることやめるやいなや、労働時間は富の尺度であることを、だからまた、交換価値は使用価値の尺度であることをやめるし、またやめざるをえない。**大衆の剰余労働**はすでに一般的富の発展のための条件であることをやめてしまったし、同様にまた、**少数者の非労働**は人間の頭脳の一般的諸力の発展のための条件であることをやめてしまった。それとともに交換価値を土台とする生産は崩壊する（後略）。」（MEW 42, S.601、『草稿集②』、490ページ）

とはいえ、マルクスは後の著作では『要綱』のこのアイデアには二度と立ち返らなかった。たしかに、資本主義的生産過程にとっての科学の意義については、『資本論』第1巻においても、いくつもの箇所で扱われているが、そこでは「生産過程の精神的力能の手の労働からの分離」（MEW 23, S. 446、『資本論』第1巻、728ページ）は、資本主義的生産様式の弱化としてではなく、資本の労働にたいする権力の強化のための一契機として見なされているのである（同上。本書5.3節を参照）。

個々の商品の生産過程に支出される労働が絶えず減少しなければならないという、すでに言及された過程の価値的側面は、『資本論』では崩壊へ向かう傾向としてではなく、相対的剰余価値の生産の基礎として分析されている。資本が「労働時間を最小限に縮減しようと努めながら、他方では労働時間を富の唯一の尺度かつ源泉として措定する」（MEW 42, S. 601、『草稿集②』、490ページ）という外観上の矛盾は（『要綱』においてマルクスはこれに非常に驚いた）、クルツやトレンクレ、そしてその他の恐慌グループの代表者たちにおいては、「資本の論理的な自己矛盾」となり、それによって資本主義は不可避的に破滅するに違いないというのである。それにたいして、マルクスは、『資本論』第1巻のなかで、すでに18世紀にフランスの経済学者ケネーが自分の反対者たちを悩ませていたという経済学の古い謎としてこの矛盾をさりげなく解き明かしている。マルクスが言うように、資本家にとって重要なのは商品の絶対的価値ではなく、商品が彼にもたらす剰余価値（あるいは利潤）であることを考慮すれば、この謎は容易に理解することができる。資本によって生産される剰余価値もしくは利潤だけが増大する場合には、個々の商品の生産に必要な労働時間は十分に減少しうるのであり、それゆえ商品の価値は下落しうるのである。剰余価値ないし利潤が、高い価値をもつより少数の生産物に分配されるか、あるいは、より少ない価値をもつより多くの生産物に分配されるかは、取るに足らないことである（MEW 23, S. 338 f.、『資本論』第1巻、556ページ）。

細部に関するあらゆる反論を度外視しても、崩壊論の根本的な問題は以下のことにある。つまり、たとえ歴史的なプロセスにおいて何が起ころうとも、それとはまったく関わりなしに、資本主義のさらなる発展が不可能となるような、不可避的な傾向を崩壊論は提示しなければならないということである。マルクス主義の歴史において、このような崩壊への傾向は、様々な要因によって根拠付けられた。クルツにおいては、この役割を引き受けているものは「ミクロエレクトロニクス革命」、すなわち、大量の労働を過剰にし、「価値実体の溶解」をもたらすというテクノロジーの一定の発展段階なのである。[53]

左翼にとって、崩壊論は歴史的にはいつも免責機能を果たしてきた。つまり、現実の敗北がどれほど手酷いものであろうが、敵の終焉は最終的には確実だというのである。ここでの崩壊論批判はけっして「資本主義への降伏」（崩壊論批判にたいして向けられた、ノルベルト・トレンクレの論文タイトル）ではない。というのも、崩壊論の予言が確たるものでないということが、資本主義を少しでもましなものにするわけではないからである。

---

53　クルツの崩壊論にたいする詳しい批判は、Heinrich（1999b）を見よ。ついでに、あるアイロニーについて述べておこう。ここでは資本主義崩壊論を根拠付けているテクノロジー決定論は、大変驚くべきことに、そのほかの点ではクルツが激しく批判する「労働運動マルクス主義」（図式的な生産力と生産関係の弁証法によって世界史の歩みを説明する）に適合的である。

# 10 ブルジョア的諸関係の物神崇拝

## 10.1 「三位一体定式」

資本主義的生産様式の貫徹にともなって、身分制的、封建的な諸関係は、それらの政治的・宗教的装いとともに解体する。身分、特典、生まれつきの特権は、商品所持者の平等性の背後へと消え失せ、商品所持者がなおも知っている唯一の不平等は所持物の不平等だけである。資本主義が必要とし、促進する、科学と技術の体系的な発展は、伝来の偏見や宗教的な世界解釈を掘り崩す。この基礎の上に啓蒙、文明、文化の中心地としてのブルジョア的資本主義社会の自己了解が成立したのであり、そこで、西洋文明がついにその最高点に達したとされる。この視点からすると、あらゆる他の社会形態は、ブルジョア社会に比べて未発展の前段階として現われた。あるいは、それらは「原始的」と見なされ、その原始性は、とりわけ特定の木片、あるいは素材片に魔術的な力を認める「物神崇拝」に示されるとされた。この優越感は、特に19世紀と20世紀の植民地主義にイデオロギー的装飾を与えた。すなわち、植民地化された住民に、ただ文化と文明がもたらされるべきであると。

ブルジョア資本主義時代の合理的な自己了解は、社会学的省察においても見てとれた。近代社会学の最も重要な生みの親の1人である、マックス・ウェーバー（1864〜1920）は、「世界の脱魔術化」とあらゆる生活諸関係に浸透する「合理化」を資本主義に刻印された社会の決定的な属性としてはっきりと示した。

マルクスとエンゲルスも、1848年に『共産党宣言』で、次のようにブルジョアジーの台頭の帰結を性格付けたとき、そのような「脱魔術化」を目にしていた。

「ブルジョアジーは、支配権をにぎったところではどこでも、封建的、家父長制的、牧歌的諸関係をのこらず破壊した。(中略)一言でいえば、ブルジョアジーは宗教的および政治的幻影でつつまれた搾取を、あからさまな、恥しらずな、露骨なあけすけな搾取とおきかえたのであった。(中略)身分的なもの、恒常的なものはすべて煙となって消え、神聖なものはすべてけがされる。こうして、ついに人々は、自分の生活上の地位や、おたがいの関係をひややかな目でみるほかはなくなる。」(MEW 4, S. 464 f.、『全集』第4巻、478〜479ページ)

マルクスとエンゲルスは、ここではまだ資本主義の貫徹によって、社会的諸関係がより透明なものになるだろうと考えている。すなわち、いまや支配と搾取は、神々しくされたり、扮装されたりせずに、はっきりと見通せるという。こうした考えには、被抑圧者と被搾取者がいまや、自分の状況を「ひややかな目で」見るにちがいないであろうから、搾取的な諸関係にたいしてますます抵抗するであろうという期待が結びついている。

資本主義の労働者階級の搾取がほんらい白日のもとにあり、新聞、教会、学校などを使って、これを覆い隠すのは支配者の操作にすぎないという考えは、伝統的マルクス主義にも、かなり流布していた。そのため、イデオロギー批判はたいてい暴露として理解された。すなわち、思想の背後にある「現実的利害関心」が暴かれるべきであると考えられた。[54]

54　その際によりどころになったのは、この点に関して述べられた、1845、46年に執筆された『ドイツ・イデオロギー』における非常に単純な世界観であった。そこでマルクスとエンゲルスは次のように書いている。「支配的階級の思想はいずれの時代においても支配的思想である。ということは、社会の支配的物質的力であるところの階級は同時に社会の支配的**精神的**力であるということである。」(MEW 3, S. 46、『全

もっとも、マルクスは『共産党宣言』の立場にとどまっていたわけではない。『資本論』では、資本主義の社会的諸関係がそのように簡単に見通されうるということは決して言われていない。むしろ、まったく反対に、『資本論』の重要な箇所では、この社会的諸関係の「神秘化」が問題となっている。マルクスが『資本論』で物神崇拝や神秘化と呼ぶものは、支配者の操作によって生じるのではなく、ブルジョア社会の構造とこの構造をつねに再生産する諸行為から発生する転倒なのである。マルクスがその際、物神崇拝について語るということは、明らかにあてこすりであり、それはブルジョア社会の啓蒙主義的・合理主義的な自己確信にたいしてだけでなく、まさにこの物神崇拝にだまされている経済学の経験主義的な自己了解にたいしても向けられている（本書3.8節以降を参照）。

以前の節で言及された、さまざまな物神形態や神秘化はたがいに分離して並立しているのではない。マルクスは『資本論』第3巻の終わりに「三位一体定式」というタイトルのもとで、それらが1つの全体をなすということを総括的に描いている（MEW 25, S. 822 ff.、『資本論』第3巻、1429ページ以下）。

資本主義的生産過程は、社会的生産過程の特定の歴史的形態である。その基礎には直接生産者の生産手段からの分離があり、その結果、労働者は形式的には自由であるにもかかわらず、生産手段を自由に処分する資本家たちに、自分の労働力を売ることを物質的に強制されている。資本家たちは賃金として労働力の価値（労働力の再生産費）を支払うが、労働力にその価値を再生産するのに必要な分より長く働かせる。つまり、資本家たちは被雇用者から剰余労働を汲みだし、この剰余労働が生産物の販売に際しては、剰余価値として現れる。しかし、剰余価値は資本家のもとに完全な形でとどまりはしない。まず資本家は、

集』第3巻、42ページ）

土地所有者に地代を支払わなければならない（あるいは、自ら土地所有者になるためには、土地を買わなければならない）。利用可能な土地は限られており、そうした土地も土地所持者が私的所有しているので、資本家たちは地代を支払わなければならない。たとえ彼らが地代を日常的な費用要因として考えるとしても、彼らが地代を払うことができるのは、剰余価値からでしかない。剰余価値を最初に取得する資本家階級は、それを土地所有者の階級と分かちあわなければならない[55]。

ただし、生産物はその価値通りに販売されず、それゆえ個別資本家も、彼によって雇用された労働力がつくり出した剰余価値を正確には取得しない。偶然的な変動を度外視すれば、個別資本家は平均利潤、すなわち彼が前貸しした資本の大きさに比例した利潤を受けとる。それから、この平均利潤が利子と企業者利得とに分けられる[56]。

したがって、経済の毎年の総生産物は、素材的にも価値的にも、使用された生産手段を補填する部分と、労働者が賃金として受けとり、自らの再生産にとって必要な部分、さらには生産手段と労働力の再生産を超過する剰余生産物に分かれるのである。そして、この剰余生産物部分は、地代、利子および企業者利得へと分割される。

資本、土地所有および労働力は、根本的に異なったものであるが、それらはその所持者にとって**所得の源泉**であるという共

---

55　個々の地代の高さが何に依存しているかは、ここではこれ以上扱えない。ここで扱えるのは「土地の価値」についてだけである。つまり、未耕地が問題になるかぎり、「土地の価値」は「労働の価値」と同じく「想像上の」表現である（本書4.5節を参照）。この「価値」は期待された地代の高さに依存している。地価は、通常の利子率のもとで、この地代の高さで利子をもたらす資本総額とだいたい同じである。したがって、「土地の価値」は架空資本の「価値」と似た方法で算出される。

56　地代支払いの総額は社会全体の剰余価値からのひとつの控除をなす。この控除のために、社会全体の利潤量は、この控除がもし存在しなかった場合よりも小さくなる。平均利潤はつねにこのより小さな社会全体の利潤量に関わるものであり、したがって、それが利子と企業者利得へと分割されるにすぎない。

通の属性をもっている[57]。資本は利潤あるいは利子をもたらし、土地所有は地代を、労働力は労賃をもたらす（あるいは労働が労賃をもたらす。そのように労働者にたいしても、資本家にたいしても現象する。本書4.5節を参照）。これらの所得は、それぞれの源泉を枯らすことなしに、すべて消費されうる。

資本家にとっては、資本は雇用された労働力から剰余労働を汲みだすことを可能にするので、資本が所得源泉である。土地所有が土地所有者にとっての所得源泉であるのは、資本家たちによって汲みだされた剰余価値の一部を自分のもとに引き寄せることが、土地所有によって可能になるからである。また、労働が所得源泉であるのは、労働者が労働を手段にして、彼ら自身によって作り出された価値の一部を受け取るからである。したがって、資本、土地所有および労働は、それらが取得の手段であることによって、まさに**所得源泉**なのである。資本主義的諸関係のもとでは、資本、土地所有および労働を手段にして**毎年の生産物の一部が所得として取得される**。

しかし、生産行為者たち（資本家、土地所有者および労働力）にとっては、たいていの国民経済学理論にとってとまったく同様に、事柄は転倒された形態で現われる。彼らにとっては、資本、土地所有および労働は、3つの異なる、相互に独立した、**毎年生産される価値の源泉**として現象する。そして、日常の意識や経済学者は同じように、それらが**価値の源泉**であるということだけから、一般に資本、土地所有および労働はこの価値の諸部分を**取得する手段**になりうると推論する。生産行為者たちにとっては、資本、土地および労働の所持者が所得として通常受けとるものは、彼らの「生産要因」が生産物に付加した価値部分そのものであるかのように見えるのである。

どのようにして、こうした外観が生じるのだろうか。商品物

---

57　マルクスはしばしば、所得にたいしてフランス語の表現の「収入源（Revenuequellen）」を用いている。

神についての節（本書3.8節）ですでに、ブルジョア社会における商品の価値性格は、ある「社会的自然事実」として現象するということが明らかにされた。たしかに、価値は重さや色のような、自然属性を何ももたないことは明らかであるが、特定の社会的関連においてだけでなく、あらゆる社会的関連において、まるで生産物が自動的に価値を持っているかのように見える。純粋に素材的に考察すれば、個別の生産物は、ある生産過程の結果であり、その過程で労働が支出され、（生産された）生産手段が充用され、土地が（農業において、あるいは原料の産出に際して）用いられる。それとまったく同様の形で、価値形成過程が把握される。つまり、価値はそれぞれの生産要因が寄与した価値形成分の総和として把握されるのである。

この転倒は、労働と賃労働のあいだには、本質的な区別は何もないように見えるということを基礎にしている。労働と物質的労働諸条件の分離は当然のこととして受け入れられる。[58] しかし、労働と賃労働のあいだに何も本質的な区別がないのならば、労働に対立する生産手段と資本のあいだや、大地と土地所有のあいだにも何も本質的な区別がないことになる。マルクスはこのことを次のように要約している。

「したがって、労働が賃労働と一致すれば、労働諸条件がいまや労働に対立してとる一定の社会的形態もまた、労働諸条件の素材的定在と一致する。その場合には、労働諸手段そのものが資本であり、大地そのものが土地所有である。その場合には、労働にたいするこれらの労働諸条件の形式的な自立化、労働諸条件が賃労働にたいしてとるこの自立化の特殊な形態は、物としての、物質的生産諸条件としての、これらの労働諸条件と不可分な一属性であり、生産諸要素としてのこれらの労働諸条件に必然的にそなわる、内在的に根付いている一性格である。資

58　自立的な手工業者においては、この分離はたしかに廃止されているが、そこではほんらい分離されているものが偶然的に結合しているように現象するのである。

本主義的生産過程における、一定の歴史的時代によって規定された、これらの労働条件の社会的性格は、それらのものに自然的に、いわば永遠の昔から、生産過程の諸要素として生来そなわる物的な一性格である。」(MEW 25, S. 833、『資本論』第3巻、1450ページ)

賃労働、資本および土地所有という**社会的形態諸規定**が、その外見上、労働、生産手段および大地という**素材的生産諸条件**と一致するため、あらゆる労働過程がすでにはじめから資本主義的生産過程であるということになる。それゆえ、マルクスは「生産諸関係の物象化」(MEW 25, S. 838、『資本論』第3巻、1459ページ)について語っている。つまり、生産諸関係から、もはや、人間たちの特定の歴史的諸関係が問題になっているのを見てとることはできなくなり、むしろ、この歴史的諸関係が、そもそも生産が行われなくてはならないという純粋に物的な事実のうちに、根拠付けられているように見えるのである。

そのとき賃金、利潤および地代は、賃労働、資本および土地所有の作用に由来する生産物価値の諸部分にほかならないように見える。その際に根本的なのは、労働力の価値が、「労働の価値」(本書4.5節を参照)に転化することである。まさに、賃金において外見的に「労働の価値」が支払われているからこそ、残っている価値部分である利潤と地代が、2つの他の「生産要因」である資本と土地所有から生じるに違いない。また、商品が価値ではなく、生産価格で交換されるので、この個別の商品にくっついた外観を解消することもできない。一方の支出された労働力と他方の平均利潤および地代のあいだには、いかなる連関もないように見える。すなわち、利潤は(標準的条件のもとでは)、雇用されている労働力の大小にかかわらず、資本の大きさに依存し、地代は、どのような土地がどれくらい使用されたかに依存する。

資本—利潤あるいは利子、土地所有—地代、労働—労賃、すなわち、価値とその源泉との外観上の連関を表現する、この「トリニテート」（三位一体）を、マルクスは**三位一体定式**とよぶ。マルクスによれば、その定式において、

「資本主義的生産様式の神秘化、社会的諸関係の物化、素材的生産諸関係とその歴史的・社会的規定性との直接的癒着が完成されている。魔法にかけられ、さかさまにされ、さか立ちさせられた世界、そこでは資本氏と土地夫人が社会的登場人物として、同時に直接にはただの物として、その幻像をかけめぐらせる。」（MEW 25, S. 838、『資本論』第3巻、1458〜1459ページ）

「資本」と「土地」は、資本主義社会においては、原始的とされる社会における木やある素材の物神とまったく同様に、魔術的な能力を受けとる。そのため、ブルジョア社会の人びともまた「魔術化された」世界に生きているのであり、そこでは「物象の人格化」が生じる。すなわち、社会的過程の主体は人びとではなく、商品、貨幣、資本である。ここで問題になっているのは、決して単なる虚偽意識ではない。くりかえし「生産諸要因」の自立化をもたらし、ある物象的強制としての社会的連関を構築するのは、資本主義社会の社会実践なのである。この物象的強制から逃れようとするならば、個々人は経済的没落という罰を甘受しなくてはならない。その限りで、人格化された物象は、まったくもって物質的な力を所持しているのである。

社会的諸関係の物神崇拝によって、ブルジョア社会の全成員が支配されている。この物神崇拝は、全社会成員の知覚を構造化する「客観的な思考諸形態」のうちに結晶化する（本書3.8節を参照）。資本家も労働者も、物神崇拝から逃れるための特権的な位置を占めることはない。

ただし、物神崇拝は、逃れるすべのない、完全に閉じられ、扮装された関係であるわけでもない。むしろ、物神崇拝は構造化作用をもつ背景として、つねに存在しているけれども、個々人に異なる強さで作用し、経験と反省によって突破されうるも

のである。

## 10.2　反ユダヤ主義についての付論

『資本論』の「序言」で、マルクスは以下のように書いている。自分は「資本家と土地所有者の姿態」を決してバラ色で描いてはいない。しかし、諸人格は「経済的諸カテゴリーの人格化」であるかぎりでのみ問題になる。したがって、「個々人に諸関係の責任を負わせること」はできない。「個人は主観的には諸関係をどんなに超越しようとも、社会的には依然として諸関係の被造物なのである」(MEW 23, S.16、『資本論』第1巻、12ページ)。先に示されたように（本書4.2節、あるいは5.2節を参照)、経済的行為者は、経済的諸関係自体が強制する合理性に従う。そのため、資本の価値増殖を推し進めようとする資本家の絶えざる試みは、(通常）決して資本家個人たちの「過度の利得追求」から生じるものではない。むしろ、競争こそが、経済的没落という罰によって、彼らにそのようなふるまいを強制している。資本主義の作用によって利潤を得る人々もみな、大きな歯車の一部である。資本主義はある匿名の機械装置であることが判明する。その機械装置は、それを自らの意志で運転し、その機械装置によって引き起こされた破壊について責任を負わせられるような主人を持たない。この破壊に終止符を打つためには、資本家たちを批判するだけでは十分ではなく、むしろ、資本主義的構造をその総体において廃棄しなくてはならない。

しかし、「物象の人格化と生産諸関係の物象化」(MEW 25, S. 838、『資本論』第3巻、1459ページ）とともに、資本主義は全体として、批判にたいしてほとんど完全に見えるような免疫をつける。資本主義的機械装置は外見上、社会的生活過程が最も進歩した姿にほかならないので（社会的形態規定が素材的内容からもはや分離されえないということが、まさに**三位一体定式**が表現するものである)、社会はこの機械装置から自由になることができず、不可避とされる「物象的強制」への服従からは逃れられないように見える。そうなれば、物象的強制と折り合いをつけなければならない。

しかし、資本主義の無理な諸要求に直面して――資本主義は恐慌をともないながら、諸個人の人生の展望を台無しにし、絶えず新たに、あらゆる生活状況をおびやかす――、物神崇拝の否定が制限された形態で、くりかえし生じる。その結果、こうした悲惨さにたいする責任を負わせられるような、資本主義という匿名の機械体系の背後に潜む「犯人」探しが始まる。この「犯人」の行為にたいして働きかけ、極端な場合には、彼らに帰せられる悪行にたいする償いをさせようとする。こうして、さまざまな資本主義社会において、**物神崇拝的諸関係の人格化** *Personalisierung*が度々認められるのである。この人格化には、**反ユダヤ主義**も含まれるが、もっともそれはそのような反ユダヤ主義にみられる人格化だけに還元されるものではない[59]。

『資本論』でマルクスは、そのような人格化も、反ユダヤ主義も取り上げなかった。この節では、物神崇拝に関するマルクスの分析をもとに、人格化と反ユダヤ主義の諸現象に取り組むことにする。ただし、その際に、われわれは資本主義的生産様式を「その理念的平均で」描くことの制限にぶつかる。つまり、人格化と反ユダヤ主義は、経済学批判のカテゴリーから決して「演繹」されるものではない。資本主義的諸関係の人格化は、歴史的文脈やそのつどの社会構造によって、まったく異なる諸形態を取りうるのであり、いくつかの諸形態が同時に存在する

---

59　Personifikation、Personifizierung、Personalisierungという3つの人格化の概念は正確に区別されなければならない。*Personifikation*が意味するのは、ある人格がただ物象の論理に従うということである(資本のPersonifikationとしての資本家)。物象の*Personifizierung*が意味するのは、人格の諸属性が物象に与えられることである(資本が自立的な主体として現象する)。そして*Personalisierung*は、社会的諸構造が人格の意識的な作用に還元されることである。

こともありうる。

「資本家たち」がその総体として、その時々の悲惨さにたいする責任を負わせられるのはむしろまれである。まったくもって明らかなように、しばしば資本家たちも諸関係に強制されており、没落したくなければ、「市場の要求」に服従しなければならない。とりわけ中小規模の資本家たちに、このことがあてはまるように思われる。その一方で、巨大コンツェルンや「独占企業」にとっては、これらの諸要求から逃れる力、あるいはそれらをそもそも最初に生みだす力がはっきりと認められている。そして結果的には、小資本家からなる善き資本主義と、大資本家からなる良心を欠いた、搾取的な悪い資本主義が区別され、その際に、後者が背後で本当に糸を操るものとして見なされるのである。

人格化のもう1つのヴァリエーションは、「銀行」にたいする（場合によっては「投機家」も）非難である。彼らは信用と株式保有によって、多数の企業をコントロールし、それによって経済の影の操縦者になっているとされる。ここでは、善き、産業・生産資本に、悪い貪欲な金融資本が対置されている。

これらの人格化は、その基礎をまさに現実の諸区別のなかに見いだしている。一方で、小企業の競争状況と自由裁量の余地は、多くの場合、大企業とはまったく異なるように見える。また、銀行と産業企業の利害関心には、様々な問題に関して、かなりの相違がある。大企業と銀行の幹部が、彼らの権力的地位をどのように利用するかについての具体例も十分に見いだされる。とはいえ、大企業も大銀行も、まったく同じように、価値によって媒介された経済的連関の強制法則から長期にわたって逃れることはほとんどできない。しばしば、巨大コンツェルン、銀行および投機家は、自分たちの利潤のことだけを考えているかのように非難される。ただしこう付け加えなくてはならない。資本主義、具体的には、競争の強制のもとでは、資本の大小は関係なしに、あらゆる資本家にとって、自分たちの利潤こそが重要なのであると。

人格化の特殊な一形態が、**反ユダヤ主義**である。ここでは一方で貨幣と利得にたいする経済的志向が「ユダヤ人」に帰せられる。それは、ユダヤ人の性格あるいは——19世紀の「人種理論」の登場以来——「人種」に根付いているとされる。世界支配にいたるまでの無制約な権力欲も同様であり、それは反ユダヤ主義にいわせれば、広範にわたる成功をすでにおさめている。

ユダヤ人への憎悪や迫害は、前ブルジョア社会、とりわけヨーロッパ中世においても存在した。ただし、中世のユダヤ人憎悪と19、20世紀の反ユダヤ主義のあいだには、明確な違いがある。十字軍以来（第1回は1096年に行われた)、ユダヤ人憎悪は宗教的要素を強く持つようになった。たしかに、ユダヤ人はすでにずっと以前からイエスの磔刑のために「神殺し」として罵られていたが、とりわけ十字軍とともに、この非難は新しい質を獲得した。すなわち、「聖地」を占領していた「イスラム教徒」とまったく同様に、ほんらい、この「神殺し」を打ち殺すべきであるという意見が広まったのである。同じ時期に、キリスト教徒にとって、利子取得の禁止が厳格化され（第3回ラテラノ公会議1179年)、さらに、ユダヤ人は多くの生業部門から拒まれた（第4回ラテラノ公会議1215年)。キリスト教の洗礼を受けることを望まないのならば、ユダヤ人に稼ぎ口として残ったのは、主に商業と金貸し業であった。

たしかに、前ブルジョア社会にも交換と貨幣は存在したが、これらは副次的な役割を果たしていたにすぎない。搾取と支配は、直接の人格的な暴力・従属関係によって媒介されていた（奴隷がその所持者に、農奴あるいは賦役義務を負う農民が地主に従属することなど)。交換と貨幣による搾取は、前ブルジョア社会の諸関係を掘り崩し、その際に、下層民の悲惨さを増大させた。そこでは窮乏化が、しばしば小金貸し業者からの負債によってもたらされた。

貴族と領主はユダヤの大銀行家の奉仕を必要とし、このためにユダヤの大銀行家はたしかに宮廷内で特権的な地位を獲得したが、たちまち一般的なねたみの対象にもなり、政治的・財政的困難の責任を負わされた。

中世および近代初期に、ユダヤ人だけが、商業と金貸し業に従事していたわけではない。しかし、ユダヤ人は、何世紀にもわたる服装規定、ゲットーへの居住、キリスト教的行事への不参加などによって、「よそ者」集団としてはっきりと目についた。したがって、貨幣や利子の破壊的力と彼らを同一視することが容易だったのである。それは自分がこの破壊的力によって被害を被ったかどうか、またユダヤ人とそもそもコンタクトがあったのかどうかということには関係ない。ユダヤ人は広く流布した憎悪の対象になり、さらに、その憎悪は、奇怪な風評、たとえばキリスト教の子どもたちを殺す儀式があるなどという風評によって煽られた。中世の中期以来、このユダヤ人への憎悪はくりかえしポグロムや追放という形で爆発し、それはしばしば教会、領主および都市の上層部から是認された。結局は、上層民も下層民もユダヤ人の財産を盗んだのである。

現代的反ユダヤ主義にとっては、宗教的契機は重要な役割を果たさない。一層世俗化された世界では、「間違った」宗教は決定的な基準ではもはやありえない。もっとも、「ユダヤ人」に経済的ふるまいとして帰せられること、つまり貨幣と利得だけに関心をもち、貨幣の力によって、自分は働かなくてもよく、他人の労働によって生きるということは、まったく新しい重みを受けとる。貨幣、資本の価値増殖、利潤の最大化および利子は、社会の周縁で役割を果たすだけではなく、それらは資本主義的生産様式にとっては本質的である。それとともに、ブルジョア・資本主義社会の反ユダヤ主義は、根本的な形で、すべての他の差別、偏見および責任転嫁から区別される。ブルジョア社会においても、前ブルジョア社会においても、他の様々な集団も差別されていたし、今も差別されている。また、彼らには特別なふるまい方、あるいは能力が帰せられる（異常な抜け目なさ、性的なアグレッシブさなど）。しかし、現代の反ユダヤ主義においてのみ、この**社会の中心的構成原理が「外部に向けて」、1つの「よそ者」集団に投影されている**[60]。**その際に経済的領域だけが投影**されるのではなく、現代ブルジョア社会の文化的特性（知識人性、流動性など）も、「ユダヤ人」に過剰に帰せられ、同時に退廃的なものとして蔑視される。

結局のところ、反ユダヤ主義的思考が強調するユダヤ人のよそ者らしさは、あらゆる共同体に原則的に対立するものである。たしかに、たとえばドイツのトルコ人もよそ者と見なされているが、それは彼が**他の**共同体に属している（とされる）からにすぎない。しかし、反ユダヤ主義においてユダヤ人は、単純に他の共同体の構成員として識別されるのではなく、あらゆる共同体を解体し、破壊する者として識別されるのである。

経済に話を限定するならば、反ユダヤ主義的ステレオタイプを、価値理論上の異なった次元にそれぞれ固定することができる。つまり、前資本主義的諸関係から継承された、「ユダヤ的小商人根性」の表象は、どんなに小さな商業上の利益も追い求め、「高利貸し」としては債務者を無慈悲に不幸に突き落とすというものだが、それは基本的には商品と貨幣の単純流通の次元にとどまっている（たとえ利子が重要であるとしても）。具

60　これにたいして、19世紀後半の「人種理論」の登場とともに、反ユダヤ主義が「人種理論的」に基礎付けられたということは、反ユダヤ主義の性格描写としてはあまり重要ではなく、むしろ19世紀の学問信仰によるものだったと私には思われる。すなわち、当時、反ユダヤ主義は学問的装いをとるべきとされたのである。いずれにせよ、「人種理論」の登場前も、それが信憑性を失った後も、現代的反ユダヤ主義は影響力を持っていた。

体的労働や使用価値に対峙する、貨幣において自立化させられた価値の力は、「ユダヤ人」に由来する力として彼らへと投影される。ここで人格化されているのは、概念的に把握されていない貨幣物神である。

とりわけ、国家社会主義によって説かれた、「創造的」（非ユダヤ的）資本と「貪欲な」（ユダヤ的）資本の対置は、後者が前者を銀行や取引所を使って絞めつけるというものだったが、それとともに、貨幣において自立化させられた価値と具体的労働の対立は、資本主義的再生産の総過程の次元へとずらされた。ここで人格化されているのは、もっとも発展した姿態である、利子生み資本としての**資本物神**である。本書第8.1節では、外見上、資本ほんらいの果実として現象する利子が、いかにして企業者利得を企業家の労働の果実とし、それによって機能資本家を労働者の1つの特殊なカテゴリーに還元するかが示された。ここで問題となっている人格化は、この外観に基づいている。利子と企業者利得の分離ではなく、利子を生みだす資本の神秘的な力が問題視される。つまり、企業家であろうと労働者であろうと、現実に働いている者を「利子への隷属状態」におき、非労働者として自身は「寄生者」にほかならないのは、目下「ユダヤ人」なのである。[61]

「ユダヤ人たち」が、反ユダヤ主義的思考のうちで、真の資本家として突き止められることによって、彼らは、資本主義の生みだすあらゆる悪や大変動にたいする責任を負わせられることになる。しかし同時に、彼らはそれによって強大なものとしても現れる。つまり、彼らは銀行や取引所を通して、大企業を支配し、その金でマスコミを買収できる（そしてこのことは反

61　こうした形での反ユダヤ主義は、短絡的で見当違いな資本主義批判に基づいている。しかし、あらゆる短絡的な資本主義批判、たとえば金融市場の役割にすべての資本主義の悪の根拠を見るような批判がすでに反ユダヤ主義的というわけではない。ただし、そのような見当違いな批判が、反ユダヤ主義的ステレオタイプにとって手ごろな接続点を提供する。

ユダヤ主義者たちにいわせれば、彼らの思考に対抗する、あらゆる新聞記事によって証明される)。最終的に、彼らは政党や政府にも影響力を及ぼす。また、「ユダヤ人」は故郷がなく、どこにも根付かないが、その代わりに世界に広がったネットワークを持つと見なされている。そして、ユダヤ人の優位と彼らの根なし草性という両ステレオタイプは、反ユダヤ主義的思考において第3のステレオタイプにいたる。すなわち、「ユダヤ世界陰謀」である(「ユダヤ共産主義」もしばしばそのうちに数えられた)。ユダヤ人が世界支配を目指し、この目的にもすでにかなり近付いたと想定されている。貨幣、資本、世界市場による、匿名的で捉えることのできない力から発するすべての脅威は、いまや1つの顔を獲得する。それは「世界ユダヤ主義」による脅威である。

もっとも、反ユダヤ主義のこの一般的な規定によっては、反ユダヤ主義が実際に広がっているかどうか、またどれくらいの規模で広がっているのかについては、まだ何も述べられていない。資本主義的諸関係の人格化が、これらの諸関係のもとで苦しんでいる諸個人の重荷を軽減するということは、彼らが必然的にこの人格化による重荷の軽減にすがるということを意味しない。また彼らがそうするとしても、使用された人格化がつねに反ユダヤ主義的性格をもつわけではない[62]。また、これまで考察をおこなってきた、マルクスの『資本論』の一般的な論証の次元で、反ユダヤ主義がいかなる方法で社会的に作用し、どの程度の災いをそれが引き起こすのかといったことについて発言するのは、なおさら不可能である[63]。

---

62　それゆえ、反ユダヤ主義の広まりについてより正確なことを知りたいのならば、ブルジョア社会によって生み出された精神構造に取り組むのは、もっともなことである。しかし、このホルクハイマー=アドルノやヴィルヘルム・ライヒによってすでに1930年代に始められた論争については、ここでは取り上げることができない。

63　モイシュ・ポストンは「国家社会主義と反ユダヤ主義」という論文で、そのような性急な一義性がはらむ危険にはまりこんでいる。彼は、商品物神からアウシュビッ

## 10.3 諸階級、階級闘争および歴史決定論

伝統的マルクス主義の多くの潮流が、マルクスの資本分析を何よりもまず階級分析として、ブルジョアジーとプロレタリアートの闘争の研究として理解した。今日の保守やリベラルのほとんどにとって、「階級」、とりわけ「階級闘争」という概念は、「イデオロギー的」なものとして見なされており、それはつまり「非科学的」だと言われているに等しい。これらの概念を用いるのは、たいてい左翼である。ただし、階級を語るのは、決してマルクスに特有なことなのではない。マルクス以前にすでに、ブルジョア的歴史家たちが階級や階級闘争について語っていたのであり、古典派経済学の最も重要な代表者である、デヴィッド・リカードは、資本主義社会の三大階級（資本家、地主、労働者）の根本的に対立する利害関心を強調した。

マルクスにとって、階級と階級闘争は、とりわけ『共産党宣言』（1848年）のなかで、議論の中心点をなしていた。そこでは、すぐ冒頭に「これまでのすべての社会の歴史は階級闘争の歴史である」（MEW 4, S. 462、『全集』第4巻、475ページ）という有名な一文が見いだされる。マルクスは、階級理論への彼自身の貢献をどこに見ていたかを、友人のヴァイデマイアーにあてた1852年の手紙の中で要約している。マルクスが強調するに、彼が諸階級の存在やそれらの闘争を発見したというのでは決してない。しかし、彼は以下のことを証明したという。すなわち、(1)「**諸階級の存在は生産の特定の歴史的発展諸段階**とのみ結び付いているということ、(2) 階級闘争は必然的に**プロレタリアート独裁**に導くということ、(3) この独裁そのものは、**一切の階級の止揚**への、**階級のない社会**への過渡期をなすにすぎないということ」（MEW 28, S. 508、『全集』第28巻、407ページ。「独裁」

ツまでの直接的で不可避的な道を示唆してしまっている。

という言葉は、ここでは権威主義的な支配形態を意味するのではなく、ただ政治形態には依存しない階級支配を意味するにすぎない)。第2、第3の点は、非常に**決定論的**に聞こえ、歴史は――階級闘争によって前進させられて――特定のゴールを目指しているように見える。これは『共産党宣言』にも見いだされる見解である。

たしかに『資本論』で、マルクスはくりかえし諸階級について語るが、体系的な論述どころか、定義さえも試みられていない。第3巻末尾の近くでようやく、マルクスは諸階級についての節を始めるのだが、まさにこの箇所でいくつかの文が書かれた後に、手稿は中断している。この配置から推測できるのは、諸階級についての体系的な論述は、マルクスの叙述にとっての前提ではなく、その最後に結果として現れるはずのものであったということである。

以下で、マルクスが諸階級についての未完の節において、いったい何を取り上げるつもりであったかを推測することはできない。むしろ、諸階級と階級闘争について述べられていることを、これまでの章を土台にして要約すべきだろう。したがって、次の部分は、本書で素描された、経済学批判の見解に大きく依拠している(マルクスの階級理論への入門として、Kößler/Wienold 2001, S. 199 ff. を参照。さまざまな階級理論的諸見解については、たとえばFantômas Nr. 4, 2003の論稿や、Karl Reitter 2004との私の論争Heinrich 2004aを参照)。

社会階級については、2つの異なる意味で語られている。第1に、**構造的な**意味で、階級はその社会的生産過程における位置によって規定される。そのかぎりで、誰かがたとえ自分ではっきりわかっていなくても、ある階級に属するということはありうる。第2に、**歴史的な**意味では、階級は第1の意味とは区別されうる。その際に問題になるのは、特定の歴史的状況自体において、他の階級と区別して自らを階級として把握する社会集団である。階級の成員は共通の「階級意識」を通して、自らを際立たせる。

『資本論』で、マルクスは階級概念を主に構造的な意味で用いている。特定の階級関係が資本関係の基礎にあると彼が断言するときがそうだ。つまり貨幣と生産手段の所持者が一方に、二重の意味で「自由な」労働者が他方にいる（本書4.3節を参照）。中間階級あるいはまた小市民とマルクスが呼んだのは、ブルジョアでもプロレタリアでもなく、手工業者、小売業者あるいは小農のような、とりわけ小規模自立者の集団であった。

構造的な意味での諸階級は、階級のそのつどの歴史的な形象と同一視してはならない。すなわち、葉巻と運転手が資本家に必ずしもセットになるわけではなく、また同様にプロレタリアが、労働者居住地に住む産業労働者に限定されるわけではない。そのようなステレオタイプの解消は、階級の終焉を示す証拠ではなく、ただ、階級の歴史的姿態の変化を示す証拠にすぎない。

構造的な意味で誰がどの階級に属するのかは、たとえば賃労働関係の存在のような、形態的諸属性によっても規定されず、生産過程内部の位置によってのみ規定される。より正確に言えば、階級は「資本の総過程」の次元で規定され、その次元にマルクスが到達するのは第3巻であり、そこでは生産・流通過程の統一がすでに前提されている（本書第7章冒頭を参照）。この次元では明らかになっているように、どの階級に属しているかを決定するのは、決して単に生産手段の所持または非所持ではない。株式会社の代表取締役は形式的には賃労働者であるかもしれないが、実際には、彼は「機能資本家」であり、資本を自由に処分し（たとえそれが彼の所有物ではないとしても）、搾取を組織化する。また、彼の「報酬」は自分の労働力の価値にではなく、生産された利潤に依拠する。それにたいして、多くの形式的には自立した者（ひょっとすると自分の小さな生産手段さえ所持しているかもしれない）はあいかわらず、実際は自分の労働力を販売することで生活するプロレタリアであるが、ただし場合によっては、形式的な賃労働関係のもとでよりも悪い条件のもとにおかれることもある。

たしかに、「ブルジョアジー」と「プロレタリアート」という構造的に規定された階級の生活状態（収入、教育、平均余命にいたるまで）は、今日においてもなお相当に異なるが、「プロレタリアート」の内部でも、まったく異なる生活の現実（労働、収入および教育における相違とまったく同じように、自由時間の過ごし方や消費行動において）に見られる大きな開きがある。したがって、ある共通の階級位置が、ある共通の意識や行動に転換するということ、構造的に規定された階級が歴史的・社会的階級に転化するということは、決して定かではない。それは起こるかもしれないし、起こらないかもしれない。

しかし、（構造的に規定された）プロレタリアートあるいはその諸部分が歴史的階級に転化し、階級意識を発展させるとしても、この階級意識が、資本関係の克服による解放という表象を自動的に持つわけではない。階級的に自覚したプロレタリアートも自動的に「革命的」というわけではないのである。

資本主義的生産過程においてブルジョアジーとプロレタリアートは直接的に対峙しており、プロレタリアートからの搾取がはじめて、自己増殖する価値としての資本の存在を可能にする。資本の価値増殖が成し遂げられる具体的な諸条件は、つねに激しく争われている。すなわち、労働力の価値は標準的な再生産に足りるものでなければならないが、何が標準と見なされるかということもまた、労働者階級がどの要求を貫徹しうるかということにかかっている（本書4.4節参照）。同様に、労働時間の長さと（本書5.1節参照）、生産過程が進行する、そのつどの諸条件（本書5.4節参照）も激しく争われている。そのかぎりで、資本関係とともに、**階級闘争**もまた、そう呼ばれようとなかろうと、つねに存在する。また特に、階級闘争においては闘争者たちに階級意識が形成されうるが、それは歴史的状況次第でまったく異なった外見をとりうるものである。

階級闘争は、ブルジョアジーとプロレタリアートの直接対決という形態を取るだけでなく、国家がその法律によって特定の立場を承認するか、退けることによって（労働時間規制、解雇規制、社会保障など）、階級闘争は国家に関わりを持つ。もっとも、階級対立は資本主義社会における唯一の重要な対立軸なのではない。社会的発展にとっては、性的立場、人種主義的抑圧あるいは移住の動きの扱いをめぐる対立も、同様に重大な意義をもっている。

伝統的マルクス主義は、階級対立をしばしば唯一の現実的に重要な社会的対峙のあり方として考察した。60年代に成立したラディカル左派の潮流の1つである、イタリアの「オペライズモ［訳注：労働者階級の自治・自律を目指す「労働者主義」運動］」は、階級闘争の中に資本主義的恐慌にとって決定的な要因さえ見てとった。労働者階級の諸要求を成功裡に貫徹させることが、恐慌を強めたり、恐慌を引き起こしたりするということに異論は唱えられないだろう。現代の新古典派のような、ブルジョア経済学者がまさに、高すぎる賃金、強すぎる労働組合および（労働者に好意的すぎる）労働市場の規制を恐慌と失業の原因として引き合いにだすとき、この連関を結局のところ強調している。特定の歴史的期間の特定の国における資本主義の発展を分析するためには、階級闘争の大きさと形態が非常に重要であることは疑いがない。しかし、資本主義的生産様式を「その理念的平均において」叙述するという次元では（つまり、マルクスの『資本論』の叙述の次元、本書2.1節参照）、恐慌が階級闘争に還元されるならば、マルクス恐慌論の決定的な点が、捉えそこなわれてしまう。なぜなら、マルクスがまさに示そうとしていたのは、資本には、階級闘争の状態とはまったく独立に、恐慌にいたる内在的な傾向が存在するということだったからである。このことは、たとえ階級闘争がほとんど静止しているとしても、なおも恐慌が生じるであろうということを意味する。

階級闘争は、さしあたり資本主義**内部**の闘争である。すなわち、プロレタリアートが彼らの**プロレタリアートとしての**生存条件をめぐって闘い、より高い賃金、より良い労働条件、法権利的地位の確定などが重要になる。そのかぎりで、階級闘争は資本が特別に弱っていることの徴候ではなく、目前にせまった革命の徴候でさえもなく、ブルジョアジーとプロレタリアートの対峙の標準的な運動形態なのである。打ち出された諸要求の根拠付けも、たいていは三位一体定式で明確にされた枠内にとどまっている。つまり、「正当な」賃金が要求されるならば、そのような要求の基礎には、まさに賃金形態の不合理さ（つまり、労働の価値の支払いとして賃金があり、労働力の価値の支払いとしてではない、本書4.5節参照）があるのだが、その不合理さについては、マルクスがすでに、それが労働者と資本家のあらゆる法権利に関する表象の土台をなすことを断言している（MEW 23, S. 562、『資本論』第1巻、919〜920ページ）。つまり、ブルジョア社会においては、労働者であろうと資本家であろうと、人が自分の利益をはっきりと自覚しようとすると、彼らはさしあたってこのことを、自然発生的な日常の意識を支配する、物神化された思考・知覚形態で行うのである。

もっとも、階級闘争は独自の力学ももっている。それは資本主義システム全体が疑問視される学習・急進化の過程に到ることがある。物神崇拝は見抜くことのできないものではまったくない。とりわけ近代の産業資本主義が貫徹する段階においては、プロレタリアートによって率いられた闘争は、しばしば国家による残忍な弾圧にあい（たとえば、労働組合とストライキの禁止、活動家の訴追）、それによって、闘争の過程はしばしばより一層急進化した。19世紀や20世紀初頭と比べると、この直接的な抑圧は、多くの国々で減少している（ただし、一連の国々では直接的な抑圧はいまだに重要な役割を果たしている）。今日、発展した資本主義諸国では、ブルジョアジーとプロレタリアートの間で直接対決が生じる形態にたいしては、多少なりとも強い法律的規制がある。その結果、階級闘争が生じたとしても、システムを危険にさらすことはない（したがって、たとえばドイツではストライキ・団結権は法律的に保障されているが、企業がロックアウトする権利も保障されている。同様に、賃金の自主決定権も保障されているが、政治的なストライキは禁止されている）。つまり、特定の闘争形態は、直接の国家による抑圧からかなり自由になってはいるものの、他の形態はその代わりにますます厳しく取り締まられる。

マルクス主義の歴史において、階級と階級闘争の連関についての2つの誤った推論が見受けられる。1つには、階級位置から、遅かれ早かれ必然的に階級意識が発展するだろうと考えられた。もう1つは、この階級意識が多かれ少なかれ「革命的な」内容を持つはずであると仮定された。そのために、あらゆる階級闘争の勃発が、間もなく始まる革命的最終闘争の前兆として、解釈されたのだった。プロレタリアートが、資本主義発展の過程をつうじて、必然的に、階級的に自覚した革命的階級に成長するであろうと想定された。歴史上、たしかに、プロレタリアートの一部が革命的な行動をおこした個別的状況は存在したが、そうした状況は、プロレタリアートが革命的階級に成長する際の一般的傾向の結果ではなく、具体的な歴史的状況の表現であった（たとえば1918年のドイツでは、敗戦とそれまでの支配的な貴族的・軍国主義的集団が正統性を喪失したことの表現）。そのために、プロレタリアートの一部が革命を志向していたのは、つねにただの一時的な現象にとどまってもいた。

多くのマルクス主義的「階級分析」は、「誰がプロレタリアートに属するのか?」という問いをめぐるものであったが、その問いはプロレタリアートが必然的に革命的階級に発展するという考えをもとにしていた。プロレタリアートを分析的に規定することで、「革命的主体」が発見されたと信じられた。現実のプロレタリアが自分の役割をはっきりと自覚していない以上、彼らには――しばしば言われるように、労働者政党が――手を貸すべきであるとされた。そして、この「労働者階級の政党」という肩書をめぐって、多くの候補者たちが繰り返し激しい争いを展開した。

マルクスにも、この2つの誤った推論とそれに基づいた歴史の決定論的見解が、とりわけ『共産党宣言』に見いだされうる――そのために、まさにこのテキストは、伝統的マルクス主義とさまざまな労働者政党にとって、つねに重要な役割を果たしたのである。

『資本論』において、マルクスは以前よりもずっと慎重になっている。ただし、そこにも初期の歴史決定論の残響がある。第1巻の最後に、マルクスはわずか3頁で「資本主義的蓄積の歴史的傾向」（この節の表題）を素描する。まず彼は、資本主義的生産様式の成立を個別の小生産者（小農と小手工業者）からの収奪として要約する。いわゆる「本源的蓄積」の過程で、彼らは生産手段の所有を失うので、彼らは自分の労働力を資本家に売ることを強制される。資本主義的基礎の上では、それから生産過程の根本的な変換が始まる。つまり、小経営から大経営が生じ、資本の集積と集中がおこなわれ、科学と技術が体系的に導入され、生産手段は節約され、国民経済は世界市場に統合される。そしてマルクスは続ける。

「この転化過程のいっさいの利益を横奪し独占する大資本家の数が絶えず減少していくにつれて、貧困、抑圧、隷属、堕落、搾取の総量は増大するが、しかしまた、絶えず膨張するところの、資本主義的生産過程そのものの機構によって訓練され結合され組織される労働者階級の反抗もまた増大する。資本独占は、それとともにまたそれのもとで開花したこの生産様式の桎梏となる。生産手段の集中と労働の社会化とは、それらの資本主義的な外被とは調和しえなくなる一点に到達する。この外被は粉砕される。資本主義的私的所有の弔鐘が鳴る。収奪者が収奪される。」（MEW 23, S. 790 f、『資本論』第1巻、1300～1301ページ）

ここでは、プロレタリアートの革命的階級への発展と資本支配の陥落は、不可避の過程として描かれている。この箇所への脚注で、マルクスは『共産党宣言』も引用しており、そこではブルジョアジーについて、次のように言われている。「ブルジョアジーの没落とプロレタリアートの勝利とは、どちらも不可避である。」（MEW 23, S. 791, Fn. 252、『資本論』第1巻、1301～1302ページ）

初期の労働運動において、そのようなメッセージは喜んで取り上げられたが、労働者たちが日々経験していたのは、まさに、不可避的な終わりを迎えるはずのブルジョア社会から締め出され、辱められたということだった。第1次世界大戦前の社会民主主義的な新聞や後には共産主義的新聞によって、『資本論』第1巻からこの3頁の節が掲載され、しばしば引用されたので、マルクスの分析で何が重要かという考えにこの節が極めて大きな影響を与えることとなった。

もっとも、マルクス自身の研究によって示されたこの予測は、まったく当たっていない。資本独占がどこまで「それとともにまたそれのもとで開花した生産様式の桎梏と」なったのかは、明らかでない。資本主義的発展の果実と社会的コストが非常に極端に不平等に分割されているということは、資本主義的発展の障害ではなく、――まさにマルクスの分析が明らかにしているように――発展のまったく独自な運動形態なのである。また、プロレタリアートが資本主義的生産様式の貫徹にともなって数を増し、大工業によってなんらかの形で「結合」され、「訓練」されることは（たとえば、プロレタリアートとしてそもそも存在することができるためには、プロレタリアートは労働組合や政治を通じて何らかの方法で自らを組織しなければならなかったかぎりで)、たしかに正しいが、このことが不可避に革命的階級の形成にいたるということは、決してマルクスの分析から推論されない。むしろ反対に、『資本論』は、なぜ革命的展開がこれほどまれであるのか、なぜ引用された箇所で言及されている「反抗」がただちに資本主義にたいする闘争に至らないのかを理解するための諸要素を提供してくれる。物神崇拝、賃金形態の不合理性、三位一体定式の分析によってマルクスが示したのは、いかに資本主義的生産様式が自分自身の像を作り出すかということであり、この像においては社会的諸関係が物化されて、資本主義的生産諸関係が、あらゆる生産に共通の諸条件から生じているかのような外観を獲得する。その結果、資本主義的諸関係の内部での諸変化しか問題にされなくなってしまう。革命的展開は生じうるし、その可能性は排除されはしないが、決して必然的な結果ではない。

マルクスは「資本主義的蓄積の歴史的傾向」の節で、歴史決定論的結論を引き出したが、この歴史決定論は彼のカテゴリー上の叙述によっては根拠付けられていない。その限りで、この節は、彼の分析の表現というより、むしろ期待の表れである。ここでは革命への熱望が冷静な学問家に打ち勝ったのである。しかし、資本主義的生産様式自体の叙述は、この疑わしい結論にまったく依存しておらず、資本主義的生産様式の理解のために、『資本論』は依然として最高の貢献をなしている。しかし、この生産様式が終わりを迎えるのかどうか、またそれはいかにしてかということは、**あらかじめ**規定されるものではない。そこに確実性は存在せず、ただ出口の開かれた闘争があるだけである。

# 11 国家と資本

マルクスは、1850年代の末に経済学の包括的批判に着手した際、国家についても1篇を書く予定であった。彼の計画は、資本、土地所有、賃労働、国家、外国貿易、世界市場という全部で6篇からなっていた（MEW13, S. 17、『草稿集③』、203ページを参照）。『資本論』の3つの巻は、題材としては最初の3篇を扱っている。国家について計画された篇は一度も書かれなかった。『資本論』においては国家についての断片的なコメントがあるにすぎない。国家論に関するいくつかの一般的な諸要素は、後期エンゲルスの著作、すなわち『反デューリング論』（1878年）やとりわけ『家族、私的所有、国家の起源』（1884年）に見いだされる。たしかに、20世紀にはマルクス主義者たちの間で国家論争が幅広く行われたが、共通の国家理解に至ることはなかった[64]。以下の記述によって、「マルクス主義国家論」の要約版を提示しようとは思わない。むしろ、いくつかの根本的な点に関して、経済学批判を背景に、ブルジョア国家論にたいするオルタナティブな理論を示すだけではなく、とりわけ政治批判が重要だということを明らかにしたい。ここでの政治批判とは、特定の政治を批判することではなく、社会的形態すなわ

---

64　数多くの貢献があるが、ここではいくつかだけをあげておこう。Lenin (1917a)、Paschukanis (1924)、Gramsci (1929-'35)、Althusser (1970)、Agnoli (1975)、Poulantzas (1977)、Gerstenberger (1990)。また、論争に関する手はじめの簡単な入門としては、Stützle (2003) を見よ。

ち社会的連関を媒介する特定の様式としての国家と政治を批判することである。

## 11.1 国家——支配階級の道具？

とりわけ、マルクスとエンゲルスによって論じられた2つの点が、後の国家論争に大きな影響を与えた。1つは、「土台」と「上部構造」についての言及であり、もう1つは、支配階級の道具としての国家把握である。

『経済学批判　第1分冊』（1859年）の序言において、マルクスは、1.5ページほどで非常に簡潔に、社会についての一般的な見方を要約した。そこで、マルクスは、社会の経済的構造を「法的および政治的上部構造がそびえ立つ実在的土台」と呼び、「法権利諸関係ならびに国家諸形態は、それ自体からも、いわゆる人間精神の発展から把握されうるものではなく、物質的な生活諸関係に根付いている」（MEW13, S. 8、『草稿集③』、204ページ）ことを強調した。

こうして、他の箇所でほとんど見られないのだが、このマルクスの「土台」と「上部構造」への言及が、後のマルクス主義者たちによってたびたび利用され、論争に導入された。伝統的マルクス主義とマルクス・レーニン主義において、この序言のわずかな言及が、「史的唯物論」の最も根本的なテキストの1つとして見なされた。しばしば、経済的な「土台」が政治的な「上部構造」（国家、法権利、イデオロギー）を本質的に規定し、「上部構造」のあらゆる現象が経済的な「土台」に原因をもたなければならないと推論された。こうした経済的原因や利害への単純な還元を**経済主義**と呼ぶ。

多くのマルクス主義者たちの論争は、実際にどの程度まで「土台」が「上部構造」を規定しているのかをめぐるものであった。しかし、この序言から最終的な学問上の成果を読みとろうとする試みは、しばしば次のことを見落としている。すなわち、マルクスにとってまずもって問題だったのは、あらゆる経済的諸関係から独立に国家を考察した、彼の時代に支配的であった国家論議と自らの議論の区別を明確化することにすぎなかった。そうした論議にたいしてマルクスは、国家と法権利はそれ自体からは決して把握されることができず、つねに経済的諸関係を背景にして考えられなければならないことを強調した。しかし、国家の分析がどのようなものであるかは、そのような区別化によってはまだなにも示されていない。

土台と上部構造への言及についての経済主義的解釈は、とりわけエンゲルスに由来する国家の特徴付けと極めて調和的であった。エンゲルスは、『家族の起源』(1884年) の末尾で、国家に関して、いくつかの非常に一般的な考察を行った。エンゲルスによれば、あらゆる人間社会において必ずしも国家が存在するわけではない。社会のうちに対立的な利害をもつ諸階級が形成され、この階級対立が社会を引き裂こうとするときにはじめて、「外観上、社会の上に立つ権力」が必要になる。この権力は、なるほど社会から生じるのであるが、ますます自立化し、国家となるのである (MEW21, S. 165、『全集』第21巻、169ページ)。ただし、国家はただ外観上、諸階級の上に立つにすぎず、それは「最も権力のある、経済的に支配する階級の国家であり、この階級は国家を媒介として政治的にも支配階級となる」という (MEW21, S. 166 f.、『全集』第21巻、170ページ)。

エンゲルスは、さしあたり国家を社会に**相対する**権力として把握する。これは、特定の社会において正当な暴力行使を独占 (要するに**暴力独占**) できる制度としての、一般的な日常の国家理解と一致している。正当防衛を除けば、警察や軍隊といった特定の国家機関を除いて、誰も暴力を行使してはならない。しかしながら、この制度は、同時に支配階級の道具であるとエンゲルスは力説する。しかも、そのことは普通選挙権のある民主主義的な共和国においても当てはまり、エンゲルスによれば、それはさまざまな間接的な支配機構に基づいている。そうした間接的支配機構は、一方で「直接な官僚の買収」、他方で「政府と取引所の同盟」（国債によって国家はますます取引所に依存するようになる）からなる。「プロレタリアートが自己解放をなしとげるまでに成熟していないあいだは」、成立している社会秩序を唯一可能なものと見なしているかぎりは、普通選挙権も国家を道具化することを妨げはしないだろう（MEW21, S. 167 f.、『全集』第21巻、171〜172ページ）。

しかし、プロレタリアートがついに解放されて、社会主義あるいは共産主義社会を建設するならば、瞬時にではないが、漸次的に、諸階級もまた消滅するだろうとエンゲルスは考えた。そして、国家は社会に相対する権力として階級分裂によってのみ成立したのだから、諸階級とともに国家もまた消滅するのである。『反デューリング論』からの有名な定式によれば、国家は「死滅する」。（MEW20, S. 262、『全集』第20巻、290ページ）

国家とは、まずもって経済的支配階級の手中にある**道具**だという見解は、多くのマルクス主義者たちの論争において支配的であるばかりか、急進的な民主的ブルジョア批評家たちもまた、少なくとも既存の国家を直接的な階級支配の道具と見なしていた。ただし、彼ら自身の主張によれば、近代国家は諸階級にたいして**中立的**である。すなわち、彼らにとっては、法律の前での市民の平等と公共の福祉にたいする国家の義務が重要である。したがって、国家をとりわけ階級支配の道具として把握する批評家は、実際の政府の行為と国家機関の機能様式がこの中立性要求に反するということを証明しようとするのである。

そのような見解は、ある経験的な信憑性を持っている。とりわけ富裕者を優遇する法律や資本主義的なロビー集団が立法や政府の政治的行為への影響力を行使する際の合法的（あるいは違法的）形態、といった例をつねに見いだすことができる。

個々の資本家集団が国家を道具として利用しようとし、それに時折成功するということに、疑問の余地はない。しかし、この事態を指摘することで、近代的ブルジョア国家の本質的特徴付けがすでに把握されているのかどうかが問題である。

国家による措置の中には、しばしば、より貧しい階層の人々の利益になるようなものもある。道具的国家把握の支持者たちは、そのような措置を単なる譲歩、すなわち被抑圧者や被搾取者をなだめるための方法として解釈する。

**国家批判**は、この見解の支持者たちによって、とりわけ**暴露**として理解される。国家の中立性は、単なる外観上のものとして示されなければならない。すると国家批判は、特に、そのときどきの国家**利用の仕方**に関連するものとなり、社会的形態としての国家や政治には関係がないものとなる[65]。

政治的実践としては、道具的国家把握は、たいていの場合、**別の仕方で**国家を使用することを要請する。すなわち、最終的に公共の福祉への要求が真剣に考えられ、下層階級の利害がより考慮されなければならないというものである。このことがいつ達成されうるかについては、さまざまな意見がある。「革命的」潮流は、多数派の「現実的」利害に基づく国家の政策は、革命後に初めて可能になると強調する。しかしながら、非革命的状況における革命的政治はどのようなものであるべきかは、たいてい不明瞭なままである。それにたいして、「改良主義的」潮流は、資本主義的関係のもとでもまた、別の政治、すなわち階級妥協が可能であると信じている。それに対応して、左派政党が政府に参加することによって、「より良い」政治が期待される。その後たびたび生じる失望は、この改良主義者の一部に

65　1840年代前半の初期マルクスの著作においても同様に、規範と現実性を対置させる国家批判が見いだされる。そのような国家批判の不十分さから、マルクスは経済学への取り組みに至ったのである（それについてはHeinrich 1999, S.88 ff. 参照）。したがって、経済学批判に結びついた国家批判にとって、この初期の仕事はあまり役に立たない。

よって、好ましからずも必要な妥協のコストとして正当化され、もう少し急進的な改良主義者は、期待はずれの政治を批判し、それを左派政党の指導部の順応や「裏切り」のせいにする。こうして、「現実的に」別の政策を行うために、新たな政党が設立されることもまれではない。その際に、批判された順応にはひょっとすると構造的な理由もありうるということが顧みられないのである（この点については、本書11.2節の結論部分を見よ）。

## 11.2 ブルジョア国家の形態諸規定：法治国家、社会国家、民主主義

「道具的」国家把握には、根本的な問題がある。そうした把握は、前ブルジョア的社会関係とブルジョア的社会関係の質的差異を隠蔽し、単に社会がさまざまな諸階級に分裂していることを強調する。しかし、国家の分析にとって重要なのは、これらの諸階級が互いに関連しあい、階級諸関係が再生産されるところの**特殊な形態**なのである。[66]

前ブルジョア社会では、経済的支配と政治的支配はいまだ分離していなかった。そこでは、奴隷保持者や封建的地主の支配関係は、「彼らの」奴隷や隷農にたいする人格的支配関係であり、それは（今日の観点からすると）政治的権力関係と経済的搾取関係を同時に表していた。

ブルジョア・資本主義社会において、経済的搾取と政治的支配は分離している。土地や生産手段の所有者は、彼に政治的支配を与えるような、この所有に結びついた司法的・政治的・軍事的機能を持つこともない。したがって、経済的支配はもはや

66　この点をマルクスは『資本論』で強調している。「不払いの剰余労働が直接的生産者たちから汲み出されるその特殊な経済的形態は、支配・隷属関係――直接に生産そのものから発生し、それがこんどは生産にたいして規定的に反作用するような支配・隷属関係――を規定する。ところで、この経済的形態を基礎として、生産関係そのものから発生する経済的共同社会の全姿容、それと同時に、この共同社会の政治的姿態が築かれる。」（MEW25, S. 799、『資本論』第3巻、1386～1387ページ）

人格的性格を持っておらず、個々の賃労働者は特定の資本家に人格的に従属していない。市場の上では、たとえ一方の側が労働力しか持っておらず、他方の側が生産手段を所持していたとしても、ブルジョア社会の成員は、法権利的に「平等」で「自由な」私的所有者として相対する。マルクスは『資本論』のなかで、この点について、皮肉たっぷりに次のように述べている。

「労働力の売買がその枠内で行なわれる流通または商品交換の部面は、実際、天賦人権の真の楽園であった。ここで支配しているのは、自由、平等、所有、およびベンサムだけである[67]。自由！というのは、1商品たとえば労働力の買い手と売り手は、彼らの自由意志によって規定されているだけだからである。彼らは、自由で法権利上対等な人格として契約する。契約は、そこにおいて彼らの意志が1つの共通な法権利的表現を与えられる最終結果である。平等！というのは、彼らは商品所持者としてのみ互いに関連し合い、等価物と等価物を交換するからである。所有！というのは、だれもみな、自分のものを自由に処分するだけだからである。ベンサム！というのは、両当事者のどちらにとっても、問題なのは自分のことだけだからである。彼らを結びつけて1つの関係のなかに置く唯一の力は、彼らの自己利益である。」（MEW23, S. 189 f.、『資本論』第1巻、300〜301ページ）

経済的搾取・支配関係は、自由で平等な契約相手の間での合意によって構成され、いつでも再び解消されうる。被搾取者が搾取に同意しているということは、彼らが私的所有者の社会のなかで、他の方法で生計を立てることがまったくできないということに由来する。なるほど、賃労働者は特定の資本家に人格的に従属してはいないが、生きのびるために彼の労働力をいずれかの資本家に売らなければならない。

---

67　ジェレミー・ベンサム（1748〜1832）は、功利性の原理に基づく倫理学を主張したイギリスの哲学者である。

したがって、ブルジョア社会において、生産から発生する階級間の支配関係は、あらゆる前ブルジョア社会においてのそれとはまったく異なっている。それゆえ、ブルジョア社会の政治的姿態すなわち**ブルジョア国家**もまた、まったく固有の性格を示している。

前ブルジョア社会においては、人間たちは初めから法権利的に不平等なものとして相対した。権利と義務は、それぞれの身分あるいは社会的地位によって決定され、経済的支配関係と政治的支配関係は直接的にむすびついていた。資本主義的関係のもとでは、**直接的な**政治的力は、経済的搾取の維持のために必要とされない。国家が社会の上にそびえ立つ力として、社会の成員が**私的所有者**としてふるまうということを保証すれば、それで十分である。ただし、**すべての人々**が、他者を私的所有者として承認することを強制するために、自立的で**独立的な**力が存在しなければならない。

**法治国家**として、ブルジョア国家はその市民を自由で平等な私的所有者として取り扱う。あらゆる公民は同じ法律に服従させられ、同じ権利と義務を有するのである[68]。国家は、人格を問題とすることなく、あらゆる市民の私的所有を保護する。この保護はとりわけ、市民が相互に私的所有者として承認することを義務付ける。他人の所有物の取得は、ただ両者の合意がある場合にのみ許されている。すなわち、他人の所有物を受けと

68　有名なマルクスの定式に準拠して、この定式とそれに続く記述は、ただブルジョア国家の「理念的平均」にたいして妥当するにすぎないと言うこともできるだろう。資本主義的生産様式の「理念的平均」に関する叙述が、資本主義社会の完全な分析を与えはしないのと同様のことが、国家の「理念的平均」についても当てはまる。そのため、市民（とりわけ女性市民）の完全な法権利的および政治的平等の貫徹は、多くの国家において20世紀後半まで続き、部分的には未だ続いている過程だったのである。さらに、世界規模での人口移動の結果、今日、たいていの国では法権利的に平等な公民が生活しているだけではなく、他国の市民もますます増加している。後者は極めてわずかな権利しか享受していないか、あるいは不法移民のように、権利を享受していないに等しい。

ることができるのは、たいてい贈与・相続・交換・売買によってのみである。

国家は、個々の市民にたいして実際に中立的審級としてふるまう。この中立性は決して単なる外観ではない。むしろ、まさにこの中立性を媒介として、国家は資本主義的な支配・搾取関係の基礎を固めるのである。所有の保護とは、労働力以外には（特筆すべき）所有物を持たない人間は労働力を売らなければ**ならない**ということを含意している。生活手段を取得しうるためには、彼らは資本に服属しなければならない。それでもって、資本主義的生産過程は可能になり、そしてその生産過程がまた、その前提となる階級関係を再生産するのである。個々の労働者は、生産過程に足を踏み入れたときと同じように、生産過程から出てくる。彼の賃金は、本質的には（自身と家族の）再生産に足るにすぎない。新たに再生産するためには、彼は新たに自らの労働力を売らなければならない。資本家もまた再び資本家として過程から出てくる。彼の前貸し資本は、利潤と一緒に彼のもとに還流するため、彼はその資本をより多く前貸しできるようにもなる。それゆえ、資本主義的生産過程は、商品を生産するだけでなく、資本関係それ自体をも再生産する（それについては、『資本論』第1巻、第21章を参照）。

ただし、資本関係の再生産は、少なくとも発展した資本主義国においては、ほとんど**直接的な**国家の強制なしに行われる——間接的には、脅迫として国家暴力はつねに存在しているが——ということは、比較的新しい歴史的所産である。「二重に自由な労働者」（本書4.3節を参照）がまずもって「生産され」なければならないような「本源的蓄積」においては、事情はまったく異なっていた。マルクスがイングランドの例で詳細に示したように、国家は、資本主義的生産を可能にし、促進するために、持続的かつ直接的に介入しなければならなかった。さしあたり、国家は、農民を長い間耕作していた土地から駆逐するよう地主を支援した（地主にとって牧羊の方がより儲かった）。そして、根無し草になり浮浪する人間たちを資本主義的工場へ送り込み、工場の厳格な規律を押し付けたのである。このことは、さまざまな政府が、資本主義導入に向けた1つの一般計画に従ったことを意味しているわけではない。そのような措置には非常にさまざまな理由があった。もちろん、近代資本主義はこのような暴力的措置の結果として、はじめて確立されることができた。労働者階級が、「教育、伝統、慣習によって、かの生産様式の諸要求を自明の自然法則として承認する」ようになるまでに、かなりの時間がかかったのである[69]。その後になって初めて、「労働者にたいする資本家の支配」にとって「経済的関係の無言の強制」があれば十分となり、結果として、国家の強制暴力はただ例外的ケースにのみ必要となる（MEW23, S. 765、『資本論』第1巻、1257〜1258ページ）。発展した資本主義的関係のもとでは、法治国家としての国家が、公民を、彼らがどの階級に属しているかとかかわりなく、自由で平等な私的所有者として取り扱い、彼らの所有物と所有者としての取引関係を保護することによってこそ、階級関係の維持が保証されるのである[70]。

もっとも、ブルジョア国家は、ただ形式的な枠組みを定め、この枠組みの維持を暴力独占によって保証するような法治国家であるだけではない。それは、資本蓄積の一般的な**物質的**諸条

---

69　マルクスによってただ簡単に言及されたこの事態は、『監獄の誕生』の中心的なテーマの1つである。この点について、ミシェル・フーコーは、権力を何らかの陣営（階級）が単に取得できるような能力に還元する伝統的権力概念を批判した。彼はこれに「権力の微視物理学」を対置したが、それはあらゆる個人の内面的な考え方やふるまい方を貫徹している。

70　資本の価値増殖はつねに新たな領域を征服するので、最近のインターネットの例が示すように、私的所有関係は変化した諸条件のもとでも、くりかえし新たに確立されなければならない（それについてはNuss 2002を参照）。

件をも保障する。ただし、それは、既存の物質的諸条件が十分な利潤をもたらさないために、資本主義的な仕方でその物質的条件を創出できないかぎりにおいてである。この諸条件は歴史的に変化し、時期ごとに異なる意味をもつのであるが、とりわけ、資本主義的生産に合致したインフラ整備（特に交通網と通信網）、研究・教育施設の整備、中央銀行による価値の安定した貨幣の準備があげられる[71]。そこでは、エンゲルスが言ったように、国家は、政治をつうじて、最大限の利潤とともに蓄積を行うという**資本主義的な総利害**を追求する「観念上の総資本家」（MEW20, S.260、『全集』第20巻、287ページ）として行動する。この総利害は、個々の資本分派や、ましてや個々の資本家の特殊利害と必ずしも一致するわけではない。そのために、国家の行為は、この特殊な利害にまったく対立しうる。まさにそれゆえに、特殊な資本家から独立した審級が必要とされる。なるほど、政府が個々の資本を直接的に優遇するという例に事欠かないが、このことはブルジョア国家に必然的な本質的契機ではない。したがって、このような優遇行為は、国家と資本にたいして決して批判的ではないブルジョアたち自身によって、「スキャンダル」と非難される。

資本主義的蓄積にとっての本質的前提は、賃労働者の存在である。賃労働者の再生産は、資本が支払う賃金によって可能になる。個々の資本にとって賃金は（労災・事故防止の措置などとまったく同様に）、競争の圧力のもとで最大限の利得を獲得するために最小化されなければならないコスト要因をなすにすぎない。資本が、強力な労働組合や類似の形での抵抗に直面しなければ、過剰な労働時間、健康を害する労働条件、飢餓賃金

71 貨幣の**存在**は、国家の行為に基づくのではなく、むしろ、商品こそが貨幣を必然的なものにする（本書第3章を参照）。もちろん、標準的な資本主義的条件のもとでは、国家の制度（発展した資本主義においては中央銀行、本書第8章を参照）がそれぞれの**貨幣の具体的な姿態**を保証する。

が課され、労働力がもはや長期的には再生産されえなくなるだろう。それゆえ、(競争に強制されて) 絶えずより多くの価値増殖を求める資本の衝動には、労働力を破壊する傾向が内在している。なるほど、個々の資本家はこのことを認識して、遺憾に思うかもしれないが、自分たちが破産することは避けたいので、この傾向を大きく変えることはできない。資本が、自らの搾取対象を破壊しないために、労働力は国家の法律による強制によって保護されなければならない。法律上の標準労働日(それについては、『資本論』第1巻、第8章を参照)や労働現場における事故防止・健康保護のための諸規定、ならびに法律上の最低賃金(あるいは、ドイツの社会扶助のように、賃金の最低限として機能している最小限の国家援助)は、――しばしば労働者の闘争によって初めて貫徹されるのだが――資本の価値増殖可能性をたしかに制限するものの、長期的にはその可能性を保証するのである。

国家は、労働力の破壊を阻止するだけではなく、**社会国家**としてその再生産も保証する。というのも、労働者と資本家の間で交渉された賃金支払だけでは労働力の再生産が不可能なことがあるからだ。国家は、さまざまな社会保険によって、資本主義経済においてさらされる根本的なリスクから労働力を保護する。それはたとえば、労災や高齢化によって、労働力のさらなる販売が継続的にできない場合(労災保険や年金保険)や、病気や失業によって一時的に労働力の販売ができない場合(健康保険や失業保険、社会扶助)である。

社会国家の給付の手段は、その元手が社会保険料か税金かに関わらず、蓄積過程に由来する。社会的な価値生産物の一部がその給付のために使用される結果、剰余価値量が減少する。先に言及した保護措置とまったく同様に、この控除は、個々の資本家にとって制限を意味している。そのかぎりで、社会国家としての国家は、個別資本がもつ最大限の価値増殖への直接的利害を損ない、個別資本の抵抗にぶつかる。したがって、多くの場合、社会国家的な給付は、労働運動の闘争の結果、初めて実現したのである。それゆえ社会国家は、しばしば労働運動の「獲得物」、労働者階級への譲歩（彼らをなだめるための）として捉えられる。実際に、社会国家の保障によって、たいていの場合、賃労働者の生活は、それがない場合よりもはるかに容易なものとなり安定する。もちろんその際に、労働力にたいする一面的な給付が、資本主義を克服する第一歩を意味する――そうした意見は時折見られるが――わけでは決してない。むしろ、それは、資本主義にふさわしい形で、**賃労働者**としての存在を保証するものである。一方で、労働者の労働力が、病気、事故あるいは需要不足のために一時的に価値増殖できなくなった時にさえも、資本にとって「悪くない」状態で維持されることは資本の利益になる。他方で、社会国家の給付は、たいてい労働力の販売（あるいは販売する用意）と結びついている。失業給付や老齢年金といった給付は、それまでの賃金に依存している――このむすびつきだけでも、多くの労働者にたいしてすでに規律的な作用を持っている。その上、働く能力のある人にたいする失業給付あるいは社会扶助の支払いは、その人物が労働力を販売しようとする積極的な努力にかかっている。もしそうした積極性をみせないならば、国家の役所による給付の削減や拒否が、規律化の手段として用いられる。したがって、社会国家の給付は、労働力販売への強制から解放されるわけではまったくない。

ブルジョア国家は資本家階級の手中にある道具にすぎないという見解の決定的な難点は、以下の点にある。すなわち、統一的で政治的に行動できる「支配」階級と明確に定義された階級利害（ただその利害を実行するための道具を欠いている）がそこでは前提とされてしまっているのである。しかし、両者とも自明ではない。資本主義においては「経済的支配階級」は、非常に多様で、部分的には対立する諸利害をもって競争する資本家たちから構成される。たしかに、資本主義的生産様式を維持するという点については共通の利害が存在する。しかし、このことが革命的運動によって危険にさらされないかぎり、この利害はあまりに一般的で「正常な」国家行為のための指針を与えることはできない。国家行為を規定する諸利害は、道具的把握によって想定されているように、すでにそこに存在していて、単に実行されることを待っているようなものではなく、まずはそもそも**構成され**なければならないものである。

あらゆる国家的措置は、それが、法権利システムの具体的姿か、蓄積の物質的条件の保証か、社会国家的給付の種類と範囲をめぐるものであるかにかかわらず、異論の余地がある。どのような措置も、たいてい一方の資本（時々はすべての資本）に不利益をもたらし、他方の資本には利益（あるいは他よりも少ない不利益）をもたらす。不確実だが長期的に期待される利益に、直接的な不利益が対立する。果たして資本主義の総利害はどこに存在するのか、国家はどのような課題に対処すべきなのか、またそれはどのような仕方でなされるべきなのか。こうしたことすべてにたいする答えは、くりかえし新たに探し出されなくてはならない。国家の政策は、**このような総利害**とそれを実行に移すための**措置**がつねに**吟味**されることを前提としている。

多くの場合、資本主義の総利害が追求される形には様々な可能性がある。**オルタナティブな戦略**は可能であり、国家の政策を、単に資本主義経済にとって必然なことが実施されているというように矮小化して理解することはできない。マルクス主義者たちは好んで国家的措置が孕む経済的目的を指摘するが、それでは説明として不十分である。個々の資本分派間の権力関係、巧妙な同盟関係、国家装置内部や公共メディアにおける影響力、また類似したファクターは、個々の措置、あるいは戦略全体の実現と阻止にとって決定的に重要であり、それらを通して、時には資本主義の総利害にとって有害な結果がもたらされることもある。ロビーイングや影響力をめぐる競争などは、規則違反ではなく、コンセンサスが追求される際の通常のあり方にほかならない。

しかし、国家の政策は、最も影響力の大きい資本分派内部での資本主義的総利害に関するコンセンサスを前提としているだけではない。この政策は、下層階級にたいしても正当化されなければならない。すなわち、下層階級からも一定程度のコンセンサスが必要とされる。そうすることによってやっと、下層階級が社会的実践によって資本主義的再生産を妨害せず（その際、そのような妨害は政治的に動機付けられた抵抗からいきなり始まるわけではない）、とりわけ、彼らに求められる犠牲に賛同するか、それを少なくとも受動的に引き受けるということが保証される。しかし、正当性を生みだし、労働者および公民としての「規律化された」ふるまい方を維持するためには、政策を単に「たくみに売り込む」だけでは十分ではない。下層階級の利害――資本主義**内部で**の彼らの利害、すなわち賃労働者としてよりよく生活したいという利害――は、蓄積を成功させようとする資本主義的総利害が「あまりに」損なわれない範囲内で、少なくとも考慮されなければならない。その際にも、どれほどインパクトをもって、巧妙にこの利害が代表されるか、その利害の代表者たちが政党や国家装置、メディアにおいてどのような影響力をもっているかが重要である。

さまざまな政治的措置や異なる戦略についての論争、コンセンサスや正当性の形成、資本主義に適合的な形での諸利害の統合、これらすべては「支配」階級のみならず、「被支配」階級をも包括する。それらは、**市民的公共圏**のメディア（テレビや新聞）ならびに**民主主義的意志形成の諸制度**（政党、議会、委員会）といった、国家的諸制度の内外で行われる。なるほど、政治は、国家の権力手段によって、国民の大多数にたいして独裁的にも貫徹されうる。しかし、民主主義的制度を長期間排除し、新聞や表現の自由を制限するには、甚大な物質的コストがかかり（というのも、ますます正当性がなくなり、抑圧装置はますます大規模にならなければならない)、さらに資本主義の総利害の吟味を著しく妨げる。それゆえ、軍事独裁や類似の体制は、発展した資本主義国においてはむしろ例外なのである。

正当性および資本主義に適合的なコンセンサスを形成するための本質的な手続きは、普遍的で、秘密を守る、自由な**選挙**である。選挙によって、過半数の国民は、嫌いな政治家や政党を解任し、他の政治家・政党によって置き換えることができる。新たな政府は、その政策が古い政府と異なっていようといまいと、批判者たちにたいして以下のように主張できる。すなわち、自分たちは「選ばれ」たのであって、国民の過半数によって「望まれて」いるのであると。この「手続きによる正当性」は、政治学が**民主主義**を取り扱う際に、資本主義的文脈をほとんど無視しながら前面に押し出される。政治の不当な要求にたいする人々の不満にたいして、定期的な選挙の可能性が早期の安全弁を用意しているだけではない。さらに、その不満が個々の政治家や政党に向けられ、その政治の背後にある政治的および経済的システムに向けられないようになり、不満ははけ口を与えられるのである。このことに対応して、市民的公共圏においては、政府を解任する実効的な可能性がある場合には、政治システムは**民主主義的**と見なされる。

左派の一部に見られる民主主義の理想化は、実在する民主主義的制度を、できるだけ多くの事柄を投票によって自ら決定する理想的公民と比較するのだが、先に言及した政治学の主流派と同様に、民主主義の社会的および経済的文脈を無視している。さまざまな種類の民主主義システム（強力な大統領や強力な議会など）とならんで、最終的にいつか導入されなければならない「真の」民主主義が存在するわけではない。資本主義的諸関係のもとでは、実在する民主主義システムはすでに「真の」民主主義なのである（「真の」民主主義とは、できるだけ多くの国民投票を行うことであり、それは簡単に導入可能だと考える人々は、たとえばスイスにおいて、そうした制度が大きな変革をもたらしているかどうかを確かめてみるとよいだろう）。

しばしば力説されるように、国家と公共圏はさまざまな利害の闘技場を表している。民主主義システムにおいては、特に明白にこの事実が見いだされうる。もちろん、この闘技場は決して中立的なフィールドではない。むしろ、このフィールドは、諸対立とそこから生じる政治的実践に構造的な影響を及ぼす。たしかに、国家の政策は、経済的状況によって完全に決定されるわけではないが、あらゆることが可能であるような開かれた過程でもない。一方で、たとえば、階級内外の対立や、個々のグループの相対的な強さと闘争能力などが重要な役割を果たすので、さまざまな展開が常に可能である。しかし他方で、政治は、資本蓄積を成功させようとする資本主義の総利害も絶えず考慮しなければならない。政党や政治家たちは非常に様々な出自や価値観を持っているかもしれない。しかし、とりわけ政府に参加している場合、彼らの政策はたいてい資本主義の総利害に従うのである。このことは、彼らが資本の側に買収されていたり、何らかの他の形でそれに依存している（そういう場合もあり得るが）ためではない。こうした総利害の追求こそが、政党が勢力を伸ばすやり方であって、政府への参加を目指す左派政党であっても逃れることができない、政府としての職務遂行に課された条件なのである。

大統領として選出されるか、政党として過半数を獲得するためには、さまざまな利害と価値観に呼びかけなくてはならない。メディアに真剣に取りあげてもらうためには（そもそも有名になるための本質的な前提であるが)、「現実主義的」で「実現可能な」提案を行わなくてはならない。ある政党が政権参加にうまく近付くためだけにさえ、たいていの場合、長期間の教育過程を経ている。その過程を通じて、政党は、ただ選挙でより大きな成功を勝ちとるために、資本主義の総利害を追求するという「必然性」にますます適応する。そして、ついに政権を握った暁には、政党は獲得された同意を保持することに配慮しなければならない。ここでとりわけ重要なのは、政党の「政治的な具現化の余地」がその財政的可能性に決定的に依存しているということである。これは、一面では税収入の大きさによって規定され、他面では支出の大きさ（それには最も大きな項目として社会国家の給付が含まれている）に規定されている。資本蓄積が成功している場合には、税収入総額は高く、失業者と貧困者のための社会的支出は相対的に少ない。それにたいして、恐慌期には、税収入総額が減り、同時に、社会的支出が増大する。このように、国家の物質的基礎は、直接的に資本蓄積と結びついて、いかなる政府もこの依存性を避けては通れない。なるほど、政府は負債によって財政的余地をいくらか拡大できるが、それによってまた将来の財政負担が増大する。さらに、国家が問題なく信用を獲得できるのは、信用を返済するための将来の税収入が保証されているかぎりのことである。だが、このことはまた資本蓄積が順調にいくことを前提としている。

しかし、蓄積にたいする助成は、政治家にとって自明の目的であるだけでなく、国民の幅広い階層も、「私たちの」生活がうまくいくためには、「私たちの」経済がうまくいく必要があるということを自明の理だとみなしている。資本主義的企業にしか役立たない「犠牲」であっても、すべての人々にとってのより良い時代を期待して、多かれ少なかれ進んで受け入れる。社会民主党の元連邦首相であるヘルムート・シュミットは、1970年代にわかりやすく次のように述べた。「今日の利益は、明日の投資であり、明後日の仕事場である。」ふつう、国民の大多数の非難は、政治の不当な要求や利潤のための助成にたいしてではなく、この助成が期待された結果をもたらさなかったことに向けられるのである。

ここに、資本主義的生産における行為者の自然発生的な知覚を構造化している物神崇拝の政治的重要性が見て取れる。三位一体定式において、資本主義的生産様式は、社会的生産過程の「自然形態」として現象した（本書第10章を参照）。資本主義は、資本と労働が「自然的な」役割を果たしているオルタナティブなき事業として現れる。したがって、不平等、搾取および抑圧の経験は、資本主義批判に必ずしもいたることはなく、むしろ資本主義**内部**の状態を批判することで終わってしまう。つまり、「過剰な」要求や「不公平な」分配は批判されるが、この分配の資本主義的基礎は批判されないのである。労働と資本は同様に必然的なものとして現象し、したがってまた、両者とも社会的富を生産する同等に尊重されるべき担い手として現象する。三位一体定式を考慮すると、中立的な第三者としての国家理解が——実際、人々は国家にたいして「全体の」面倒を見て「社会的正義」を実現すべきだと訴えかける——、なぜこれほどの信憑性をもって、多くの人々の間で広まっているのかがわかるようになる。

そして、国家によって世話される資本と労働の「全体」は、個々の国において違った仕方で、**ネイション**、すなわち「共通」であるとされている歴史と文化によって構築される「国民（民族）」という想像の運命共同体として喚起される。しかし、たいていこのナショナルな共通性は、「内」と「外」の敵にたいする区別化によって初めて実現される。国家は、**ネイション**の政治的姿態として現象する。すなわち、国家はネイションの「繁栄」を、国内向けの政策および国外にたいして「ナショナルな利害」を代表することによって実現しなくてはならないとされる。そして、このことがなされるのも、まさに国家が資本主義の総利害を追求するときであって、なぜなら**資本主義的関係**のもとでは、資本主義の総利害以外の公共の福祉は存在しないからである。

## 11.3 世界市場と帝国主義

資本は、できるだけ多くの価値増殖を達成しようとする試みにおいて、あらゆるナショナルな限界を超えようとする傾向――不変資本の要素（とりわけ原料）の購買や完成生産物の販売において――をもつ。それゆえ、マルクスは、「世界市場がもっぱら資本主義的生産様式の土台と生存環境をなす」と書くことができたのである（MEW 25, S. 120、『資本論』第3巻、190ページ）。かくして、ブルジョア国家が追求する資本主義の総利害は、ナショナルな次元のみならず、国際的な次元にも関係している。国際政治については、今日に至るまで多くのマルクス主義の潮流が、多かれ少なかれレーニンの帝国主義論の伝統上で分析してきたので、まずは簡単にこの理論を取り上げておかなければならない。

**帝国主義**は、国家領域の拡大による直接的なものであれ、他国にたいする経済的・政治的・軍事的優位による間接的なものであれ、国家が自らの境界を超えて、支配領域を拡大する試みだと理解されている。19世紀最後の四半世紀に、西ヨーロッパの発展した資本主義諸国ならびにアメリカ合衆国や日本は、残りの世界（とりわけアフリカ、アジア、ラテンアメリカ）の領域を自らの支配領域に併合し、利用しようとより一層尽力した。こうして、比較的短期間で巨大な植民地帝国が成立し、部分的には第2次世界大戦後まで存在したのである。

20世紀初頭には様々なマルクス主義者たちが、この帝国主義的行動がどれだけ帝国主義諸国における資本主義の構造的変容に由来しているのかを探究した（Hilferding 1910, Luxemburg 1913, Kautsky 1914, Lenin 1917）。最も影響力のあったレーニンの著作は、その大部分がイギリスの自由主義的左派であるホブソン（Hobson 1902）の分析を引き継ぎ、それをマルクス主義的装いのもとで提示したものであった。そこでは、当時の資本主義の本質的な構造的変容として、「競争資本主義」から「独占資本主義」への移行が考察された。簡潔に要約すれば、レーニンは次のように論じたのである。ますます多くの産業部門がわずかな企業によって支配され、さらに大企業が大銀行と融合して「金融資本」になっている。その結果、一握りの独占的支配者と金融財閥が経済を支配し、国家にたいしても決定的な影響を行使するのである。独占体は自分たちの資本のますます大きな部分にたいする十分な価値増殖の可能性をもはや国内に見いだすことができないので、商品のみならず資本をも他国に輸出する必要性に直面する。この資本輸出は、帝国主義的政治によって可能になり、保証される。資本輸出によって、帝国主義諸国のブルジョアジーは、他国の剰余価値の大部分を取得し、このことによって、帝国主義的資本主義が「寄生的」性格を受けとる。そして、独占資本主義はダイナミクスを失う（また技術的進歩を故意に抑える）ので、それは「停滞と腐敗」への傾向をもっており、帝国主義的資本主義は「腐敗し」「死滅する」資本主義である。

すべての発展した資本主義国によって帝国主義的拡張が押し進められたので、最終的には世界の分割をめぐっての闘争にいたった。第1次世界大戦は、レーニンによってこの闘争の不可避な結果と見なされた。帝国主義的政治と、結局は戦争が、多くの国の大部分の労働者階級によって受け入れられたということをレーニンは次のように説明した。すなわち、労働者階級の上層（「労働者貴族」）が帝国主義の果実にあずかることによって「買収された」というのである。

この見方では、帝国主義は、まったく異なる姿を取りうるような一政策にすぎないものではなく、競争資本主義から独占資本主義への移行から生じる経済的必然性である。したがって、帝国主義は、レーニンによって資本主義発展の必然的な段階、すなわち独占資本主義の最終段階として把握された。そして、独占資本主義の後のさらなる発展局面はもはや存在しえないので、レーニンにとって帝国主義は、戦争あるいは革命によってのみ終結する、資本主義の最高度かつ最終の段階である[72]。

レーニンの帝国主義論には、一連の大きな問題がある。競争資本主義から独占資本主義への移行という主張からしてすでに問題含みである。巨大化した個別資本とますます少数になった資本が一部門で優位を占めるということから（ところで、この傾向は一貫して優勢なものでは決してなく、ときおり逆方向になりさえする）、資本主義的社会編成化様式の変化がおこるとされる。いまや、価値ではなく、独占的支配者の意志が経済を支配するというのである。そこでは、個別資本やカルテル協定に関する計画の試みが多かれ少なかれ成功したということが、価値に媒介された社会編成化の根本的な変化と混同される。このことに続いて、国家はこの独占的支配者の単なる道具に還元され、それでもって、帝国主義は個別資本家の利害を直接的に実行するものとして把握される。結局のところ、「寄生的」という帝国主義の特徴付けが問題含みであるのは、言外の道徳的な響きのためだけではなく、なぜ国外の労働者階級の搾取が国内のそれよりもひどいのかを理解できないからでもある。結果として、レーニンがマルクス主義的分析の継続として意図したものは、もはやマルクスの経済学批判とほとんど関係がない。

72　「死滅する」資本主義は、第1次（そしてまた第2次）世界大戦を明らかに生き延びてしまったので、「マルクス・レーニン主義」の枠組みでは、「国家独占資本主義」（略称Stamokap）の理論が帝国主義という最後の段階の最終局面として展開された。国家機構と独占体の融合は、「死滅する」資本主義をなおしばらくの間生きながらえさせたというのである。

しかし、単に理論的にだけではなく、経験的にもレーニンの帝国主義は根拠が薄弱である。なるほど、帝国主義的政治を必然的なものにするとされる資本輸出はたしかに行われたが、現実にはこの資本輸出の大部分は、植民地や従属的領域へ向かわず、帝国主義的政治を同様に追求する他の発展した資本主義国に向かった。このことが意味しているのは、資本輸出の原因は単に資本主義の中心国における収益性不足にあったのではないということである。なぜなら、中心国における収益性不足があるならば、他の中心国への資本輸出は生じえないからである。さらに、そのような資本輸出は、本国の帝国主義的政治（それは中心国の外部にある他の領土の支配を目指す）によって守られていなかった。結局のところ、今日でも、レーニンの理論を固持しようとする人々がとりわけ直面するのは、最も強大な帝国主義的権力として通用しているアメリカ合衆国では、資本輸出ではなくむしろ資本輸入が決定的な重要性をもっているという問題である（レーニンの帝国主義論にたいする詳細な批判はNeusüss 1972、帝国主義論の展開に関する入門書はHeinrich 2003c参照）。

もちろん、レーニンの枠組み以外の帝国主義論をうち立てようとする試みも存在するが、それは帝国主義概念をかなり幅広く理解している。国家が国際的次元で他国にたいする経済的・政治的・軍事的圧力によって資本主義の総利害を貫徹しようとすることですでに**帝国主義**と呼ばれることになる。そうすると、帝国主義は、資本主義の発展の特殊な段階では決してなく、むしろあらゆるブルジョア国家が、そのつど可能な枠内で帝国主義的なのである。しかし、これでは「帝国主義」概念によって多くのことが言われていない。帝国主義的政治がどのような目的を追求し、どのような契機によって動かされるのかについては、一般的な次元でまったく規定されえないのである。いずれにせよ、それは、たとえば資本輸出を保証するというような単純なメカニズムのことではない。

国際的な次元では、まったく異なる経済的・政治的・軍事的力と異なる利害をもつ多数の国家が相対している。それらの国家間では非常にさまざまな従属・同盟配置ならびに対立関係が存在している。そこでは、それぞれの国家の行為可能性は、他のあらゆる国家の行為によって制限される。この国家間競争において、あらゆる国家はまずもって自らの行為選択権を獲得し、維持しようと努めなくてはならない。それによって、権力と影響力をめぐる国家間の対決という固有の領域が構築されるが、この領域においては、単に個々の資本分派の経済的利害が直接的に実行される（このことも生じるが）だけにはとどまらない。ここでとりわけ重要なのは、貿易・通貨・法権利・軍事政治領域での国際「秩序」の形成である。

諸国家は、特殊な状況から生じる特殊な利害とともに、最低限の国際秩序の必要性について共通の利害を持っている。というのも、ある程度安定的で計算可能な経済的および政治的関係のもとでのみ、資本蓄積が順調に行われうるからである。この秩序の具体的な形成（どれだけの自由貿易あるいは保護貿易が行われているか? どの通貨が世界貨幣の役割を担っているか? どの領域で武装が制限されているのか?）は、それぞれの国に異なる利益と不利益をもたらす。こうして、矛盾を含み、永続的ではないさまざまな同盟の配置が生じる。[73]

そして、結局のところ、原料に乏しい大半の先進主義国にとっては、原料とエネルギー源の安定した供給が死活問題である。ただし、重要なのは、そのための領土の征服というよりも、貿易とその条件の「秩序」、すなわち見積もり可能な産出と安全な輸送や、価格形成方法と貿易通貨である。

---

73　ハートとネグリ（Hardt/Negri 2002）が定式化した、国民国家の帝国主義（まったく無批判にレーニンの帝国主義論の意味で考えられている）に、権力の領土的な中心地をもたない「帝国」がとってかわったという考えは、この国際秩序のみごとな理想化である。

この国際秩序の形成にたいする共通の利害が存在しているという事実は、それだけでは、それがどのようにして達成され、どのような規模をとるのかについて何か語っていることにはならない。協調行動を取ろうとする心構えは、大国と小国でまったく異なる。大国にとっては、「単独」行動（すなわち、他国の利害を考慮することなく利害を貫徹すること）は、場合によって現実主義的な見方である一方で、小国はむしろ、たいてい「多国間」行動（すなわち、多かれ少なかれ協調的な行動）に向かう傾向があり、それどころか場合によっては、拘束力のある国際的な法権利秩序を要求する。「単独」と「多国間」行動ともに生じるのが普通であり、両者ともそれぞれの国家が自らの利害を貫徹するために利用されているのだ。

国家間関係は静的なものではなく、生産過程の技術的条件や企業の組織化、諸企業の国際的関連を絶えず変革するような、資本主義の発展を背景に存在している。その際、世界市場は資本主義的生産様式の前提なだけではなく、絶えず新たに生みだされる結果でもあり、それゆえ、国家の行動可能性にとっての条件も、くりかえし新たに設定されるのである。

資本主義の歴史上、個々の国においても、資本主義世界システム全体にとっても、構造的に異なった時期を区別することができる。マルクスは、一貫して資本主義について語ることをそもそも可能にするような、これらの諸時期に共通する根本的性質を分析しようと試みた（本書2.1節を参照）。したがって、時期区分は、マルクスの『資本論』よりも具体的な分析の次元で着手される。もちろん、そのような時期区分は、（労働運動の歴史上でしばしば生じてきたように）ある目的に向かっての不可避的な発展――いつか到達する資本主義の「最高度の」段階であれ、はたまた社会主義あるいは共産主義への「必然的」移行であれ――であるかのように混同されてはならない。

他方で、「今日」問題なのはまったく新しく、まったく異なった資本主義にほかならないという主張にも注意が必要である。ともかく、近年、グローバル化という標語のもとで議論される諸現象は、資本主義発展上の完全な断絶を表現しているわけではない。むしろ、それらの現象は、世界市場において資本関係が恐慌を孕みながら貫徹した最新段階を表すとともに、それと平行して、個々の国の社会的・政治的関係の深部で生じたさまざまな変革の最新段階を表している（グローバル化の論争に関する入門書として、Initiativgruppe Regulationstheorie 1997, Sablowski 2001 、詳細は Hirsch 1995, Altvater/Mahnkopf 1999 参照）。

# 12 共産主義
## ——商品、貨幣、国家を越えた社会

マルクスの政治的目標は、資本主義の克服であった。資本主義は社会主義社会あるいは共産主義社会（マルクスとエンゲルスは1860年代以降、たいていの場合、これらの概念をほとんど同義的に使っている）にとって代わられるべきであり、そこにおいては、生産手段にたいする私的所有は廃棄され、したがってまた、もはや利潤最大化の目的によって生産が行われることはないとされた。しかし、そのような社会についての詳細な構想をマルクスは書き記してはおらず、今日でも『資本論』の読者の中には、共産主義に関する章がまったくないことを知って驚く人もいる。もちろん、マルクスは、様々な箇所で（『資本論』においても、それ以前の著作においても）資本主義の分析から共産主義の一般的諸規定を逆推理しようと試みた。そのような逆推理は、そのときどきの分析の立場に依拠していて、その表現は、決して統一的な構想へとまとめあげることができないほどに非常にさまざまである。

マルクスにとって共産主義が何を意味していたかについては、2つの考え方が広く普及している。しかし、両者ともこれまでの章で描かれてきた経済学批判とほとんど関係がない。

ひとつは、**理想としての共産主義**である。ここでは、共産主義とは倫理的根拠からそうあるべき社会を意味するものと想定されている。人間たちは他の人間たちを搾取したり抑圧したりするべきではない。また、物質的な利益をしつこく追求するべきではなく、他者との連帯や協調を示すべきである、などというように。とりわけ、マルクスの初期の著作において、この方向で解釈されるようないくつかの表現が見いだされる。そのような見解にたいしては、「人間」とは共産主義が要求するほど善き存在ではない、すなわち、人間は絶えず自らの利益を求めるので、共産主義は機能しえないとしばしば反論される。他方で、倫理的あるいは宗教的に動機付けられた人々がここに自分たちとの接点を見いだすが、マルクスの倫理学とされるものは、たとえばキリスト教の倫理にかなり一致しているように見える。しかし、両者ともに考慮していないのは、マルクスの『資本論』は決して道徳的根拠から資本主義を批判しておらず（本書2.2節参照）、彼の分析は道徳的表象が社会的に生産されることを示したという点である（本書4.3節参照）。それは、道徳とはつねにそのときどきの社会によって異なるものであり、個々の社会を測定できるような普遍的道徳は決して存在しないということを示しているのである。

もうひとつは、**生産手段の国有化としての共産主義**である。ここでは、生産手段にたいする私的所有の廃止が、国有化と国家による計画経済と同一視される。これにたいしては、国家による計画はあまりにも効率が悪く、権威的支配への傾向をもっているという反論がよくある。しばしば、ソ連の「現存社会主義」は、共産主義についてのこうした考え方を多かれ少なかれ直接的に実現したものと見なされており、その崩壊は共産主義の不可避な失敗のはっきりとした証明とされる。たしかに、生産手段の国有化にたいする要求は、『共産党宣言』（MEW 4, S. 481、『全集』第4巻、494ページ）にも、エンゲルスの『反デューリング論』（MEW 20, S. 261、『全集』第20巻、289ページ）にも見いだされるが、それはつねに共産主義の最初の措置にすぎないのであって、決してその特徴付けではない。むしろ、生産手段は社会の手に移され、国家は最終的に「死滅する」はずである

(MEW 20, S. 262、『全集』第20巻、290ページ)。

マルクスが自らの経済学批判に基づいておこなった共産主義に関する数少ない基本的コメントからは(『資本論』においてはMEW 23, S. 92 f.、『資本論』第1巻、133〜134ページ、MEW 25, S. 828、『資本論』第3巻、1440〜1441ページ,『ゴータ綱領批判』においては、MEW 19, S. 19ff.、『全集』19巻、18〜19ページ)、少なくとも2つのことが明らかである。**1つ目は、**共産主義社会はもはや交換に基づかないということ。生産における労働力の支出も、生産物の分配も(さしあたり用途からいって、社会の個々の成員にたいする生産手段および生活手段としての生産物の分配、その後、消費財の分配)、**社会**——したがって、市場でも国家でもない——によって意識的かつ計画的統制のもとでおこなわれる。資本(自己増殖する価値)だけではなく、商品や貨幣ももはや存在しない。**2つ目に、**マルクスにとって肝心なのは、資本主義的関係のもとでとは異なる量的分配だけではなく(しかし、この分配問題が伝統的マルクス主義によっては主に強調される)、とりわけ、自立化し、個々人にたいして匿名の強制として貫徹する社会的連関からの**解放**である。資本関係は、人口の大半にとって有害で、安全でない労働・生活条件をもたらす一定の搾取関係であるが、それだけが克服されるべきなのではなく、商品として生産されるやいなや労働生産物に「付着する」物神崇拝もまた克服されるべきなのである(MEW 23, S. 87、『資本論』第1巻、124ページ)。社会的解放、つまり自己産出的で有り余るほどの力をもつ強制からの自由は、物神崇拝のさまざまな形態を生みだす社会的関係が消滅するときに初めて可能となる。そのときに初めて、社会の構成員は「自由な人間たちのアソシエーション」(MEW 23, S. 92、『資本論』第1巻、133ページ)として、自らの社会の案件を**自分たちで**現実的に統制し、形成することができる。マルクスにとって問題なのは、この包括的な解放であって、単なる分配問題ではない。

それにたいして、伝統的、世界観的マルクス主義やマルクス・レーニン主義にとって中心的なことは、社会主義あるいは共産主義は、資本主義とは異なる分配を実現し、これを基礎として個々人が、より良い発展可能性を受けとらなければならないということであった。この分配中心主義的見解によれば、ある種の市場経済的構造すら内包する権威主義的福祉国家もまた社会主義あるいは共産主義と見なされうる。まさにこの方向性へと、ロシア、東ヨーロッパ、中国において「現存社会主義」が発展したのである。党のエリートが国家の権力的地位を占め、彼らが、物質的なアウトプットをできるだけ高め、いくらか平等な収入分配を行い、できるだけ社会保障を大きくする方向へと経済を先導した[74]。この現存社会主義的な扶養国家において、主導的政党による政治は、資本主義的関係を再生産しようとする政治的な反対派勢力にたいしてのみ権威的に貫徹されるわけではなかった。国民の大半も実際の影響力をもっていなかった。彼らは、ある程度十分には保障されたが、党による政治の受動的な**客体**であった。オープンな討論は——もしそうしたことが可能であったとして——極めて制限された形で許されていたにすぎない。「社会主義国」における支配的な「共産主義」政党の権力独占は、共産主義的な考えを持った諸勢力によっても疑問視されはしなかった。ここでは、社会的過程を統制したのは、社会ではなく、党であった。ローザ・ルクセンブルクは、まったく慧眼にも、すでに早い時期にこの傾向を批判していた。『ロシア革命について』という未完の著作のなかで、彼女は以下のように述べている。

「普通選挙、制限のない報道や集会の自由、自由な論争がな

74　現存社会主義における主導的な幹部の腐敗と個人的な富裕化は決して珍しくないが、このことは現存社会主義国家の本質的な機能様式を意味しているわけではない。それは、ブルジョア政治家の場合に、そのような現象がブルジョア国家の機能を意味しないのと同じである。

ければ、あらゆる公的制度の中の生活は死滅し、外観上の生活になりはててしまい、そこでは官僚制だけが活動的要素として残るだろう。公的な生活は次第に消滅し、数十人の党指導者が無尽蔵のエネルギーと限界のない理想主義をもって指導と支配を行い、実際には彼らのうち10人ほどの優れた人物が主導することになる。労働者のエリートは、指導者の演説に拍手をおくり、提出された決議案に全員一致で賛成するために、時折会議に招集される。したがって、結局のところ派閥支配なのである。」(Luxemburg 1918, S. 362、邦訳45〜46ページ)

現存社会主義国家は、とりわけ社会にたいする政党の支配を確保するための道具であった。「国家の死滅」は遠い将来まで延期された。しかし、共産主義に関するマルクスの構想にとって、まさしく「国家の死滅」は決定的な意味をもっている。国家は、ブルジョア的であれ「社会主義的」であれ、社会にたいして自立化した暴力であって、その暴力は、一定の再生産の形態(ある範囲で)を組織し、(場合によっては暴力的にも)それを貫徹させるのである。マルクスは、「自由な人間たちのアソシエーション」(MEW 23, S. 92、『資本論』第1巻、133ページ)として共産主義を特徴付けたが、それは、そのような自立化した暴力を用いることなく、自らの社会の案件を統制する。この暴力が存在するかぎりで、「自由な人間たちのアソシエーション」について語ることはできない。

もちろん、商品、貨幣、資本が廃止されるだけでなく、国家も消滅しているときにのみ、共産主義について語ることができるということは、そのような社会にはどんな規則も存在しないということを意味しない。この社会の成員は、自らの社会的生活を統制し、個々の経営体において生産を組織し、さまざまな経営体を調整し、生産者や消費者としてのさまざまな利害を調和させ、マイノリティの立場との付き合い方を見つけ、おそらくまだ長期間にわたって、性的および人種的差別のさまざまな形態に根本的に取り組まなければならない――というのも、そのような差別は資本主義的搾取が終わることによって自動的に消滅するわけではないからである。

いずれにせよ、今日市場を通じて行われている巨大な調整機能に代わるものを、共産主義社会が提供しなければならないが、その困難さは利害の相違や衝突、ならびにさまざまな調整審級が国家的構造へと新たに自立化する危険性と同様に、過小評価されてはならない。エンゲルスが『反デューリング論』で「人格にたいする統治に代わって、物の管理が登場する」（MEW 20, S. 262、『全集』第20巻、289〜290ページ）と書いたとき、なるほどこのことは正しいが、ただ、以下のことを付け加えなければならない。つまり、物の管理は、人間にたいする支配を絶えず引き起こしうるような権力への潜在性を自らのうちに含んでいるのである。

しかし、これらのあらゆる困難にもかかわらず、共産主義社会が原理的に不可能であるはずだということの根拠は明らかではない。もちろん、単に欠乏を管理するだけの「粗野な」共産主義でないかぎり、共産主義は特定の経済的かつ社会的前提と結びついている。マルクスが共産主義社会への移行の本質的前提として強調したのは（MEW 23, S. 510 ff., 514, 526, 528 f., 618、『資本論』第1巻、833〜835、839、860、863〜864、1011〜1012ページ；MEW 25, S. 827、『資本論』第3巻、1438〜1440ページ）、すでに資本主義において生じた、科学と技術に基礎付けられた生産力の飛躍的な発展、ならびに、そのことによって必然的となった労働者の力能の全般的な発展である。たとえその両者が、資本主義的関係のもとでは、利潤最大化の目的によって制限された偏狭な基礎上でしか発展しなかったとしても。

このマルクスの考察に関連して、2つのことが明らかになる。第1に、共産主義社会への移行にとって、1917年のロシアのように、ブルジョア的支配が弱い段階で、国家権力を奪取し、それを防衛するのでは十分でない。むしろ、適当な社会的かつ経済的前提を欠いている場合には、社会主義革命はもしかしたら政党の権力維持のプロジェクトとしては成功するかもしれないが、社会的解放のプロジェクトとしては成功しない。第2に、共産主義社会が打ち立てられたとしても、資本主義内部で生みだされた諸前提を変形するために、いまだ一定の発展が必要である。「個人の全面的な発展にともなって、またその生産力も増大し、協同的富のあらゆる源泉が一層豊かに湧き出る」ような「共産主義社会の高次の段階」に到達して、はじめて次のことが妥当しうる。「各人はその能力におうじて、各人にはその必要におうじて！」（MEW 19, S. 21、『全集』第19巻、21ページ）

グローバル資本主義のもとでは、歴史的には未だかつてないレベルの物質的富が存在するにもかかわらず、それと並んで、恐慌と失業によって先進資本主義国だけでなく、いわゆる第3世界の国々においても、社会の荒廃が広がっている。また、資本主義的生産による自然の生命基盤の破壊は、もはや局地的のみならず、すでに地球全体に及んでいる（気候変動において明らかなように）。そして、戦争が絶えず新たに「民主主義的」ブルジョア国家によって始められ、推進されている。したがって、こうしたことすべてを考慮するならば、マルクスによって特徴付けられた共産主義社会に到達することがどれだけ難しかろうとも、資本主義を廃止し、「自由な人間たちのアソシエーション」によって置き換えようとする試みには、少なくとも十分に正当な根拠がある。

# 参考文献

## 1. 引用されたマルクスとエンゲルスの著作


- Marx, Karl (1844): Ökonomisch-philosophische Manuskripte. In: MEW 40.
（『経済学・哲学手稿』大内兵衛・細川嘉六監訳『マルクス＝エンゲルス全集』第40巻、大月書店、1975年）
- Marx, Karl (1845): Thesen über Feuerbach. In:  MEW 3.
（「フォイエルバッハに関するテーゼ」大内兵衛・細川嘉六監訳『マルクス＝エンゲルス全集』第3巻、大月書店、1963年）
- Marx, Karl; Engels, Friedrich (1845): Die Deutsche Ideologie. In: MEW 3.
（『ドイツ・イデオロギー』大内兵衛・細川嘉六監訳『マルクス＝エンゲルス全集』第3巻、大月書店、1963年）
- Marx, Karl; Engels, Friedrich (1845): Manifest der Kommunistischen Partei. In: MEW 4.
（『共産党宣言』大内兵衛・細川嘉六監訳『マルクス＝エンゲルス全集』第4巻、大月書店、1960年）
- Marx, Karl (1857): Einleitung. In: MEW 42 (ebenfalls in MEW 13).
（「『経済学批判要綱』への序言」資本論草稿集翻訳委員会訳『マルクス資本論草稿集①』大月書店、1981年）
- Marx, Karl (1857/58): Grundrisse der Kritik der politischen Ökonomie. In: MEW 42.
（『経済学批判要綱』資本論草稿集翻訳委員会訳『マルクス資本論草稿集①〜②』大月書店、1981〜1993年）
- Marx, Karl (1858): Urtext von Zur Kritik der politischen Ökonomie.In: MEGA, II. Abteilung, Bd. 2.
（「経済学批判原初稿」資本論草稿集翻訳委員会『マルクス草稿集③』大月書店、1984年）
- Marx, Karl (1859): Zur Kritik der politischen Ökonomie. Erstes Heft. In: MEW 13.
（『経済学批判』大内兵衛・細川嘉六監訳『マルクス＝エンゲルス全集』第13巻、大月書店、1964年）
- Marx, Karl (1861-63): Theorien über den Mehrwert. In: MEW 26.1-26.3.

(『剰余価値に関する諸学説』大内兵衛・細川嘉六監訳『マルクス＝エンゲルス全集』第26巻第1分冊～第3分冊、大月書店、1969～1970年)

- Marx, Karl (1865): Inauguraladresse der Internationalen Arbeiter-Assoziation. In: MEW 16.
  (「国際労働者協会創立宣言」大内兵衛・細川嘉六監訳『マルクス＝エンゲルス全集』第16巻、大月書店、1966年)
- Marx, Karl (1867): Das Kapital. Kritik der politischen Ökonomie. Erster Band (1. Auflage), MEGA, II. Abteilung, Bd. 5.
  (江夏美千穂訳『初版資本論』幻燈社書店、1973年)
- Marx, Karl (1867-94): Das Kapital. Kritik der politischen Ökonomie. 3 Bde. MEW 23-25.
  (資本論翻訳委員会訳『〔上製版〕資本論』新日本出版社、1997年)
- Marx, Karl (1871/72): Ergänzungen und Veränderungen zum ersten Band des "Kapital".In: MEGA, II. Abteilung, Bd. 6.
- Marx, Karl (1875): Kritik des Gothaer Programms. In: MEW 19.
  (「ゴータ綱領批判」大内兵衛・細川嘉六監訳『マルクス＝エンゲルス全集』第19巻、大月書店、1968年)
- Engels, Friedrich (1859): Karl Marx "Zur Kritik der politischen Ökonomie". In: MEW 13.
  (「カール・マルクス『経済学批判』」大内兵衛・細川嘉六監訳『マルクス＝エンゲルス全集』第13巻、大月書店、1964年)
- Engels, Friedrich (1878): Herrn Eugen Dührings Umwälzung der Wissenschaft (Anti-Dühring).In: MEW 20.
  (『反デューリング論』大内兵衛・細川嘉六監訳『マルクス＝エンゲルス全集』第20巻、大月書店、1968年)
- Engels, Friedrich (1880): Die Entwicklung des Sozialismus von der Utopie zur Wissenschaft. In: MEW 19.
  (『空想から科学への社会主義の発展』大内兵衛・細川嘉六監訳『マルクス＝エンゲルス全集』第19巻、大月書店、1968年)
- Engels, Friedrich (1884): Der Ursprung der Familie, des Privateigentums und des Staates. In: MEW 21.
  (『家族、私有財産および国家の起源』大内兵衛・細川嘉六監訳『マルクス＝エンゲルス全集』第21巻、大月書店、1971年)

## 2. その他の文献

＊の標がつけられたものは、インターネット上（http://www.oekonomiekritik.de か、そこからのリンク）で見つけることができる。

- Agnoli, Johannes (1975): Der Staat des Kapitals. Gesammelte Schriften Bd. 2. Freiburg 1995.
- Althusser, Louis (1965): Für Marx. Frankfurt/M.
  (ルイ アルチュセール著/河野健二・田村俶・西川長夫訳『マルクスのために』平凡社、1994年)
- Althusser, Louis; Balibar, Etienne (1965): Das Kapital lesen. Reinbek.
  (ルイ アルチュセール・ジャック ランシエール・ピエール マシュレー著/今村仁司訳『資本論を読む　上・中・下』筑摩書房、1996～1997年)
- Althusser, Louis (1970): "Ideologie und ideologische Staatsapparate". In: ders., Ideologie und ideologische Staatsapparate. Hamburg 1977. S. 108-168.
  (ルイ・アルチュセール著/西川長夫・伊吹浩一・大中一彌・今野晃・山家歩訳『再生産について：イデオロギーと国家のイデオロギー諸装置　上・下』平凡社、2010年)
- Altvater, Elmar (1992): Der Preis des Wohlstands. Münster.
- Altvater, Elmar u.a. (1999): Kapital.doc. Münster.
- Altvater, Elmar; Mahnkopf, Birgit (1999): Grenzen der Globalisierung. Ökonomie, Ökologie und Politik in der Weltgesellschaft. 4., völlig überarb. Aufl. Münster.
- Backhaus, Hans-Georg (1997): Dialektik der Wertform. Freiburg.
- Backhaus, Hans-Georg (2000): "Über den Doppelsinn der Begriffe ,Politische Ökonomie' und ,Kritik' bei Marx und in der ,Frankfurter Schule'". In: Dornuf, Stefan; Pitsch, Reinhard (Hrsg.), Wolfgang Harich zum Gedächtnis. Band II. München. S. 10-213.
- Beck, Ulrich (1986): Risikogesellschaft, Frankfurt/M.
  (ウーリッヒ・ベック著/東廉・伊藤美登里訳『危険社会』法政大学出版局、1998年)
- Behrens, Diethard (1993a): "Erkenntnis und Ökonomiekritik". In: ders. (Hg.), Gesellschaft und Erkenntnis. Freiburg. S. 129-164.
- Behrens, Diethard (1993b): "Der kritische Gehalt der Marxschen Wertformanalyse". In: ders. (Hg.), Gesellschaft und Erkenntnis. Freiburg. S. 165-189.
- Behrens, Diethard (2004): Westlicher Marxismus. Stuttgart (im Erscheinen).
- Berger, Michael (2003): Karl Marx: "Das Kapital". Eine Einführung, München.

- Brentel, Helmut (1989): Soziale Form und ökonomisches Objekt. Opladen.
- Castells, Manuel (2001-2003): Das Informationszeitalter. 3 Bde. Opladen.
- Conert, Hans-Georg (1998): Vom Handelskapital zur Globalisierung. Entwicklung und Kritik der politischen Ökonomie. Münster.
- Dimoulis, Dimitri; Milios, Jannis (1999): "Werttheorie, Ideologie und Fetischismus". In: Beiträge zur Marx-Engels-Forschung. Neue Folge 1999. Hamburg. S.12-56.
- Elbe, Ingo (2003): Zwischen Marx, Marxismus und Marxismen – Lesarten der Marxschen Theorie. Bochum: Arbeitskreis rote-ruhr-uni. Quelle: http://www.rote-ruhr-uni.com/texte *
- Fantômas. magazin für linke debatte und praxis Nr. 4 (2003): Soziale Klassen, soziale Kämpfe
- Foucault, Michel (1976): Überwachen und Strafen. Die Geburt des Gefängnisses. Frankfurt/M.
  (ミシェル・フーコー著/田村俶訳『監獄の誕生』新潮社、1977年)
- Gerstenberger, Heide (1990): Subjektlose Gewalt. Theorie der Entstehung bürgerlicher Staatsgewalt. Münster.
- Glißmann, Wilfried; Peters, Klaus (2001): Mehr Druck durch mehr Freiheit. Die neue Autonomie in der Arbeit und ihre paradoxen Folgen. Hamburg.
- Gramsci, Antonio (1929-35): Gefängnishefte. 10 Bde. Hamburg 1991 ff.
  (V. ジェルラターナ編/獄中ノート翻訳委員会訳『グラムシ獄中ノート1』大月書店、1981年)
- Hardt, Michael; Negri, Antonio (2002): Empire. Die neue Weltordnung. Frankfurt/M.
  (アントニオ・ネグリ、マイケル・ハート著/水嶋一憲ほか訳『帝国：グローバル化の世界秩序とマルチチュードの可能性』以文社、2003年)
- Haug, Wolfgang Fritz(1989): Vorlesungen zur EinfOhrung ins "Kapital". 5. Aufl. Koln.
- Haug, Wolfgang Fritz (2003a): "Historisches/Logisches". In: Das Argument 251, S. 378-396.
- Haug, Wolfgang Fritz (2003b): "Wachsende Zweifel an der monetären Werttheorie" In: Das Argument 251, S. 424-437.
- Hecker, Rolf (1999): Die Entstehungs-, Oberlieferungs- und Editionsgeschichte der okonornischen Manuskripte und des «Kapital», in: Altvater u.a. (1999), S. 221-242.
- Heinrich, Michael (1999): Die Wissenschaft vom Wert. Die Marxsche Kritik der politischen Ökonomie zwischen wissenschaftlicher Revolution und

klassischer Tradition. Erweiterte Neuauflage. Münster.
- Heinrich, Michael (1999a): "Kommentierte Literaturliste". In: Altvater u.a. (1999), S. 188-220.*
- Heinrich, Michael (1999b): "Untergang des Kapitalismus? Die ‚Krisis' und die Krise". In: Streifzüge 1/1999, S. 1-5.*
- Heinrich, Michael (2003): "Geld und Kredit in der Kritik der politischen Ökonomie". In: Das Argument 251, S. 397-409.*
- Heinrich, Michael (2003a): "Imperialismustheorie". In: Schindler, Siegfried; Spindler, Manuela (Hrsg.), Theorien der Internationalen Beziehungen. Opladen, S. 279-308.
- Heinrich, Michael (2004): "Über ‚Praxeologie', ‚Ableitungen aus dem Begriff' und die Lektüre von Texten. Zu Wolfgang Fritz Haugs Antwort auf meinen Beitrag in Argument 251". In: Das Argument 254, S. 92-101.*
- Heinrich, Michael (2004a): Welche Klassen, welche Kämpfe?, in: grundrisse 11, S. 35-42.*
- Hilferding, Rudolf (1910): Das Finanzkapital. Frankfurt/M. 1968.
  (ルドルフ・ヒルファディング著/岡崎次郎訳『金融資本論　上・中・下』岩波書店、1982年)
- Hirsch, Joachim (1995): Der nationale Wettbewerbsstaat. Staat, Demokratie und Politik im globalen Kapitalismus. Berlin.
  (ヨアヒム・ヒルシュ著/木原滋哉・中村健吾共訳『国民的競争国家：グローバル時代の国家とオルタナティブ』ミネルヴァ書房、1998年)
- Hobson, John A. (1902): Der Imperialismus. Köln 1968.
  (ジョン・ホブスン著/矢内原忠雄訳『帝国主義論』岩波書店、1978年〜1979年)
- Huffschmid, Jörg (2002): Politische Ökonomie der Finanzmärkte. Aktualisierte Neuauflage. Hamburg.
- Initiaitivgruppe Regulationstheorie (1997): "Globalisierung und Krise des Fordismus. Eine Einführung". In: Becker, Steffen u.a., Jenseits der Nationalökonomie? Hamburg, S. 7-27
- Itoh, Makoko; Lapavitsas, Costas (1999): Political Economy of Money and Finance. Palgrave.
  (伊藤誠、C・ラパヴィツァス『貨幣・金融の政治経済学』岩波書店、2002年)
- Jacobs, Kurt (1997): "Landwirtschaft und Ökologie im ‚Kapital'". In: PROKLA 108, S. 433-450.
- Kautsky, Karl (1887): Karl Marx Oekonomische Lehren. Gemeinverständlich

dargestellt und erläutert. Stuttgart.
（カール・カウッキー著/相田慎一訳『マルクスの経済学説ー『資本論』入門』丘書房 、1999年）

- Kautsky, Karl (1914): "Der Imperialismus". In: Die Neue Zeit 32, S. 908-922
（カール・カウッキー著/波多野真訳『帝国主義論』創元社、1953年）
- Keynes, John Maynard (1936): Allgemeine Theorie der Beschäftigung, des Zinses und des Geldes. Berlin 1983.
（ジョン・メイナード・ケインズ著/間宮陽介訳『雇用、利子および貨幣の一般理論』岩波書店、2008年）
- Kößler, Reinhart; Wienold, Hanns (2001): Gesellschaft bei Marx. Münster.
- Krätke, Michael (1995): Stichworte: "Bank", "Banknote", "Börse". In: Historisch-kritisches Wörterbuch des Marxismus. Bd. 2. Hamburg. Sp. 1-22, 22-27, 290-302.
- Kurz, Robert (1991): Der Kollaps der Modernisierung. Frankfurt/M.
- Kurz, Robert (1995): "Die Himmelfahrt des Geldes". In Krisis 16/17, S. 21-76. *
- Kurz, Robert (1999): Schwarzbuch Kapitalismus. Frankfurt/M.
（ローベルト・クルツ著/渡辺一男訳『資本主義黒書：市場経済との訣別　上・下』新曜社、2007年）
- Lenin, Wladimir I. (1913): "Drei Quellen und drei Bestandteile des Marxismus". In: ders., Werke. Bd. 19. S. 3-9.
（レーニン著/高橋勝之・大沼作人訳『マルクス主義の3つの源泉と3つの構成部分．カール・マルクス：ほか』新日本出版社、1999年）
- Lenin, Wladimir I. (1917): "Der Imperialismus als höchstes Stadium des Kapitalismus". In: ders., Werke. Bd. 22. S. 189-309.
（レーニン著/聴濤弘訳『帝国主義論』新日本出版社、1999年）
- Lenin, Wladimir I. (1917a): "Staat und Revolution". In: ders., Werke. Bd. 25. S. 393-507.
（レーニン著/宇高基輔訳『国家と革命』岩波書店、1957年）
- Luxemburg, Rosa (1913): Die Akkumulation des Kapitals. Ein Beitrag zur ökonomischen Erklärung des Imperialismus. Gesammelte Werke. Bd. 4.Berlin 1974. S. 332-365
（ローザ・ルクセンブルク著/長谷部文雄訳『資本蓄積論』續文堂出版、2006年）
- Luxemburg, Rosa (1918): "Zur russischen Revolution". In: dies., Gesammelte Werke. Bd. 5. Berlin 1975.

(ローザ・ルクセンブルク著/伊藤成彦・丸山敬一訳『ロシア革命論』論創社、1985年)
- Mandel, Ernest (1968): Marxistische Wirtschaftstheorie. 2 Bde. Frankfurt/M.
(エルネスト・マンデル著/岡田純一ほか訳『現代マルクス経済学』東洋経済新報社、1972-74年)
- Mandel, Ernest (1998): Einführung in den Marxismus. Köln.
- Milios, John; Dimiloulis, Dimitri; Economakis, George (2002): Karl Marx and the Classics. An Essay on value, crises and capitalist mode of production. Ashgate.
- Milios, Jannis; Economakis, George (2003): "Zur Entwicklung der Krisentheorie aus dem Kontext der Reproduktionsschemata: von Tugan-Baranovskij zu Bucharin". In: Beiträge zur Marx-Engels-Forschung. Neue Folge 2002. Hamburg. S. 160-184.
- Neusüss, Christel (1972): Imperialismus und Weltmarktbewegung des Kapitals. Erlangen.
- Nuss, Sabine (2002): "Download ist Diebstahl? Eigentum in einer digitalen Welt". In: PROKLA 126, S. 11-35.*
- Paschukanis, Eugen (1924): Allgemeine Rechtslehre und Marxismus. Freiburg 2003.
(オイゲン・パシュカーニス著/稲子恒夫訳『法の一般理論とマルクス主義』日本評論社、1986年)
- Postone, Moishe (1988): "Nationalsozialismus und Antisemitismus. Ein theoretischer Versuch". In: Diner, Dan (Hrsg.), Zivilisationsbruch. Denken nach Auschwitz. Frankfurt/M.*
- Postone, Moishe (2003): Zeit, Arbeit und gesellschaftliche Herrschaft. Eine neue Interpretation der kritischen Theorie von Marx. Freiburg.
(モイシェ・ポストン著/白井聡・野尻英一監訳『時間・労働・支配：マルクス理論の新地平』筑摩書房、2012年)
- Poulantzas, Nicos (1977): Staatstheorie. Hamburg 2002.
(ニコス・プーランツァス著/田中正人・柳内隆訳『国家・権力・社会主義』ユニテ、1984年)
- Rakowitz, Nadja (2000): Einfache Warenproduktion. Ideal und Ideologie. Freiburg.
- Reichelt, Helmut (1970): Zur logischen Struktur des Kapitalbegriffs bei Karl Marx. Freiburg 2001.
- Reichelt, Helmut (2002): "Die Marxsche Kritik ökonomischer Kategorien. Überlegungen zum Problem der Geltung in der dialektischen

Darstellungsmethode im ‚Kapital'". In: Fetscher, Iring; Schmidt, Alfred (Hg.), Emanzipation als Versöhnung. Frankfurt/M.*

- Reitter, Karl (2002): "Der Begriff der abstrakten Arbeit". In: grundrisse. zeitschrift für linke theorie & debatte 1, 2002, S. 5-18. *
- Reitter, Karl (2004): Kapitalismus ohne Klassenkampf. Zu Michael Heinrich: «Kritik der politischen Ökonomie», in: grundrisse 11, S. 26-34.*
- Ricardo, David (1817): "On the Principles of Political Economy and Taxation." In: Sraffa, Pierro (Ed.), The Works and Correspondence of David Ricardo. Vol. I. Cambridge 1951.
  （リカードウ著/羽鳥卓也・吉沢芳樹訳『経済学および課税の原理　上・下』岩波書店、1987年）
- Rosdolsky, Roman (1968): Zur Entstehungsgeschichte des Marxschen "Kapital". Der Rohentwurf des Kapital 1857-1858. Frankfurt/M.
  （ロマン・ロスドルスキー著/時永淑訳『資本論成立史：1857〜58年の「資本論」草案』法政大学出版局、1975年）
- Rosdolsky, Roman (1968a): "Der Streit um die Marxschen Reproduktionsschemata" . In: ders. (1968), Bd. III. S. 524-596.
- Sablowski, Thomas (2001): Stichwort: "Globalisierung". In: Historisch-kritisches Wörterbuch des Marxismus. Bd. 5. Hamburg. Sp. 869-881.
- Sablowski, Thomas (2003): "Krisentendenzen der Kapitalakkumulation". In: Das Argument 251, S. 438-452.
- Smith, Adam (1776): An Inquiry into the Nature and Causes of the Wealth of Nations. 2 vols. The Glasgow Edition of the Works and Correspondence of Adam Smith II. Oxford 1976.
  （アダム・スミス著/大河内一男監訳『国富論』中央公論新社、2010年）
- Stützle, Ingo (2003): "Staatstheorien oder ‚BeckenrandschwimmerInnen der Welt, vereinigt Euch!'". In: grundrisse. zeitschrift für linke theorie & debatte 6, 2003, S.27-38.*
- Trenkle, Norbert (1998): "Was ist der Wert? Was soll die Krise?" In: Streifzüge 3/1998, S. 7-10.*
- Trenkle, Norbert (2000): "Kapitulation vorm Kapitalismus". In: Konkret 7/2000, S. 42 ff.*
- v. Werlhof, Claudia (1978): "Frauenarbeit: der blinde Fleck in der Kritik der politischen Ökonomie" In: Beiträge zur feministischen Theorie und Praxis 1, S. 18-32.
- Wolf, Harald (1999): Arbeit und Autonomie. Ein Versuch über Widersprüche und Metamorphosen kapitalistischer Produktion, Münster.

# 事項索引

(以下、簡単な語句説明の箇所のみを示し、名詞に準じて列挙する。f は該当ページと次のページにわたること、ff は該当ページ以降の複数ページにわたることを示す)

## ▶カ行



## ▶サ行

▶タ行



▶ナ行



▶ハ行

### ▶マ行



### ▶ヤ行



### ▶ラ行

# 訳者解説

本書の著者、ミヒャエル・ハインリッヒは、日本の読者にはまだなじみが薄いと思われるが、現代ドイツにおける最も優れた資本論研究者の1人である。ハインリッヒは、「マルクスの新しい読み方 Neue Marx-Lektüre」という潮流の代表者であり、新しいマルクス像を構築するための仕事に精力的に取り組んできた。1991年には、ベルリン自由大学に提出した博士論文を、『価値学』というタイトルで出版した。その後、ウィーン大学の客員教授などを経て、現在はベルリン技術経済大学で教鞭をとっている。

また、ハインリッヒの活動はアカデミズムだけでなく、実践的な運動にも及んでおり、『PROKLA』という左派雑誌の編集長を20年間にわたって務めている。そのため、アカデミズムにとどまらず、左派運動の中でも著名である。とくにリーマンショックやオキュパイ運動以降、資本主義批判への関心が高まっていることもあり、彼の著作は活動家たちの間で幅広く読まれている。

本書（原題 *Kritik der politischen Ökonomie. Eine Einführung*）はSchmetterling出版のtheorie.orgというシリーズの1冊である。同シリーズでは、いわゆるマルクス主義的なテーマ（毛沢東、トロツキー、インターナショナル）にくわえ、フェミニズム、批判的心理学、反権威主義的教育法などといった、左派運動に関連するテーマの入門書が数多く出版されている。本書は同シリーズのなかでもとくに好評を博し、すでに11刷をこえている。ドイツで最もよく読まれている『資本論』入門だと言うことができよう。また、スペイン語、英語にも翻訳されており、世界中で読者を獲得している。

本書は、コンパクトでありながら、『資本論』全3巻を扱った包括的なマルクスの入門書となっている。多くの入門書が第1巻に限定されるなかで、高度な内容を盛り込みつつ、全3巻の解説を1冊の入門書に収めたことは特筆に値する。また、『資本論』の内容を理論的に示すだけではなく、読者が素朴に抱くであろう疑問にたいして、現代の例をひきつつ、明快に答えており、初学者にとっても親しみやすいものになっている。まさに画期的な『資本論』入門だと言えよう。

だが、本書の特徴はそれだけではない。本書は、「マルクスの新しい読み方」という立場から、旧来の解釈を徹底的に批判し、新たな『資本論』解釈を提供している。これも、本書の大きな魅力であろう。

「マルクスの新しい読み方」という潮流は、1960、70年代の西ドイツにおける価値形態にかんする一連の研究に由来する。とりわけ有名なのはバクハウスやライヒェルトによる研究であるが、それらをつうじて、『資本論』における経済的形態規定の分析、言い換えれば、他の階級社会から区別される、資本主義社会に固有な形態が問われるようになったのである。

一般に流布されているマルクス解釈のほとんどは、なんらかの形で、エンゲルス以降の伝統的マルクス主義の影響をうけている。伝統的マルクス主義は、たとえば、マルクスの資本主義分析を階級還元論と同一視し、資本の力の源泉を資本家階級による生産手段の所有に見いだしてきた。そこでは、資本主義の経済的形態規定の特殊性ではなく、むしろ、あらゆる階級社会に共通するとされる生産手段の私的所有や階級支配が主要な問題とされたのである。その結果、問題の解決は左派政党による国家権力奪取とそれによる生産手段の社会化＝国有化に求められることになった。こうした伝統的マルクス主義の限界は、すでに現存社会主義の崩壊や既存の共産主義運動の行き詰まりによって実践的に明らかであったが、「マルクスの新しい読み方」はこれを理論的に批判しようとしたのである。ハインリッヒの『資本論』解釈は以上のような問題構成を継承している。

さらに、「マルクスの新しい解釈」の「新しさ」には、もう1つの側面がある。それは、マルクスの草稿の文献研究の進展を背景にした、マルクスの批判的読解である。つまり、マルクスの理論を完成された万能の体系として教条化するのではなく、マルクスが絶えず自己批判しながら取り組んだ「未完のプロジェクト」としてとらえ、場合によってはマルクスにおける「アンビバレント」をも指摘し、より整合的な理論を構築しようとした。ハインリッヒもまた、マルクスの理論における「アンビバレント」を指摘することを恐れず、果敢に独自の理論の構築を試みている。それは、本書においても、いくつもの箇所で読み取ることができるだろう。

以上のような「マルクスの新しい読み方」の問題構成を継承し、批判的な叙述が行われている本書は、入門書でありながら、けっして初学者だけを対象にしたものではない。自分は『資本論』に精通していると考えている読者諸氏、さらにはマルクスを専門とする研究者にとっても魅力的であろう。詳細は本書をお読みいただくしかないが、とくに優れている点として、以下の5点をあげておこう。

第1に、「世界観マルクス主義」の批判である。ハインリッヒが「世界観マルクス主義」と呼ぶのは、万事を説明し、どんな疑問にも答えてくれる「包括的な理論体系」を「構築」してきたマルクス主義のことである。エンゲルスが『反デューリング論』で打ち出し、後継者のカウツキーらによって体系化された図式的な世界観は、プロパガンダのための単純明快な理論を求めていた運動家や精神的なよりどころを求めていた労働者に歓迎され、影響力を広げていった。その結果、「19世紀の終わりに、社会民主主義において「マルクス主義」として支配的だったものは、かなり図式的な見解の寄せ集め」であり、「極度に簡素化された唯物論、ブルジョア的な進歩観、いくつかのヘーゲル哲学の基本概念とマルクスの概念装置がかなり簡略化されて、単純な公式にされ、世界の説明に用いられた」のである(本書35ページ)。もちろん、いまでは俗流化された「唯物論」や「弁証法」に基づく解釈はほとんど影響力を失っている。とはいえ、いまだになんらかの哲学的な「世界観」を基礎にしてマルクスを理解しようとする試みが後を絶たない。本書は、そのような立場がマルクス解釈としては適切ではないことを説得的に示していると言えるだろう。

第2に、搾取ないし分配中心主義批判である。ふつうの『資本論』入門で主眼に置かれるのは階級的搾取であり、剰余価値論によるその理論的証明である。このような立場においては、商品交換の外観的な平等性にもかかわらず、その内実においては不平等な分配が支配しているということを暴露するのが『資本論』の理論的核心だということになる。しかし、ハインリッヒはこのような通俗的な『資本論』理解を厳しく批判する。というのも、そのような通俗的な理解においては、商品や貨幣といった物象がもつ経済的形態規定の特殊性が見逃されているからである。ハインリッヒが注目するのはまさにそうした経済的形態規定にほかならない。通俗的な解釈とは異なり、マルクスは価値の実体が労働であるというだけではなく、むしろこの労働がなぜ価値という形態において表示されるのかを問題にした。というのも、そのことによって、物象の力によって成立する資本主義という経済システムの特殊性を明らかにすることができるからである。労働が直接には社会的なものとしては通用せず、むしろ物象が社会的なものとして通用する資本主義社会においては、物象の力によって人々の行為が規制され、コントロールされるという転倒した事態が必然的に生じざるをえない。このような物象と人格の関係の転倒が、前近代的な階級社会と比しても深刻な物質代謝の攪乱（長時間労働、環境破壊等）を生みだすのである。こうした物象化論的な問題構成を、本書は、非常にわかりやすく説明している。

第3に、価値形態論の軽視にたいする批判である。ハインリッヒも指摘しているように、伝統的マルクス主義においては、価値形態論は重視されてこなかった。それどころか、現在でも、デヴィッド・ハーヴィーのように価値形態論は「退屈」だと理不尽に論難したり、価値形態論と物神性論の区別がついていない議論さえみられる。だが、ハインリッヒも強調するように、価値論にとって価値形態論は本質的である。論理的には、価値から価値形態が説明されるとはいえ、現実には価値は価値形態なしには社会的なものとして通用できない。というのも、価値は「まぼろしのような対象性」であり、商品じたいをいくらいじってみても、その価値を見て取ることはできないからだ。商品価値は価値形態、すなわち他商品の使用価値による価値表現をつうじてはじめて目に見えるものになるのである（ふつう、私たちはこの価値表現を商品に値札を貼り付けることによっておこなっている）。この価値表現は、現実には貨幣による価値表現、すなわち価格形態をとるので、価値は貨幣なしには社会的に通用するものとしては存在しえないということになる。それゆえ、ハインリッヒはマルクスの価値論を「貨幣的価値論」と名付け、価値と価値形態の密接な関係を強調するのである。さらには、貨幣的価値論に基づくマルクスの経済学批判体系の組み替えさえも構想している。

第4に、いわゆる「崩壊論」批判である。伝統的マルクス主義においては、『経済学批判』序言における「唯物史観の定式」が俗流的に解釈され、生産力が上昇していけば資本主義的生産関係と衝突し、資本主義は自動的に崩壊に向かうとされた。『資本論』解釈も、このような考え方によって少なからず歪められてきたのである。たとえば、第2巻のいわゆる「再生産表式」にかんする議論が、資本主義の崩壊を説明する理論として解釈される場合すらあった。典型的なのはローザ・ルクセンブルクの『資本蓄積論』である。だが、「再生産表式」を恐慌の発生、ましてや資本主義の崩壊と直結させるのは妥当ではない。というのも、ハインリッヒが言うように、「再生産表式は資本主義的生産と流通の概観を表しているが、しかしそれは経験的に生じているような資本主義的再生産の模写ではまったくな」く、「むしろ、再生産表式で表現される生産・流通過程の統一は、利潤、利子、企業者利得、株式資本などといった、具体的な関係を表現する諸カテゴリーが有意義に取り扱われるための基礎をなすにすぎない」からである（本書174ページ）。また、別の論点では、科学の発展によって労働が富の源泉ではなくなり、それゆえまた富の尺度ではなくなっていくという『要綱』における有名な議論があり、これはアントニオ・ネグリたちによって資本主義崩壊の「根拠」とされてきたが、このような解釈についてもハインリッヒは適切な批判を加えている。本書第9章で述べられるように、そのような『要綱』の命題は、のちの『資本論』草稿及び『資本論』において、事実上、撤回されたのである。

第5に、伝統的マルクス主義の共産主義観への批判である。伝統的マルクス主義は共産主義をおもに次の2つの仕方で理解してきた。1つは共産主義をある種の理想とする理解であり、もう1つは生産手段の国有化及び計画経済と同一視する理解である。前者については、たしかに、初期マルクスの著作には理想論的に解釈しうる表現が散在するが、『資本論』にはもはやそのような解釈の余地は存在しない。むしろ、『資本論』の分析は「道徳とはつねにそのときどきの社会によって異なるものであり、個々の社会を測定できるような普遍的道徳は決して存在しないということを示している」のである（本書274ページ）。

後者についても、『共産党宣言』などの著作においては生産手段の国有化が述べられているが、それはあくまでも一時的な措置にすぎず、マルクスはそれを共産主義だとはみなしていない。マルクスにとって問題だったのは、たんなる分配の平等ではなく、むしろ物象によって人格がコントロールされるという転倒した事態の克服であり、それは「自由な人間たちのアソシエーション」によってのみ可能になるのである。もちろん、このようなアソシエーションが、物象の力によって組織されている資本主義システムに完全に取って代わるには、非常に大きな困難が伴う。人類は、これほど高度に発達したグローバルな分業体制を、市場なしに制御し、調整した経験をもっていない。しかし、ハインリッヒが言うように、「これらのあらゆる困難にもかかわらず、共産主義社会が原理的に不可能であるはずだということの根拠は明らかではない」のである（本書278ページ）。

また、本書は、『資本論』には明示的に書かれていない論点にも、積極的に踏み込んでいる。たとえば、第10章では、「反ユダヤ主義」を「物神崇拝的諸関係の人格化 Personalisierung」として説明している。資本主義が絶えず生みだす矛盾に直面した人間たちは、「匿名の資本主義的なメカニズムの背後に、悲惨さにたいする責任を負わせられるような「犯人」を探し求め」、資本主義という物象的システムの矛盾を特定の人格、この場合には「ユダヤ人」に帰着させてしまう。ハインリッヒは、このような事態を「人格化」という概念を使って説明するのである。これは、マルクスが実際に使用した物象の人格化 Personifikation（「ある人格がただ物象の論理に従う」）や物象の人格化 Personifizierung（「人格の諸属性が物象に与えられる」）とは異なり、「社会的構造が人格の意識的な作用に還元される」という意味での「人格化 Personalisierung」である（本書230ページ）。このような理解については、その是非をめぐって様々な議論がありえるだろうが、マルクスの経済学批判の現代的射程を考える上で重要な示唆となるであろう。

なお、この点に関連して、ハインリッヒが物神崇拝と反ユダヤ主義を直結させるモイシュ・ポストンの解釈を批判していることも重要である。というのも、ポストンのような解釈を理論的背景として、反国家主義的でありながら親イスラエルであるという「アンチ・ドイツ共産主義」という勢力がドイツで台頭しているからである。「アンチ・ドイツ」についての詳細は、ティム・グラースマン「アンチ・ドイツ共産主義とは何か?」(『POSSE』vol.22) を参照してほしい。

また、マルクスが経済学批判のプランにおいて構想しながら、実際にはまったく書くことができなかった国家論についても本書では1章を割いている。もちろん、本書はあくまで『資本論』入門であるから、本格的な国家論が展開されるわけではないが、その基本的理解にとって欠かすことができない論点が述べられており、とりわけ入門者にとっては参考になるだろう。とくに、国家の問題を階級支配の道具という超歴史的な問題構成に解消するのではなく、むしろ、近代国家の特殊歴史的な社会的形態規定を問うという点で、優れている。さらに国家論について学習したい読者諸氏には、本書でも参考文献にあげられているヨアヒム・ヒルシュ著『国民的競争国家』(ミネルヴァ書房、1998年)、あるいは『国家・グローバル化・帝国主義』(ミネルヴァ書房、2007年) を一読することをお勧めしたい。

入門書としてのわかりやすさ、現代的問題にたいする応答、そしてハインリッヒによる独自の理論的展開など、本書にはさまざまな魅力があるが、他方で、その独自性ゆえに、専門家からすれば若干の疑問もある。参考のために、3点だけあげておこう。

第1に、抽象的人間的労働の理解である。ハインリッヒは、20年代ロシアの価値論論争で有名なイサーク・ルービンと同様に、抽象的人間的労働を商品生産に固有な、「交換における通用関係」（本書63ページ）として理解している。しかし、ハインリッヒ自身が述べているように、これはマルクスの把握とは異なる。というのも、マルクスは抽象的人間的労働を「生理学的な意味での人間的労働力の支出」として定義しているからである。この定義に従うのであれば、抽象的人間的労働は歴史貫通的で素材的なものにならざるをえない。それゆえ、ハインリッヒはこの定義を、いまだ素材的なものと社会的なものの区別が不分明であった古典派経済学の「残滓」として理解する。そして、『資本論』のなかにこの定義とは異なる用法を見いだし、自らの見解を論証しようとしている。たとえば、ハインリッヒは「異なった具体的な私的労働を同じ人間的労働という抽象物へと還元することは、異なる労働の生産物を実際に互いに等置する交換によってのみ遂行される」という『資本論』草稿の文章をあげている。

たしかに、異なった私的労働を同じ人間的労働という抽象物に還元し、それを労働の社会的通用形態にするというのは商品生産に固有の事態である。人格的な関係を基礎とする社会では労働は具体的有用労働として直接に社会的に通用することができるが、商品生産社会では労働は労働生産物の価値をつうじて抽象的人間的労働としてしか社会的に通用することができない。だが、そのことは抽象的人間的労働が商品生産固有のものであることの証明にはならない。というのも、抽象的人間的労働は、たんに商品生産関係において私的労働の社会的通用形態をなすというだけではなく、マルクスが「ロビンソン物語」を例にとって説明しているように、社会的総労働の配分を規制するという役割も果たしているからである。この後者の役割は、商品生産社会だけでなく、社会的分業が成立しているあらゆる社会において、人間たちがそれを意識するかしないかにかかわらず、妥当するものである。だからこそ、マルクスは、「商品の「価値」は、他のすべての歴史的社会形態にも、別の形態においてではあるが、同様に実在するもの、すなわち労働が「社会的」労働力の支出として実在する限りでの労働の社会的性格を、ただ歴史的に発展した一形態で表現するだけである」(MEW 19, S.375-376、『全集』第19巻、377ページ)と述べたのである。ハインリッヒの理解では価値が人間の素材的実践に制約されているという点が見づらくなってしまうように思われる。もちろん、このことは労働の一側面でしかない抽象的人間的労働が価値として対象化され、この価値が貨幣、さらには資本として重要な意義を獲得することにより、人間の素材的実践が変容させられてしまうということを否定するものではない。

第2に、こうした抽象的人間的労働の独自な理解は、価値と価格の理解にも影響を及ぼしている。ハインリッヒは、抽象的人間的労働を商品交換において形成されるものだと理解するので、商品に対象化された価値量は、生産によってだけではなく、交換によっても規定されると考える。それゆえ、商品の価値量は、「平均的に現存している労働条件のもとで支出され、かつ支払い能力のある社会的欲求の充足に必要な労働時間」(本書68ページ)によって規定されることになる。つまり、ハインリッヒの理解によれば、価値量は需給関係を含んでいるのである。だとすれば、貨幣の価値変動や偶発的な事情による価値と価格の乖離などを無視すれば、量的には、価格は価値をそのまま表現するものだということになってしまうだろう。しかし、少なくとも、このような理解は、むしろ価値からの価格の乖離が需給関係を調整し、「規律が、盲目的に作用する無規律性の平均法則としてのみ自己を貫徹しうる1つの生産様式」を成り立たせる、というマルクスの把握とは異なっている。

価値量を生産と交換の両者において規定するというハインリッヒの独自な理解は、生産過程における価値の把握を困難にしてしまっているように思われる。というのも、抽象的人間的労働が交換において形成されるのであれば、生産過程における価値の存在を説明できなくなってしまうからだ。じっさい、ハインリッヒは、生産過程において価値は「考慮」されるにすぎないとし、生産過程における価値の存在を否定してしまっている。その結果、生産過程においても価値が主体化し貫徹するという、資本主義的生産様式に固有の事態について、ハインリッヒはなにも説明することができない。つまり、生産手段にたいして資本とするようにして関わるという賃労働者の特殊な振る舞いによって、価値移転と新価値付加が行われ、生産過程において主体としての価値が貫徹し、自己増殖するという事態について展開することができなくなってしまっている。ハインリッヒが物象化論的な問題構成を徹底するのであれば、生産過程における物象化、すなわち資本価値の担い手としての生産手段が主体になり、直接的生産者が手段となるという転倒について言及すべきであるように思われるが、ハインリッヒ独自の価値の理解がこれを妨げているように思われる。この点については、拙著『私たちはなぜ働くのか』（旬報社、2012年）第4章を参照されたい。

第3に、利潤率の傾向的低下法則についてである。ハインリッヒは、多くの論者と同様に、利潤率が低下するのかしないのか、あるいはそれを証明できるのかということにもっぱら注目している。だが、これは利潤率の傾向的低下法則の理解としては適切ではないように思われる。というのは、むしろマルクスは利潤率の傾向的低下という現象を前提にして、この現象を引き起こす要因を探求しているのだからである。そこで、マルクスが発見したのが、生産力上昇による資本の有機的構成の高度化だったのである。さらに、マルクスは、この法則と恐慌との関連についても詳細に検討している。利潤の増大を至上命題とする資本は、利潤率の低下を資本量の増大によって補い、生き残りを図るが、このことは生産のいっそうの拡大だけでなく、小資本がもはや資本としては十全に機能しえないことを意味する。それゆえ、小資本による投機的な活動が活発化し、景気が過熱し、過剰生産と向かい、さらには賃金の上昇を引き起こし、最終的には資本の絶対的過剰生産の状態に陥る。このように、利潤を生命線とする資本にとって利潤率の傾向的低下は決定的な意味を持っており、しかもそれは長期的な傾向としての意味だけではなく、短期的な景気循環にも重要な影響を及ぼすのである。量的な関係にだけ目を奪われ、利潤率低下法則の質的な意味を見落としたことは、本書の恐慌論を不十分なものにしてしまっているように思われる。

とはいえ、以上はあくまでも解説者の立場からあげた問題点にすぎない。読者によってはさまざまな読み方ができるだろうし、本書が最良の『資本論』入門の1つであることには変わりない。本書が多くの読者を獲得し、『資本論』への関心が高まることを期待したい。

佐々木隆治

# 訳者あとがき

ベルリン・オスト駅からパリ・コミューン通りを北へ5分ほど歩くと、ローザ・ルクセンブルク財団の大きなビルが見えてくる。そこでは、各種の講演やワークショップなど、学術的・社会教育的なイベントが数多く催されている。なかでも、『資本論』読書会は、ほぼ年間を通じて週に2回開かれており、1回は『資本論』第1巻を、もう1回は同第2、3巻を読むものである。2012年の読書会では、前者に毎回30〜40名程度、後者に10〜20名ほどが参加していたが、まさに老若男女が集い、熱気に溢れていた。全体の3割ぐらいが女性だったように思う。今日の日本ではまず見ることのできない光景であった。会は夜の7時半頃から約2時間のスケジュールで、たいてい講師が1、2名付いて参加者の疑問に答える形をとる。第1巻の読書会では、参加者が複数のグループに分かれて、それぞれディスカッションしながら内容をまとめ、後で報告しあうといったことも行われていた。会は節目ごとにゲスト講演をはさむのだが、そこによく招かれるのが本書の原著者、ミヒャエル・ハインリッヒ氏である。

ハインリッヒ氏は、『資本論』の物象化論的な問題構成について、ゆっくりと情熱的に語る。いつもマイクを使わずに、大きな声で、一語一語を明瞭に発して説明してくれる。それがリスニング力に乏しい外国人にとっては何とも有難く、彼の講演の後はふだんより充実感を得て帰路についたものである。おそらくドイツ人の参加者にとっても、彼のわかりやすい解説は貴重なのではなかろうか。ふだんの読書会には顔を見せない人達も大勢、ときにはおそらく100名以上が、ハインリッヒ氏の講演を聴きに集まっていた。

彼の『資本論』解釈の中身については、本書解説を参照していただくとして、彼が『資本論』研究の専門家としてドイツで最も知られた人物の1人であることは間違いない。もっとハインリッヒ氏の存在と彼の『資本論』読解が、日本でも知られているべきなのではないかというのが訳者一同の素朴な思いである。彼には、日本語版序文の執筆をお願いしただけでなく、訳者からの質問にも丁寧に応じていただいた。ベルリン在住の斎藤幸平がハインリッヒ氏と日常的にコンタクトをとり、佐々木隆治、隅田聡一郎とともにハインリッヒ氏の御宅にお邪魔して、『資本論』解釈について議論したこともある。

彼はスピーチだけでなく、文体も非常に明晰である。一般向けの入門書として書かれた本書はとくにそうだが、他の著作も、日本人にとっては読みやすいドイツ語だと思われる。そのような文体でも、日本語に訳出するにあたっては、やはりいろいろな困難がともなった。最後まで悩んだが、結局は日本語としての読みやすさを優先して、意訳を大幅に取り入れた。原著タイトルも直訳すれば、『経済学批判―入門』となり、『資本論』のサブタイトルと重なるが、「マルクスの新しい読み方」を提示しようとするハインリッヒ氏の意向を明確に示すものに変更した。翻訳の分担は、次の通りである。

| | |
|---|---|
| 日本語版序文・序文 | 斎藤幸平 |
| 1〜6章 | 斎藤幸平 |
| 7〜8、10章 | 明石英人 |
| 9章 | 佐々木隆治 |
| 11〜12章 | 隅田聡一郎 |

4人でそれぞれの訳文を検討した後、佐々木と明石で全体の

統一を行った。その際に、英訳書（*An Introduction to the Three Volumes of Karl Marx's Capital*, Translated by Alexander Locascio, Monthly Review Press, 2012.）を参照した箇所もある。不慣れな作業のため、思わぬ誤訳があるかもしれないが、ご指摘いただければ幸いである。巻末の文献リスト作成は、竹田真登さんにご協力いただいた。堀之内出版編集部のみなさまには、非常に限られた時間の中での作業ということで、大変ご負担をかけてしまった。訳者一同、心よりお礼申し上げる。

リフレ政策と国家主義化が強引に推し進められ、資本主義社会の矛盾が一層拡大している今日の日本で、より多くの人びとにとって『資本論』が身近に感じられるようになることを切に願っている。本書がその一助となれば望外の喜びである。

2014年　春　　　　明石英人

●著者

ミヒャエル・ハインリッヒ（Michael Heinrich） 1957年生まれ。ベルリン技術経済大学（HTW Berlin）教授、左派理論雑誌『PROKLA』編集委員。政治学、経済学者。著書に『価値学』第5版（*Die Wissenschaft vom Wert*, Westfälisches Dampfboot, 2011）、『マルクスの「資本論」をどう読むべきか』（*Wie das Marxsche Kapital lesen?*, Schmetterling Verlag, 2008, 2013）など。

●訳者

明石英人 （あかし・ひでと） 1970年生まれ。駒澤大学経済学部准教授。共訳にミヒャエル・クヴァンテ『カール・マルクスの哲学』（リベルタス出版、2019年）、共著に岩佐茂・佐々木隆治編『マルクスとエコロジー』（堀之内出版、2016年）など。

佐々木隆治 （ささき・りゅうじ） 1974年生まれ。立教大学経済学部准教授。著書に『マルクスの物象化論 新版』（堀之内出版、近刊予定）、『マルクス　資本論』（角川選書、2018年）、『カール・マルクス』（ちくま新書、2016年）など。

斎藤幸平 （さいとう・こうへい） 1987年生まれ。大阪市立大学大学院経済学研究科准教授。著書に『大洪水の前に』（堀之内出版、2019年）、『人新世の「資本論」』（集英社新書、2020年）など。「ドイッチャー記念賞」を2018年に受賞。

隅田聡一郎 （すみだ・そういちろう） 1986年生まれ。オルデンブルク大学客員研究員。共著に岩佐茂・佐々木隆治編『マルクスとエコロジー』（堀之内出版、2016年）、共訳に『周縁のマルクス』（社会評論社、2015年）。

**『資本論』の新しい読み方——21世紀のマルクス入門**

2014年4月5日第1刷発行
2021年3月10日第3刷発行

著　者　ミヒャエル・ハインリッヒ
訳　者　明石英人, 佐々木隆治, 斎藤幸平, 隅田聡一郎
発行者　株式会社 堀之内出版
〒192-0355 東京都八王子市堀之内3-10-12 フォーリア23 206号室
tel 042-682-4350
印刷製本　株式会社シナノパブリッシングプレス
装　丁　濱崎実幸

 ISBN978-4-906708-52-9